CORPORATE VALUE

企業価値の神秘

コーポレートファイナンス理論の思考回路

宮川壽夫 著

中央経済社

はじめに

　このたびは本書をお買い上げいただきありがとうございます。著者の宮川壽夫です。私はコーポレートファイナンス理論の実証研究を専門としている研究者です。大学では学部生，大学院生向けにコーポレートファイナンス理論を教えています。学外でも，事業会社や金融機関の経営者・ビジネスパーソン向けに企業価値評価に関するセミナー，コーポレートファイナンス理論をテーマにした講演，研修などを行っています。

　大学の教室や講演会場で，私はコーポレートファイナンス理論への「愛」と，この学問分野のおもしろさをわかってほしいという「情熱」を語ってきましたが，このたび私のコーポレートファイナンス理論に対する愛と情熱を1冊の本にしていただきました。本書は「企業価値」という概念を中心に，コーポレートファイナンス理論が持つ独特の思考回路とそのおもしろさを説いた本です。

ゴツゴツの理屈をバリバリと嚙み砕く因果律のおもしろさ

　そのために，語り口調はソフトであるものの，厳密で正しい理論の積み重ねがしっかりできることを意識しました。本書は「なぜ現在価値に割り引く必要があるのか」，「なぜ資本にコストなどというものがかかるのか」，「なぜMM理論は偉大なのか」，「配当と企業価値はどのようなメカニズムでつながっているのか」といったゴツゴツとした基本の理屈をバリバリと嚙み砕きながら，初心者の方が厳密な理論のおもしろさを楽しめるよう解きほぐした本です。

　したがって，詳細な数値例を用いて企業価値計算のノウハウを学ぶ本にはなっていませんし，これ1冊で企業価値の悩み解決という実践書でもありません。また，研究者として私の発見や創見を主張する本でもありません。強調したいのは，なぜこう考えるのか，こう考えないとなにが困るのか，といった因果律で整理された「思考回路」です。これが実はコーポレートファイナンス理論をマスターする早道だと私は思っています。

　MM理論は現実にはあり得ない仮定に基づいているので意味がないと誤解

していないでしょうか。増資をすると希薄化して株価が下がると思ってはいませんか。リキャップCBを発行して自己株式を取得すると企業価値が上がると考えたことはないでしょうか。初心者の方にはなんのことだかわからないかもしれませんが（本書を読み始めればすぐにわかります），もし"玄人"の方で少しでもこれらのことに不安がある方は，是非とも初心者の方と一緒にこの本でスタートしてください。もう一度だけ厳密な理論のゴリゴリさ加減を楽しんでいただきたいと思います。それが企業価値の計算プロセスを正確に理解する早道になるはずです。

想定する読者層への願い

　この早道を知るとなにがうれしいのかは読者層によって異なると思います。本書はやや欲張って広範な読者層を想定しています。

　まず，これからコーポレートファイナンス理論を学ぼうとする学部生，大学院生の初学者のみなさん，あるいはなにかのきっかけでコーポレートファイナンスに興味を持ったり，なにかの理由でこの分野の勉強をせざるを得なくなったビジネスパーソンの方々にとっては最初に読むべき1冊となることを願っています。

　また，コーポレートファイナンスは一通り勉強したけど今ひとつ腹に落ちていない，実をいうと「割引現在価値」とかでいきなり挫折してそのままにしている，という方々には「なんだワリとおもしろいじゃないか」と思っていただくことを願っています。

　さらに，企業価値計算ならエクセルで計算できるけど実は計算の意味がわからないままやっている，あるいは，すでにこの分野は勉強して「理論ではそうだけど実際にはネ」，「企業価値なんていうから世の中，短期志向に走るんだよ」とニヒルな笑いを浮かべていらっしゃる方々には「そういう考え方もあるのか」と新たな発見をしていただくことを願っています。以上のような願いをわずか1人の方にでもかなえていただければと考えている本です。

うれしくて眠れない講義の前日

　ところで，実に僭越なことではありますが，私は人にモノを教える，という

はじめに

ことが心の底から大好きです。場合によっては見知らぬ人に道を尋ねられただけでも興奮します。ですから，大学の講義の前日などうれしくて眠れません。「明日はこういう話から始めよう」とか「ここでこのネタをはさんで」とか「この話ウケそうだなあ」などと考えているうちにワクワクしてきて，気がついたら朝になっていたりします。寝不足の目をギンギンにさせてハイテンションのまま教室に入っていきますので学生にとってはいささか迷惑な話です。

　ゴルフにも「教え魔」という人がいます。私の昔の上司だったＦ岡課長がそうでした。Ｆ岡課長は「んー，惜っしいなあ」と言いながら近づいてきて，「左ひざがサァ，開いちゃってるわけ。こう，ほら。ここにネ，壁があると思ってさ，ここまでググゥーッと下半身止めて。グーッとがまんする。でもって，ここから一気にダァーンッと。全身の力でインパクト。ね？　このときヘッドアップ気をつける。」

　Ｆ岡課長は教えることそれ自体が大好きです。ちょっと目を放した隙に他の知らない人のところへ行って「んー，惜っしいなあ」とまたやっています。私も教えること自体が好きですが，Ｆ岡課長と違うのは，私はどこから話を始めて，どのような手順で進めていくか，という理解に至るプロセスをずっと考えることが大好きなのです。そして，要するになにがポイントとして重要なのか，なぜそのポイントが重要なのか，という知識の意味づけをキッチリと説明したいのです。左ひざの開きとヘッドスピードの因果関係とか，そもそもボールが真っ直ぐに飛ぶメカニズムとかを追及して整理できないと気が済みません。

　自分の中で整理できたら今度は相手に「なるほど。そういうことだったのか」と腑に落ちてもらうためにはどうすればいいかをひたすら考えています。この思考過程がたまりません。

　単に理屈っぽいだけではありますが，それでもその甲斐あってか私の講義は昨年も290人収容の大教室が最終回まで立ち見が出るほどの満席状態でした。講義では，Ｆ岡課長のように「ググゥーッと」とか「ダァーンッと」といった擬態語で表現することができませんし，9番アイアンを持って手本を披露することもできません。そのかわりに私はゲームや実験を考案してさまざまな演出で講義を盛り上げるのも大好きです。

　しかし，結局のところ理屈を1つひとつ地道に積み重ねて，言葉を紡いで情

理を尽くして,「ググゥーッ」という気持ちをなんとか言語化して,最後に「どうよ,これ！　めちゃめちゃおもしろくない？」と語りかけたとき（なかば強制的ですが）,学生諸君が「ほぉー」という表情を見せ,大教室全体が静かにうなずくような気がします。この瞬間がたまりません。もしうなずいてもらわなければまた一からバラバラにして考え直します。

企業価値のブラックボックスをどう開けるか

　さて,本書も以上のようなスタンスとテンションで書きました。だから文体もこのような語り口調で通します。コーポレートファイナンス理論は決して万人ウケしない,難しくてイヤなカンジの理屈です。そのため多くの人が理屈を素通りしてしまいます。正確な理屈をおろそかにした結果,「株主至上主義」とか「市場原理主義」という皮相な表現が独り歩きして大きな誤解を招いているというのが私の問題意識です。

　企業価値というブラックボックスを,手順を間違えないようにうまく開いて,中の回路がどこからどうつながっているのか,なにがわかっていてなにがわかっていないのかを白日の下にさらし,その構造を多くの人にうなずいていただくためには本書のような構成とノリが必要だと考えました。何とか1人でも多くのみなさんに,コーポレートファイナンス理論がいかにエレガントで美しいか,また,いかに油断とスキを許さない「思考回路」で世の中の謎を解明しているかに共感していただきたいと思っています。

　再び私ごとで恐縮ですが,なにしろ私の人生はコーポレートファイナンス理論によって変わったといっても過言ではありません。証券会社に入社して若さに任せて仕事していた当時はコーポレートファイナンスの「コ」の字も企業価値の「キ」の字も知りませんでした。自分の仕事との関係すら考えたこともありませんでした。その後,アナリストの資格試験を嫌々ながら受けたときも証券分析とポートフォリオ理論は本を開いただけで頭がクラクラするほど嫌いな不得意科目でした。

　しかし,何を思ったか40歳を過ぎてコーポレートファイナンスの分野を研究するため大学院に通い始めました。大学院では,自分が実務で抱いてきた問題意識を科学的な理論がサクサクと見事に解説してくれることに衝撃を受けまし

た。最初は修士論文を残すことが目的でしたが，それでは飽き足らず，一気に博士論文まで無酸素運動のように突っ走りました（今思い出しても息が苦しくなります）。そして，企業価値の神秘的魅力にすっかり取り憑かれ，ついには会社を辞めて研究者になってしまいました。コーポレートファイナンス理論に出会ったことによって，それまで平和で幸せな会社員生活を送っていた私の人生は一変してしまい，現在はさらにもっと平和で幸せな毎日を送っています。

この理論，一体どのあたりが「来る」ポイントなのか，どのあたりで胸が高鳴って，どのあたりで思わず感動してしまうのか，本書ですべてを語り尽くすことは到底不可能ですが，こういう気持ちも散りばめながらじっくり「語って」いこうと思います。

本書の使い方についてのお願いです

ここで本書の使い方としていくつかお願いしておきたいと思います。

まず，本書はコーポレートファイナンスの硬い教科書ではありません。読み物として電車の中やベッドの中でリラックスしてお読みください。そして，本書の内容を理解した後は，できれば興味に応じてきちんとした基本書にもチャレンジしていただくことをお薦めします（参考までに，私の学部ゼミでは『Principles of Corporate Finance』の日本語版『コーポレートファイナンス』ブリーリー/マイヤーズ/アレン（日経BP社）を教材にしています）。

本書では正統派といえる古典的文献や代表的教科書など名作名著をいわば換骨奪胎しながら平易に説明しますので，その都度必要に応じて読んでおくべき基本書のいくつかを脚注で紹介していきます（ただし，本書は研究論文ではないのでいちいち詳細な文献情報を掲載することは避けました）。本書はリラックスしながら読んで，紹介した基本書はどうか机に向かってガリガリと読んでください。

本書は，これからファイナンスの専門分野への入門にチャレンジしようという学部生や大学院生には体を慣らす1冊として打ってつけとなるはずです。試合前のアップの感じで気軽にお読みください。事業会社や金融機関にお勤めのビジネスパーソンや経営者の方々が本書を読んでコーポレートファイナンスに興味を持って，分厚い教科書も読んでみたいと感じていただければうれしいで

すし，本書でだいたいのことは掴めたと感じていただいても当面は大丈夫だと思います。

また，本書は幅広いコーポレートファイナンスのトピックをすべてカバーするのではなく，企業価値という概念を中心にコーポレートファイナンス理論という学問の思考回路を身につけていただくことを目的としています。たとえばポートフォリオ理論やオプション理論などはバッサリと切り捨てました。ポートフォリオ理論やオプション理論は勉強しているうちになんのための知識だか途中でわからなくなりがちなテーマですが，本書で学ぶ企業価値に根ざした思考回路に慣れれば理解しやすくなるはずです。

さらに，本書は前提の知識がない方でも読めるように書いたつもりです。コーポレートファイナンス理論は高山植物の研究のような，一般の方々にとって別世界の話ではありません。おカネとか会社とかビジネスといった，私たちの日常にさまざまな影響を及ぼす知識です。「世の中こうなっているのか」と感じていただければありがたいですし，「理屈って，考えるとおもしろいなあ」と少しでも思っていただければ望外の喜びです。

最後のお願いとして，できれば本書は最初のページから順を追って最後までお読みいただきたいと思います。このような本のまえがきでは「どこからでも興味を持った章から読んで構いません」とか「自分にとって必要のない章は適宜飛ばしながらお読みください」というのが普通かもしれません。それは，正眼の構えをして「さあ，どこからでもかかってきなさい」といえる達人の書いた本です。私は達人どころか研究者としてはまだまだ駆け出しの身で，今なおコーポレートファイナンス理論の森の奥でもがいている人間です。

しかし，神秘の森の奥にはなんとか入ってきて，ときどきは美しい湖や山の景色を満喫している立場にいます。したがって，これから森に入っていこうとされる方々には，「そこ，穴あいてますから気をつけて」とか「そっちの道に行くと，とんでもないことになりますよ」とか「その先に水が湧いてますから，もうちょっとがんばって」といったアドバイスができます。だから，できる限り本書の道順に従って読んでいただいたほうが安全ではないかと思います。

では，これから皆さんを美しい神秘の森へ安全にご案内しましょう。

本書の構成とあらまし

　これからはじまる神秘の森の全体像を見晴らしよくしておこうと思います。
　本書は大きく分けると第1章から第7章までの前半部と，第8章から第13章までの後半部という2つの構成になっています。前半で企業価値評価の基本的な方法論を学び，後半では現実の世界で企業価値に影響を及ぼす要素をさまざまな理論によって明らかにしていきます。コーポレートファイナンス理論の入門書としては各章の構成もかなりユニークです。

　第1章から第7章までの前半は企業価値がどのような理屈によって評価されるのかというお話を進めていきます。
　まず第1章で株式会社がなぜ価値を生む必要があるのかというお話をし，第2章では，そもそも価値とはなにかについて考えます。企業価値が資本市場で観測されるという大事な前提について説明した上で，第3章から具体的な計算過程を説明します。第3章では，企業の出資者である株主と債権者の立場の違いを明らかにし，まず資本コストを加重平均する理屈について説明します。第4章は，企業価値の計算においては避けて通れない割引現在価値の計算方法を学ぶ章です。そして，第5章で企業価値を計算する際の分母になる資本コストを説明します。ベータ値とはなにかをわかりやすく解説し，一気にCAPM理論までをマスターします。第6章は企業価値計算の分子にくる要素の話です。ここでは3つの企業価値評価モデルを学びます。第7章はマルティプル法の意義と活用方法についてです。

　以上で企業価値の評価はすっかりお手のものですが，おもしろいのは実はここからです。第8章からはじまる後半では企業価値が理屈どおりに市場で観測されない現実に挑みます。
　まず第8章では，人間と企業の行動が必ずしも完全に合理的ではない点から市場メカニズムに限界があることを説明します。この現実を具体的に説明する

理論を第9章で組織の経済学として学びます。そして，完全市場という仮定を緩めながら企業の現実的な行動に迫るのが第10章と第11章です。MM理論から話をはじめて，第10章では資本構成が企業価値に影響を与えるメカニズム，第11章では株主還元が企業価値に影響を与えるメカニズムについて代表的な理論を紹介しながら検討していきます。第12章はさらに発展して，人的資産が企業価値に与える影響を取り上げるとともにエージェンシー理論の現実性について疑問を投げかけます。最後の第13章では本来コーポレートファイナンス理論ではあまり取り上げられない企業戦略に対する評価について企業価値評価の観点から実践的な整理を行います。

「おわりに」で『企業価値の神秘』について，読者の皆さんへ私からメッセージをお届けします。

なお，本書の内容の一部には文部科学省科学研究費補助金・基盤研究C（2014年度～2016年度）の援助を受けた研究が含まれています。

目 次

第1章 コーポレートファイナンス理論と株式会社／1

1 コーポレートファイナンス理論とはなにか……………1
まず視点をどこに置くべきか……………1
なぜ価値がつくとうれしいのか……………3

2 株式会社という便利でキケンな仕組み……………4
株式会社を舞台にしたドタバタ劇……………4
経営者の能力が低いと世の中みんなが迷惑する……………5
家計が提供する資本と労働……………6
だから経営者というシゴトは楽なはずがない……………8
企業価値拡大の原理原則……………9

第2章 企業に価値をつけるという大胆不敵／11

1 人はなぜモノをほしがるのか……………11
「価値」という豊かな日本語……………11
カイシャには値札がついている……………12
割引現在価値という理屈……………13
将来の利得とリスクが価値を決める……………14

2 すぐれた経営をどう評価するか……………17
企業価値を定義すると……………17
すぐれた経営とはなにか……………18
コーポレートファイナンス理論の3つの原則……………19
なぜ企業価値概念が普遍的なのか……………20
企業価値は一企業の問題にとどまらない……………22
しかし世の中はそこまで単純ではない……………22

第3章　企業価値＝株主価値＋債権者価値という理屈／25

バランスシートの意味……………………………………………25
株主と債権者，その立ち位置の違い……………………………27
もしもバランスシートが時価だったら…………………………28
なぜ資本コストを加重平均しなければならないのか…………31
なぜ「1－実効税率 t」をかけるのか？
　　節税効果を入れて WACC の計算式完結……………………33

第4章　割引現在価値という考え方／35

黄金の卵を産むガチョウの話……………………………………35
ガチョウが長生きすればするほど価値は上がるか？…………38
黄金の卵を産むガチョウはだいたい2,000万円
くらいの値段がつく………………………………………………41
再び企業価値の定義………………………………………………42
イソップ寓話が教える教訓………………………………………43
補論／なぜそんなに簡単な式になるのか？　永久債の価値…44

第5章　分母にもってくるもの～資本コストという考え方／47

1　ベータ値という考え方…………………………………………48
　　株式市場はなんでも知っている………………………………48
　　株価は一次方程式で決まる？…………………………………49
2　ベータ値の意味と実際…………………………………………51
　　ベータは企業によって異なる…………………………………51
　　ベータが表す意味………………………………………………53
　　実際のベータ値を観察する……………………………………54
3　株主資本コストの計算…………………………………………56
　　これで完成，美しくも強引な悪魔的魅力 CAPM 理論………56

株主資本コストの導出 …………………………………………………… 57
　補論/分散と共分散の簡単な計算方法とベータ値の意味 ………… 58

第6章　分子にもってくるもの〜キャッシュの考え方／63

1　株式価値評価モデルの原点：配当割引モデル（DDM）…… 63
　　　もしも毎年同じ金額の配当がもらえたら？ ……………………… 63
　　　もしも配当が毎年同じ割合で増えていったら？ ………………… 65

2　実務でも活躍：割引キャッシュフローモデル（DCF法）
　　　　………………………………………………………………………………… 67
　　　企業全体を主体に考えるエンタープライズDCF法 ………… 67
　　　継続価値と永久成長率 …………………………………………………… 69
　　　フリーキャッシュフローの考え方
　　　　：要するに「ゼニ」がなんぼ残っているか …………………… 71
　　　なぜ利益ではいけないのか …………………………………………… 72
　　　会計と正反対のコーポレートファイナンス ……………………… 74
　　　負債を考慮しないフリーキャッシュフロー ……………………… 75
　　　それでも公式は通用しない：最終的な企業価値の算出 ……… 76

3　会計情報で計算できる：残余利益モデル（RIM）………… 78
　　　B/SとP/Lの連続性で企業の行動を見る ………………………… 78
　　　もしも株主がその利益に満足しなかったら？ …………………… 79
　　　計算式は多いですが，理屈はスッキリしています …………… 80
　　　ROEと資本コストの関係 ……………………………………………… 84
　　　ROEは高ければよいという指標ではない ……………………… 85

4　公式を覚えることに意味はなし ……………………………………… 86
　　　どのモデルでも同じ答えが出る？ ………………………………… 86
　　　なぜDCFが実務で使われるのか …………………………………… 87
　補論/配当割引モデルによくある勘違い ……………………………… 89

第7章　株価の割高割安が本質ではない～倍率法の考え方／91

1　PERとDDMの関係 ……………………………………………… 91
　　株主価値だから当期純利益で割る …………………………………… 91
　　日清食品と東洋水産のPER比較例 ………………………………… 92
　　PERの分母が当期純利益である理由 ……………………………… 94
　　PERが語る企業のリスクと成長 …………………………………… 95

2　PBRとRIMの関係 ……………………………………………… 98
　　株主価値だから株主の資本で割るPBR ……………………………… 98
　　PBR1倍割れというけれど …………………………………………… 99
　　PBR1倍にあえぐ日本市場のミステリー …………………………… 100

3　PBRとPERの関係 ……………………………………………… 101
　　PBRはROEとPERのかけ算 ……………………………………… 101
　　PBRとPERの関係から作れるストーリー ………………………… 102

4　回収期間で見るEV/EBITDA倍率 ……………………………… 104
　　EVの再定義 …………………………………………………………… 104
　　実際の計算過程 ……………………………………………………… 105
　　なにがわかる数値なのか …………………………………………… 107

第8章　本当に市場は正しい答えを知っているのか／109

1　市場で価格がつくとなにがうれしいのか ……………………… 110
　　株式市場は本当に異質な場なのか？ ……………………………… 110
　　市場価格が正しいとはどういう意味か？ ………………………… 111
　　市場メカニズムの限界に挑む ……………………………………… 112

2　基本的競争モデルという理想 ………………………………… 113
　　基本的競争モデルからの出発 ……………………………………… 113
　　経済学の教科書にはなぜ数式ばかりが並んでいるのか …… 115

3　限定合理性という現実 ………………………………………… 117
　　人間は効用最大化できない ………………………………………… 117

企業は利潤最大化できない ………………………………… 118
　　　基本的競争モデルという仮定の役割 ……………………… 119
　4　情報の非対称性という現実 …………………………………… 121
　　　あなたの知らない世界 ……………………………………… 121
　　　情報の非対称性が惹き起こす問題 ………………………… 122
　　　なぜ保険料は高くなるか：アドバースセレクション ……… 123
　　　サボリ営業マンの給料は高いか低いか：モラルハザード … 125
　　　情報の非対称性問題への対応方法：シグナリング ………… 127
　　　エントリーシートは有効な経済的行為か
　　　　：スクリーニング …………………………………………… 129
　補論／市場経済は本当に日本人になじみにくいのか？ ………… 130

第9章　組織の経済学三銃士／133

　1　エージェンシー理論 …………………………………………… 134
　　　企業が利潤を最大化できない理由 ………………………… 134
　　　どういう問題が発生するのか？ …………………………… 135
　　　エージェンシー関係はコストを発生させる ……………… 136
　　　コーポレートファイナンス理論への応用 ………………… 138
　2　取引費用理論 …………………………………………………… 139
　　　市場での取引には費用がかかる …………………………… 139
　　　市場取引の費用が高いと組織化する ……………………… 140
　　　市場か企業かという選択 …………………………………… 141
　　　取引費用が高くなる条件 …………………………………… 142
　　　企業はなぜ多角化するのか ………………………………… 144
　　　なぜ会議ではだれも発言しないのか ……………………… 146
　　　なぜ旧日本陸軍は白兵突撃戦術を続けたのか …………… 147
　　　個別効率性と全体効率性は一致しない …………………… 148
　3　所有権理論 ……………………………………………………… 150
　　　所有権がないと市場取引は成立しない …………………… 150

　　　　タバコの煙はだれのもの？ ……………………………………………… 151
　　　　実はあいまいなほうがよい？ …………………………………………… 153
　　　　企業の所有権をどう考えるべきか？ …………………………………… 154
　　　　株主が所有しているもの ………………………………………………… 156
　　　　株主が所有できないもの ………………………………………………… 158
　　4 新たなアプローチ ……………………………………………………… 159

第10章　なぜ MM 理論はすごいのか〜資本構成の理論／161

　　1 MM からのメッセージ ………………………………………………… 162
　　　　最近のよくある勘違い …………………………………………………… 162
　　　　MM 理論第一命題の例証 ………………………………………………… 164
　　　　MM 理論の第二命題が示唆するもの …………………………………… 169
　　　　MM 理論がスゴイ理由 …………………………………………………… 171
　　2 MM 理論が実現しない現実 …………………………………………… 174
　　　　税金が存在する現実 ……………………………………………………… 174
　　　　なかなか実証されないトレードオフ理論 ……………………………… 175
　　　　エージェンシー問題が存在する現実 …………………………………… 176
　　　　取引費用が存在する現実 ………………………………………………… 177
　　3 理論は理論で批判する ………………………………………………… 179

第11章　なぜ株主は配当が好きなのか〜ペイアウトの理論／181

　　1 配当と自己株式取得 …………………………………………………… 182
　　　　配当とはなにか …………………………………………………………… 182
　　　　配当政策の悩み方 ………………………………………………………… 183
　　　　自己株式取得とはなにか ………………………………………………… 184
　　2 MM からのメッセージ再び …………………………………………… 186
　　　　配当はいつだれに支払われるのか ……………………………………… 186
　　　　配当無関連命題の例証 …………………………………………………… 187

　　　　１株当たり利益が上がったから株価が上がるという
　　　　　勘違い ………………………………………………………… 189
　　　　希薄化して株価が下がるという勘違い ………………………… 190
　　３　配当が無関連ではない現実 ……………………………………… 192
　　　　税金が存在するなら無配が最適配当政策？ ………………… 192
　　　　リントナーモデル：経営者は安定配当がお好き ……………… 194
　　　　シグナリングモデル：配当に込められたメッセージ ………… 195
　　　　成熟性仮説：成熟はリスクの低下 ……………………………… 197
　　　　フリーキャッシュフロー仮説
　　　　　：エージェンシー問題の解決策 ……………………………… 198
　　　　株主と債権者のトレードオフ
　　　　　：株主は債権者の価値を奪う？ …………………………… 199

第12章　なぜ企業には人が必要なのか〜人的資産の理論／203

　　１　マイヤーズの外部株主モデル ………………………………… 204
　　　　エージェンシー理論に対する問題意識 ……………………… 204
　　　　株主と経営者が企業に投下する２つの個人資産 ………… 205
　　　　配当は固定的であってしかるべき？ ………………………… 206
　　　　経営者の交渉力は人的資産 ………………………………… 207
　　　　権利行使の配分メカニズム …………………………………… 208
　　２　会社の二階建て構造論 ………………………………………… 209
　　　　ヒトとしての組織とモノとしての組織 ………………………… 209
　　　　エージェンシー理論の誤謬 …………………………………… 210
　　　　人的資産は個性的な企業にしか宿らない？ ………………… 212

第13章　なぜ企業に戦略が必要なのか〜企業戦略の理論／215

　　１　完全競争と独占企業 …………………………………………… 216
　　　　完全競争市場で企業は価値を拡大できない ………………… 216

		競争企業に対して独占企業とはなにか …………………… 217
	2	**独占企業と競争企業の間に企業戦略のヒントあり** ……… 220
		現実には存在しない独占企業と競争企業 ………………… 220
		ポジショニングかリソースか？ …………………………… 222
	3	**ポーター VS バーニー** …………………………………… 224
		人がいない場所を取る：ポジショニング・ビュー ……… 224
		差別化かコストリーダーシップか ………………………… 225
		人が持たないものを持つ
		：RBV（リソース・ベースト・ビュー） …………… 228
		経営資源と呼ばれるためには ……………………………… 229
		差異からしか価値は生まれない …………………………… 231
		実務でどこまで応用できるのか？ ………………………… 233
	補論/独占企業はいかにして儲けるか ……………………………… 235

おわりに ………………………………………………………………… 239
　企業価値は最大化されない ……………………………………… 239
　アカデミアの世界と実務者の世界の違い ……………………… 239
　今後も神秘の解明を目指して …………………………………… 241

索　　引 ……………………………………………………………… 242

第1章 コーポレートファイナンス理論と株式会社

1 コーポレートファイナンス理論とはなにか

まず視点をどこに置くべきか

　コーポレートファイナンス理論とはなにか。冒頭からかなりハードルの高い問いかけとなってしまいました。というのも，海外のビジネススクール向けの教科書として大ヒットしているコーポレートファイナンス分野の本を開いても，実は「コーポレートファイナンス理論とはすなわちこうこうである」とスカッとさわやかに説明しているものがなかなか見当たりません。

　コーポレートファイナンス理論は，主にミクロ経済学分野のさまざまな理論群を「コーポレート（会社）」という経済主体の活動に載せて1つの学問体系を形成した，比較的新しい分野の学問です。たとえば日本ファイナンス学会という，この分野では日本で老舗の学会が設立されたのは1993年と，わずか20年ちょっと前の話です。

　おそらく企業にお勤めの中堅以上の社員の方で，大学でコーポレートファイナンスを習ったという方はいらっしゃらないと思います。しかし，その一方で，海外のビジネススクールに留学されたり，MBA（経営学修士：Master of Business Administration）を取得されたりした方でコーポレートファイナンスを勉強しなかった方はいらっしゃらないはずです。ビジネススクールでは絶対にはずせないド真ん中の科目です。

　今や多くのビジネスパーソンにとってコーポレートファイナンスは必須の知識となっています。同時に，実践的な側面ばかりではなく，古典的で厳密な理論に則った極めて学問的な領域として，多くの研究者が身を投じている分野で

もあります。この分野の研究者は必ずしも経済学や経営学だけでなく、理工系出身の方が多いのも特徴です。

　コーポレートファイナンス理論は企業金融論、あるいは経営財務論とか財務管理論という日本語に訳され、大学によってはこのような科目名で商学部、経営学部、経済学部、または経営工学などの理工系学部でも開講されています。

　ただし、コーポレートファイナンス理論を学ぼうとする人々にとって、私はこの日本語訳が誤解を招くような気がしています。確かにコーポレートファイナンス理論では、企業が事業を行うために、どのようにして資金を調達し、それをどのように事業に投資し、獲得した利益をどのように配分するか、という財務行動に着目して企業を観察することに間違いはありません。だから「ファイナンス（金融・財務）」なのですが、この部分がやや強調されすぎる気がします。

　私が長年のご贔屓にしてきたBrealey/Myers/Allenが書いた代表的なMBAの教科書でも'Introduce to Corporate Finance'としている冒頭の章では、financial manager（財務担当者）の視点を重視しながら、コーポレートファイナンスがなんたるかについてやや冗長な説明をしています。彼らは、要するに財務担当者の問題は第一に企業として何に投資するか、第二に投資の支払いをいかにすべきか（負債と資本の調達のことです）、そして結果として企業の価値をいかに高めるか、ということを中心に述べています。

　しかし、本書で私が重視したい視点、また教室の講義で重視している視点は財務担当者ではなく、経営者の視点です。コーポレートファイナンス理論の勘所はモノに価値をつけるという点にあります。特に企業の価値、経営の価値がどのようにして決められるのかを教えてくれる学問です。企業は日々努力しながら事業活動を行っています。その成果を価値としてどのように測ればいいのかという理屈を考えるのがコーポレートファイナンス理論です。

　企業や経営に価値がつくと聞けば、どのような経営者でも自分の企業の価値を高めたいと考えるはずです。だから経営の根幹に関わる理論なのです。そもそも、その理論によれば財務担当者が企業の価値を上げることはできません。財務戦略は企業の価値を高めないことが原則です。価値を高めるのは事業そのものです。コーポレートファイナンスは決して経理部や財務部の人だけが勉強

することではありません。経営者として知っておくべきこと，また，経理財務や金融に関わる人だけではなく，およそビジネスに携わる人であれば当然知っておかなければならない知識，と自信を持って申し上げておきたいと思います。

なぜ価値がつくとうれしいのか

ところで，コーポレートファイナンス理論はなぜモノに価値をつけたいのでしょうか。その理由は「売り買いの対象にしたいから」です。では，なぜモノが売り買いの対象になる必要があるのか，そうなるとどんなうれしいことがあるのでしょうか。これをおいおいお話していくわけですが，要するに経済学的な表現をすると，世の中にあるモノは限られていますからなるべく有効に活用することが世の中のためです。

限られたモノを誰かが固定的に占有して無駄にしてしまうのは世の中のためになりません。もしモノを売買することができれば，それをうまく活用する人に正当な対価で次々と渡していくことができます。世の中にモノは限られているのだから，なるべくそれを最大限に活用することが人類の幸せにつながるはずだという考え方です。

モノが動いてなんぼの世界です。世の中のためにモノを最大限に活用できる所有者を求め，ダイナミックにモノが動いているわけです。ひとまずのところ，この原則は否定しようがないと思います。

そのためにだれもが納得できる価値の決め方やルールが必要です。企業もモノを仕入れてモノを売ります。モノを有効に活用して世の中の役に立っている企業の価値は拡大します。そして，有効に活用できない企業の価値は低下していき，やがてモノを仕入れてモノを売る活動すら許されなくなります。他の企業や他の人がやったほうがいいだろうということになってしまいます。そうしたくないと思うから企業には企業価値を高めるインセンティブが湧くことになります。

しかし，企業というのはそこまで単純ではありません。「企業価値を高めるインセンティブが湧く」といいましたが，インセンティブが湧くような公平で納得できる価値の決め方とは一体なんでしょうか。そもそもインセンティブを湧かせる「企業」とは具体的にどのような企業のことを指すのでしょう。そう

いうことをこれから考えていきます。想像しただけでワクワクします。

確かに企業は単純ではありませんが，なにかの目的を持って人間が作った人為的な制度でもあります。まずはコーポレートファイナンス理論の舞台となる株式会社について考えることから始めましょう。

2 株式会社という便利でキケンな仕組み

株式会社を舞台にしたドタバタ劇

株式会社がコーポレートファイナンス理論の舞台です。舞台には株主と経営者というキャラの立った二大主役が配役されます。この2人が強欲だったかと思えば，めっぽう人がよかったり，とにかく好き勝手に舞台せましと走り回ります。彼らに加えて，債権者，従業員，取引先，顧客など個性派ぞろいの名脇役たちが物語を盛り上げる上で，これまた実に重要な役割を果たしてくれます。

そこで，**株式会社**という仕組みを考えてみましょう。世の中に，事業に対する才能にがんがんと満ちあふれ，情熱に燃えたぎっている酔狂な人がいます。この人が事業を始めて**経営者**になるためには，事業を起こすのに必要な資金を集めなければなりません。そこで，この人の類まれなる才能を見出し，その横溢する情熱に共感した，これまた酔狂な人が現れることになります。この人たちが**株主**です。株主が自分の命の次に大事なおカネを出資して事業が始まります。経営者は事業を行う才能を持っていますがおカネがなく，株主は事業を行う才能はないもののおカネを持っている，と要するに株主と経営者はこのような立ち位置です。

企業は**株式**を発行し，株主は自分が出資した金額に応じた株式を受け取って株主という地位を得ます。出資は最小単位でも構いません。したがって，経営者は小口の出資でも数多くの株主を募れれば大きな資金を一気に集めることが可能です。これが株式会社の便利な点でもあり，実はキケンな側面でもあります。

このようにして株主と経営者が決まれば**事業**が生まれます。多くの人々が協力して製品を作ることが可能になり，世の中に新たな商品やサービスを提供す

ることが可能になります。図1-1をご覧ください。やがて，事業がうまく回り始めると**従業員**を雇う必要が出てきます。これは，事業が生まれたことによって雇用が発生することを意味します。原材料を仕入れる**取引先**も必要となります。取引先にとっては新たなお客ができて潤うでしょう。**銀行**にとっても新たな融資先となるかもしれません。そして，何よりもこの企業の製品やサービスを利用する**顧客**もハッピーです。さらには，この企業が工場や販売店を出せば，その**地域**の経済にとってもプラスですし，いうまでもないことですが，この企業が利益を上げれば税金を支払うことになります。**政府**も**自治体**も潤います。めでたし，めでたし。

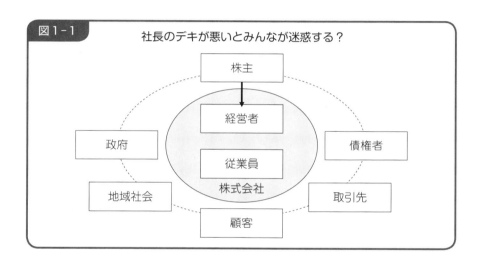

図1-1　社長のデキが悪いとみんなが迷惑する？

経営者の能力が低いと世の中みんなが迷惑する

このようにして，株主から経営者に出資が行われると，世の中すべての経済主体が事業からのメリットを受けることになります。しかし，経営者が自らの努力を怠ったり，株主の見込み違いで経営者の能力が低かったり，凡庸であったりすると，逆に世の中すべての人々が迷惑をこうむることになります。

これは単純に恐ろしいことです。ひとたび「私，経営者やります」といって手を挙げると，とりあえずは株主から小口で資金を調達することができ，世の

中のカネ，ヒト，モノを自分の支配下に収めて事業を始めることが可能です。能力のない人が経営を行ってしまうと，世の中にある限られた資源が無駄に使われることになって，大きな非効率が生じることになります。

先ほど述べた世の中すべての経済主体がメリットを受ける仕組みが逆になります。従業員も，取引先も，債権者も，顧客も，政府も，世の中すべての人が迷惑をこうむります。株式会社という制度は手っ取り早くて便利ですが，極めてキケンな仕組みでもあります。

そこで，経営者の能力が値しないと判断された場合には，なるべく早くその経営者に交代してもらい，別の人を呼んできて経営にあたってもらうか，もしくはその会社を解散させて，これまで支配してきた資源をひとまず世の中に解放し，新しく次のチャンスに充当させなければなりません。そうすることによって世の中の限られた資源は余すことなく活用され続け，人々の役に立つことになるわけです。株式会社の制度は本来そういう仕組みとして合理的に作られています。

家計が提供する資本と労働

企業に出資をするという話が出てきました。企業は株主から出資されたお金を資本にして事業を行いますが，この資本を出資する株主とは具体的に一体どういう人々でしょう。結論を先に申し上げておきますが，慈善運動に熱心な大金持ちではなく（もちろんそういう人も含みますが），一般的なわれわれの家計から出資されています。

前節で説明した企業の活動がわれわれの生活に影響を与えるという話をさらにマクロ的な視点から見てみたいと思います。一般的な家庭を想像します。普通はお父さん，場合によってはお母さんも外に働きに出て，生活費を稼ぎます。お父さんが会社員であれば，毎月一定の給料が安定的に家計を潤します。お父さんが勤める会社は，商品なりサービスなりを世の中に提供するため，何らかの**生産活動**を行っています。企業が商品やサービスを生産・提供するためには第一にお金が必要です。そして第二にお父さんのような労働力を必要とします。一般的な経済理論では，この**資本**と**労働**という2つの生産要素が**生産の関数**と呼ばれています。

第 1 章　コーポレートファイナンス理論と株式会社

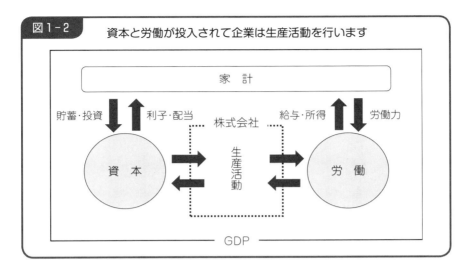

図1-2　資本と労働が投入されて企業は生産活動を行います

　図1-2をご覧ください。家計から資本と労働が投入されて企業は生産活動を行います。生産活動の成果は2つの筋道を通って，所得として家計に分配されます。1つは**給与所得**，つまりお父さんが稼ぐ給料が家計に入ります。もう1つは**資本所得**。これは企業に投資された資本への見返りとしての預金の利子や株式配当にあたります。

　資本所得が分配される実感はないかもしれませんが，一般的な家庭ならお父さんの給料日に「今日は給料が入ったから，ココはいっちょう，パーァッと一晩で全部つかっちまうか！」などという豪気すぎるお父さんは滅多にいなくて，給料はまず銀行に振り込まれて預金となるのが普通です。他にも保険料を支払うでしょうし，給料の一部は年金として積み立てられたりしています。銀行や保険会社や年金基金の保有するお金が資本として生産活動に投下されているわけです。だから，生産活動の成果としての利子や配当が金融機関を通して家計に分配される，という仕組みになっています。

　企業はこのようにして家計からの資本と労働というインプットを活用して，企業という箱の中でさまざまな創意工夫をしながら生産活動を行い，インプット以上のアウトプットを経済社会にはき出します。このインプットとアウトプットの差を**付加価値**と呼び，これが一国の **GDP**（**国内総生産**：Gross Do-

7

mestic Product）として計算されることになっています。

だから経営者というシゴトは楽なはずがない

　図1-2の中央にある企業の生産活動がうまくいかないと，家計が期待して企業に投入した労働力と資本は毀損され続けます。したがって，また同じ話ですが，経営者の能力が低かったり，努力が足りなかったりすると，われわれの家計に影響を及ぼし，経済発展は阻害されます。そこで，経営者がきちんと能力を発揮しているかどうか，投入されたものの見合いに対して企業の生産活動がきちんと価値を生んでいるかどうか，を測るためのモノサシが必要になります。それが**企業価値**です。

　すぐれた生産活動，すなわちすぐれた経営が市場を通して企業価値として評価され，その結果，株価の値上がりや配当という形で給与とともに従業員の家計を潤します。従業員を路頭に迷わせたくないと経営者が思うのであれば，結局のところすぐれた経営を行い，企業価値に反映させる努力をすることが早道です。株式会社の形態をとってビジネスを行う以上，もし企業価値が毀損されているとしたら，それは一企業の事情とか社長の問題とか，そういう次元の話ではなくて，世の中全体に影響を及ぼすことになります。

　経営者だけではなく株主の役割も重要です。株主が目利きの視点ですぐれた経営者を選び，株主の権利を使ってしっかりと経営者の行動を見ておかないと，世の中は非常に困ることになってしまいます。現在，日本企業の株主には**個人投資家**のほか**機関投資家**と呼ばれる銀行や生損保や年金などが名を連ねています。さらには海外の機関投資家も日本企業の株主になっており，日本企業の株主の3分の1近くは外国人株主が占めています。個人投資家の貯蓄や投資を含めて，彼ら機関投資家が運用している資金は，いわば一般労働者の将来生活を担保している貴重な資金です。株主として投資する投資家も，投資を受ける経営者も，実に重大な役割を担っているということを意味しています。

　「なんか株主うるせぇし」とか「株式市場なんてミズモノだろ」というようなユルい緊張感で経営をすることは許されない仕組みです。もし，株主や株式市場からのプレッシャーがストレスになるようなら経営者をやめて他の人に立場を譲るしかありません。さまざまなプレッシャーに耐えながら企業の価値を

拡大するための競争優位を常に考え続けなくてはならない人が国士無双たる経営者です。当たり前ですが，だから経営者というのは楽なシゴトではありません。私などいくらカネを積まれても経営者だけにはなりたくないと思うくらいです（カネを積んでくれる人なんてもちろんいませんけど）。

企業価値拡大の原理原則

　したがって，コーポレートファイナンス理論では，企業の目的は**企業価値の拡大**にあるということになります。企業の価値を拡大するとか創造するといわれると大そうなことのように聞こえるかもしれませんが，かなり大そうなことです。企業価値のために，人がいて組織があって戦略があります。企業が行う意思決定や企業が選択する行動が企業価値に密接に関係します。組織論も戦略論もマーケティング論も，はたまた流通論も，もちろん会計学も，あらゆる経営学の理論群が総動員されて企業価値の創造を目指す。これが私の理解です。

　しかも，なにしろ株主も経営者も強欲なわりには気まぐれで，時に慢心したり，時に小心者だったり，注意深いと思いきやうっかり者だったり，そういう矛盾だらけの「人間」がやることだから複雑です。企業にはいろいろな人々が，それぞれ異なる目的を持って集まってきて機能しています。先ほどお話したように，株主と経営者だけではなく，従業員，顧客，債権者，地域社会，政府など，企業と利害関係を持つ**ステークホルダー（stake holder：利害関係者）**と呼ばれる人々が，株式会社を舞台にして自分勝手なことを言い出し，自分勝手な行動をとり，複雑怪奇な人間ドラマを繰り広げます。人間ドラマはさまざまなメカニズムを通じて企業の経営と価値に影響を与えます。そこを考えるところがまたコーポレートファイナンス理論の面白いところです。

　企業価値という概念は単純ではありませんが，原理原則さえしっかりと押さえておけば後はわりとすーっと入ってきます。そこで，次章はコーポレートファイナンス理論における価値概念という原理原則から説明を始めます。

　少し先走りますが，企業価値は

「企業が将来獲得すると予想されるキャッシュフローを資本コストで割り引いた現在価値」

と定義されます。企業が将来獲得するキャッシュが成長しない以上，企業価値は拡大しません。将来キャッシュフローを獲得し，成長させるためには他社と差別化されたなんらかの競争優位が企業に必要です。人々がこの原理原則を忘れたときに，行き過ぎた市場主義とか短期思考の経営といった企業価値に対する誤解が生じます。

　企業価値の計算方法自体はさほど難しくありません。ただ，これから本書を読み進んでいく上で，特に重視していただきたいことは，計算過程の背景にある理屈です。多くの先人たちがこの理屈を解き明かす挑戦を繰り返してきました。そして，現在のところ，ひとまず合意され，体系化され，実践されているものがコーポレートファイナンス理論の企業価値です。

　乱暴なことをいってしまいますと，私は企業価値を細かく計算して正しい答えを出すことより，企業価値の考え方を理解することのほうがずっと重要であると思っています。重要というのは，いうまでもなく学問的にも重要であると同時に，ビジネスの知識としても重要な意味を持っているということです。なぜなら企業価値の計算過程には，経営そのものに対する数多くの示唆が含まれているからです。単に計算して出た答えだけを眺めても，その数字のみから得られるものには限りがあります。

　したがって，コーポレートファイナンス理論は経営者になる人は絶対に知っておかなければならないのは当然ですし，ビジネスをする人であれば誰にとっても不可欠な知識です。研究者にとってはこの深くて幅広い研究分野に興奮を覚えます。学生にとっては頭脳を鍛えるのに持ってこいの刺激的な学問です。そればかりか，われわれが資本主義社会を前提として生活している以上，コーポレートファイナンス理論はわれわれの日常の生活にも大きな影響を与えます。そういう理論が企業につける価値とは一体どういうものなのか。さっそくその神秘にせまるため第2章にハリキって進みましょう。

企業に価値をつけるという大胆不敵

　本章の目的は，コーポレートファイナンス理論における「価値概念のあらすじ」を理解していただくことです。これから勉強を進めていく上での大局観に相当します。企業価値は「企業が将来獲得すると予想されるキャッシュフローを資本コストで割り引いた現在価値」と定義されます。本書の前半では，この定義のとおりに企業価値の計算方法を説明していくのですが，具体的な計算方法に入る前にどうしても「ものの考え方」をお伝えしたいわけです。

　企業価値をなぜ計算する必要があるのか，計算するのにどうしてそういう方法を選ばなければならないのか。この「ものの考え方」を抜きにしていきなり割引現在価値のテクニックに入ってしまうと途中でなにをやっているのかわからなくなります。だからざーっと通して全体像を把握していただきたいと思っています。全体像がわかれば，これから出てくる公式の背後にある考え方や意味がわかるはずです。私は第3章以降の計算方法よりも，この章でのメッセージのほうがずっと重要だと思っています。

　企業価値の計算方法は，実は経営の努力や企業の特性が盛り込まれた公平な考え方に基づいています。「まあ，ファイナンスの世界ではね」とか「理論の上ではね」と『企業価値を計算すること』に対して懐疑的な方には是非とも一気に読んでいただきたい章です。

1 人はなぜモノをほしがるのか

「価値」という豊かな日本語

　そもそも「価値」とはどういうときに使う言葉でしょうか。価値があるとかないとか，価値が高いとか低いとか，あるいは「価値ある人生」とか。あまり言われたくないですけど「価値のないオトコ」とか。一度言われてみたいです

けど「価値のあるヤツ」とか。日本語の「価値」には，人に言われるとうれしかったり落ち込んだりするくらい，いろいろ豊かな含意が存在します。

　価値という言葉には重い意味を感じがちです。さらに日本人のサラリーマンにとって「カイシャ」というものにはなお一層いろいろな重い意味を含みます。かつてサラリーマンだった私もそのように感じます。それだけにカイシャの価値を数字で表すというあまりにもあっさりとした行為にはちょっとした抵抗を感じるのは当然かもしれません。血も涙もないとまではいわないまでも，それをいとも簡単にやってのけるところが，コーポレートファイナンス理論がなかなか人に好かれない点で，かつ私が魅力を感じるところでもあります。

　さて，伝統的な経済学では，モノを消費することによって人が欲求を満たす程度として**使用価値**（use-in value）という概念を定義しています。同時に，そのモノを他のモノと交換することが可能であるという考え方から，交換する場合の量的な比率を表す**交換価値**（exchange-value）という概念も定義されています。

　まず，価値という場合にはなにか具体的な数値，特におカネの単位で表される必要があります。そして，その金額を出したら，そのモノが手に入るということが前提です。人がモノを欲しがる場合に価値が問題となり，そのモノを手に入れるための交換価値としておカネを考えます。

カイシャには値札がついている

　実は企業の価値を知ることは極めて簡単です。ある会社を自分のものにするにはどうすればよいかを考えます。企業を手に入れるためには企業が発行している株式をすべて買えばよいわけです。つまり株価に発行済株式数をかけた金額が企業の価値です。「株価×発行済株式数」のことを**株式時価総額**（market value）といいます。ありていに申し上げれば，これが企業の価値です。

　たとえば，トヨタ自動車を自分のものにしようと思うなら，まず駅の売店で新聞を買いましょう。新聞の株式欄を見ればトヨタ自動車の株価が出ています。今の株価は5,700円ですから，この価格で発行済株式数の約33億株を買えばよいわけです。

　1株5,700円，これに33億株をかけると，だいたい19兆円くらいのお買い上

げ金額になります。発行済株式数に株価をかけた時価総額19兆円がトヨタ自動車という会社の価値です。19兆円出せば自分のものになるわけですからこれを価値と呼んでも文句はないはずです。もちろん，後々お話していくように，企業価値の計算にあたっては他に調整しなければならない項目がありますが，考え方としてこういうことになります。

　上場企業の価値は毎日株価が公開されていますからすぐわかります。上場企業は常にスーパーの棚に陳列されて値札がついているようなものです。

　「冗談じゃない。それは株価のことを言っているだけじゃないか。スーパーの陳列棚とはなんたる言い草だ。株価なんてミズモノで，とてもじゃないが，大事なわが社の価値を株式市場のようなところで決められるというのは納得できない」と，会社の社長なら怒るかもしれません。そのように発想するのが普通の人です。自分で言っておきながら無責任ですが，私もそれには同感です。この感情も含めて，1つひとつお話をしていきます。ひとまず時価総額という金額を出せば企業が自分のものになるのだから，これを「企業価値」と呼ぼうというところまでご納得いただきたいと思います。

割引現在価値という理屈

　問題はトヨタ自動車の19兆円が一体どうやってついているかということです。それは株式市場で売り買いしてついた値段だろう，ということなのですが，19兆円という値段がついている理屈を考えるところがコーポレートファイナンスのド真ん中のテーマです。

　コーポレートファイナンスでは**割引現在価値**（present-value）という手法によって価値を考えます。すなわち，トヨタ自動車が将来獲得するキャッシュフローを一定の割引率で割り引いて現在価値に引き直すという手法です。といっても初めて聞いた方には一体なんのことだかわかりません。

　そこで，人がどのようにしてモノに価値を見出すかを考えてみます。モノに価値がつくのは人がそれをほしいと思うからです。なぜほしいと思うのかといえば，それを自分のものにするなんらかのメリット（利得）があるからです。だからその利得はモノを自分が所有した以降に得られることになります。つまり将来の利得に対して価値がつくはずです。「将来」という点が大事です。将

来の利得が大きいと思えば高い価値をつけますし，将来の利得が小さいと思えば価値は低くなります。

たとえば，私がだれか他の人が持っているボールペンがほしいと考えてその人に売ってもらうことを考えましょう。私はこのボールペンにいくらかの価値をつけておカネを支払うことにします。そのとき私はそのボールペンを手に入れて自分が紙に何かを書く場面を想定します。見たところグリップの太さは私好みだし，持った感じの具合も良さそうだし，書き味も滑らかそうに見えるし，ペンケースに入れた感じもなかなかスタイリッシュだし，とまあ文具オタクの私としては，これから長くつき合うボールペンとしては慎重に見てもなかなかイイぞと考えます。

つまり，私はそのボールペンを手に入れた瞬間から将来得られる利得を知らず知らずのうちに予想しています。人がモノをほしがるのは，それが自分のものになった瞬間以降に自分が受ける利得を考えるからです。その利得を金額で表すと，だいたい1,000円くらいの価値はあるなとか。

しかし，今支払うおカネと，想定したメリットである1,000円とを一致させるわけにはいきません。一方で，もうひとつ私が考えなければならないことがあります。新しそうに見えるボールペンですが，インクの残りが少ないかもしれませんし，グリップは握りやすそうに見えてもノッカー部分は壊れやすいかもしれません。

所詮は将来の利得ですから，期待したとおりの大きさかどうかはわかりません。将来の予想は常に不確実です。私は自分が想定した利得が得られない不確実性も考慮に入れて支払うおカネを考えなければなりません。

つまり，価値を考えるということは，まず自分が将来得られる利得を想定し，次にその利得が得られない不確実性をそこから割り引いて考えることになります。これが割引現在価値という考え方です。割引現在価値の具体的な計算方法は次章で説明しますが，とにかく割り引くわけですから，私がそのボールペンにつける価値は少なくとも1,000円未満になります。

将来の利得とリスクが価値を決める

さて，トヨタ自動車のお話に戻りましょう。19兆円という値段がついている

ということは、19兆円でトヨタ自動車をほしいという人がいるという意味です。トヨタ自動車は自動車を作って売っている事業会社ですから、この会社を自分のものにすれば、以降トヨタの自動車が売れるたびにチャリンチャリンと自分のふところにおカネが入ってくることになります。19兆円でトヨタ自動車をほしいと考える人は、トヨタ自動車が自分のものになった以降、少なくとも19兆円以上のおカネが入ってくると考えているわけです。

　入ってくるおカネのことを現金の流れ（流列）という意味で**キャッシュフロー（cash flow）**と呼びます。キャッシュフローはこの人が考えている利得です。ボールペンの例では1,000円にあたります。コーポレートファイナンスでは、将来得られる利得を現金の額（＝キャッシュフロー）で表します。よほどの事情がない限りおカネをもらって喜ばない人はあまりいません。現金であればどんな人でもありがたいと思うはずですから、現金で利得が得られるとなれば公平な企業価値がつくはずです。

　図2-1をご覧ください[1]。トヨタ自動車を手に入れて以降、将来この会社が生んでくれるおカネと現在の19兆円が一致するから株式市場で取引が成立しているわけです。先に現在の株価5,700円が決まっているのではなくて、まず19兆円という価値が予測されて、それを発行済株式数33億株で割ることにより株価5,700円が決まっているということです。

　ボールペンの話と同じように、入ってくるおカネは将来の見込みです。なにしろ見込みですから、さすがのトヨタ自動車も将来がどうなるかはわかりません。見込みほど自動車は売れないかもしれませんが、見込み以上にもっと売れるかもしれません。モノが生んでくれる将来の利得には不確実性がつきものです。将来の利得が大きかったり、小さかったりする、どうなるかわからない振れ幅の度合いのことを、コーポレートファイナンス理論では**リスク**と呼んでいます。

　トヨタが将来獲得するキャッシュフローが大きいと思えば、多くの人がほしくなりますから価値は上がり、キャッシュフローが小さいと思えば価値は下がります。そして、獲得するキャッシュフローが変わらないなら、そのキャッ

---

[1] この図は野間幹晴先生と本多俊毅先生の『コーポレートファイナンス入門』（共立出版）を参考にさせていただきました。

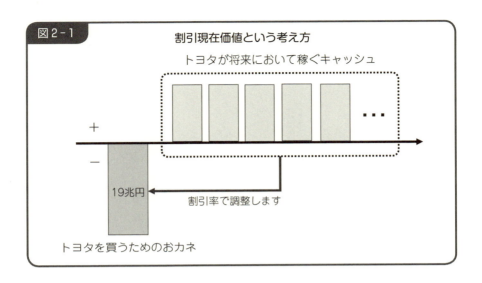

シュフローを手に入れる確実性が高い（リスクが低い）ときに，多くの人がほしいと思いますから価値は上がります。逆に確実性が低い（リスクが高い）と，当然その価値は下がります。予想されるキャッシュフローの大きさとリスクの大きさで価値が決まります。リスクの大きさで将来キャッシュフローの見込みを「割り引く」ことによって，19兆円という金額を算出することになります。

　もう一度，図2-1をご覧ください。コーポレートファイナンスは，まず将来その企業が獲得するだろうと考えるキャッシュフロー（利得）を予測します。これが図の中の上に向いている棒です（おカネが入ってくるのでプラスとして上に向いています）。そして，予測がはずれる分を見込んで，何らかの**割引率**（＝リスク）を設定します。その上で，将来の予測を割引率で割り引いて現在の価値が決まる，とこういう手順をとります（現在の価値はいま支払う金額という意味でマイナスですから棒が下に向いています）。

　割引率のことを**資本コスト**と呼んでいます。なぜそのように呼ぶのかは，また次にお話するとして，とにもかくにも，どうなるかもわからない将来の見込みからあっけらかんと入っていくあたり，コーポレートファイナンス理論のノンキさとネの明るさを感じます。しかし，非常に納得のいくわかりやすい理屈です。

2 | すぐれた経営をどう評価するか

企業価値を定義すると

　ここで企業価値を一般化して定義しておきましょう。企業価値とは**企業が将来獲得すると予測されるキャッシュフローを資本コストという割引率で割り引いた現在価値のこと**と定義します。複雑に感じる企業価値概念ですが，上記の定義の中で，変数は将来の予想キャッシュフローと割引率（資本コスト）のたった2つのみです。

　私はこの定義を「コーポレート・ファイナンス理論においては」ということではなく，世の中のあらゆる現象すべてにおいて通用する普遍的な定義として捉えていただきたいと，あえて主張したいと思います。もちろん，上場企業だろうが，非上場企業だろうが同じです。

　単純な式にすると以下のようになります。この式さえあれば，世の中のあらゆるモノに価値をつけることができます。モノの価値は，モノが生み出す将来の現金収入をリスクで調整したものということができます。

$$企業価値 = \frac{将来の予想キャッシュフロー}{資本コスト} \qquad (2-1式)$$

　この式を少しゆっくりと眺めてみたいわけです。実はこれ，非常に味わい深い意味を持っています。

　「企業の価値がそんな単純なもので簡単に測れるわけがない」と主張する人もとりあえず，企業価値が高いとか低いとか，よい経営とか悪い経営といった場合，業績を考慮するのは自然だと思います。業績のよい企業が悪い経営だったり，価値が低かったりするとは考えにくいでしょう。業績というなら売上か利益か。いやいや売上が上がっても利益が出ないとだめだということになるかもしれません。

　しかし，売上も利益も結局は会計というルールの中から得られた数字の報告にすぎません。重要なことは，企業がどれだけのキャッシュ，つまり現金を稼

いでいるかという実際の話でなければ公平な業績の評価にはならないという点です。しかも，それは過去に稼いだキャッシュという結果の話ではなくて，この先どれくらい稼げるのかという将来において稼ぐキャッシュでなければ価値とはいえません。だから2-1式の分子には「将来の予想キャッシュフロー」を置きます。先ほどお話したとおり，価値とは現在そのお金を出せば自分のものになるという意味ですから，自分のものになった以降に自分が受けられる将来の利得に対して評価が行われます。

しかし，そうはいってもあくまで将来の予想ですからどうなるかわかりません。そこにはリスクがあります。将来のリスクが高いといわれれば普通の人はおカネを出したがらないはずです。そのリスクの分だけ価値は低くならなければなりません。だから資本コストというリスクを表す割引率を分母に置いています。資本コストで予想キャッシュフローを割り引くことによって，そのリスクを企業価値に反映させているわけです。

すぐれた経営とはなにか

次のようにまとめることができます。企業の価値は，将来に獲得するキャッシュが多ければ多いほど（業績が良ければ良いほど）高くなります。資本コストはリスクを表しますから，そのキャッシュを稼ぐために危ない橋を渡らなければならない（不確実性が高い）企業の価値は低下する，という仕組みになっています。

企業の価値はただ単に現在の売上や利益が大きければ高いというものではありません。それは経営の能力を正確に表しません。経営の能力，企業の価値は今後キャッシュを稼ぐのにどれくらいのリスクを冒すかということで測られるものです。同じキャッシュを稼ぐなら低いリスクで稼いだほうがすぐれた経営，よい会社です。同じリスクを冒すならより多くのキャッシュを稼いだほうがすぐれた経営，よい会社であることに異論は，はさみにくいはずです。こういうことを上記の企業価値式は物語っています。

しかも，そのリスクは企業ごとに異なります。将来の予想がしやすい事業としにくい事業，リスクの高い事業と低い事業があるのは当然です。リスクは事業の性格によって，また企業の特性によって，企業個々に与えられるわけです。

この点はとても重要です。
　最初にお話したように株主が企業に出資をし，そのおカネで企業は事業に必要な資産を購入し，生産活動を行います。株主は企業が行う事業のリスクに応じた成果を経営者に要求します。リスクが高い事業を行っている会社に投資した株主は高い成果を，リスクが低い事業を行っている会社に投資した株主はそれなりの成果を要求し，経営者は株主の要求に応えることによって社長という立場を維持します。考えてみれば当たり前ですが，このように株主が経営者に出資した資本にはコストがかかっているのですから，その目安を資本コストとして数値化するわけです。
　以上の方法によって企業を多面的・立体的に，そして公平に評価することが可能となります。実際，この企業価値式は雄弁です。そもそも経営とはリスクを取るということが前提になっています。リスクを取らない人は経営者ではありません。企業が直面するリスクをいかにコントロールしてパフォーマンスを上げるか，経営の根幹といえます。

コーポレートファイナンス理論の3つの原則

　これまでのことをまとめておきますと，コーポレートファイナンス理論における原則は3つだけです。

(1) **利得といったらキャッシュフロー以外を意味しない**
(2) **価値といったら割引現在価値以外を意味しない**
(3) **株式市場が正しい答えを知っている**

　まず，利得という場合，コーポレートファイナンス理論では，会計上の売上や利益ではなく，企業が獲得する現金，つまりキャッシュフロー以外のことを意味しないということが原則です。
　つぎに，価値という日本語にはいろいろな意味を含めたいところですが，コーポレートファイナンス理論で価値という場合は，リスクを表す指標である資本コストによって割り引いた割引現在価値以外を意味しません。
　そして，株式市場が正しい答えを知っている。つまり，以上のようにして計算された価値は株式市場で観測される株価と一致するということが原則です。

言い方を換えれば，キャッシュフローの予測も資本コストの設定もだれかが1人で勝手に決めたのではなく，株式市場の合意によって決められているということです。

トヨタの19兆円という株式市場で観測された価値は，市場の参加者全員が寄ってたかってトヨタのキャッシュフローを予測し，資本コストを推定し，現在価値に計算した結果の数字であるという意味を示しています。個々の企業価値の計算結果は株式市場にあるということが前提です。この点は後の章で再び詳しく説明します。一見複雑な計算式ばかりに見えるコーポレートファイナンス理論もおおざっぱに言えばこういうことになっています。

なぜ企業価値概念が普遍的なのか

しかし，以上のような説明をすると，さまざまな反論があるかもしれません。たとえば「うちの会社には優秀な従業員がいる。この従業員こそわが社の価値なのに，従業員の価値はまったく反映されないではないか」。そんなことはありません。優秀な従業員がいるなら企業のパフォーマンスは上がるはずです。それは2－1式にある分子の予想キャッシュフローの増加に反映され，企業価値は拡大します。また，従業員が優秀であれば事業のリスクも減るかもしれません。当然，分母の資本コストを低下させて企業の価値は拡大します。

あるいはこのような反論。「うちは長年安定したお客様を維持してきた。お客様こそ当社の価値を作っているのだ」。なるほど，ちょっと古いですが，"お客様は神様"です。安定した顧客基盤はもちろんビジネスリスクを軽減することになります。顧客の存在によって毎年安定したキャッシュが獲得できるとすれば，分母の資本コストが小さくなって企業価値は上がります。

ブランドはどうでしょうか。高いブランドがあるということは，そうでない企業の商品よりも高く売れる可能性があります。そうすれば獲得するキャッシュ，つまり分子は増加して企業の価値は高くなります。

最近よく耳にしますが，「株主価値最大化のプレッシャーは経営者を短期志向の経営に追い込んでしまう」という批判もまちがっています。企業価値の分子になる予想キャッシュフローは，その事業の持続的成長を前提に，測りうる限りの適正な期間を想定して予想が行われます。短期的な目先の利益を拡大し

ても企業価値の最大化は実現しません。企業価値を考えるには経営の長期的な視点が必要です。

　上記のような短期志向の経営が現実に行われているとすれば，それは企業価値の公式に問題があるのではなく，単に株主からのプレッシャーを勘違いして目先的な経営に走ってしまう経営者の方に責任があります。企業価値という概念を正しく知っていればこのようなことにはなりません。

　「株主重視経営は従業員の給与を犠牲にして株主への配当を支払うような歪んだ成果配分を行ってしまう」などという批判も耳にします。そもそも従業員の給与と利益配分はお金の性質が異なります。比較するにはいろいろな前提が必要ですが，仮に従業員を犠牲にして株主への配当を増やすなどということが現実にできるとしても，企業価値は拡大しません。

　従業員のモチベーションの低下は将来のキャッシュフローに対するリスクとして企業価値の低下に跳ね返ってくるからです。そもそも株主に配当を支払ってもキャッシュフローは拡大しませんし，資本コストも低下しません。

　2-1式をご覧になっておわかりのように，将来のキャッシュが増加するか，リスクが低下するか，これ以外に企業価値は拡大しない仕組みになっています。有利子負債を減らそうが，自己株取得を行おうが，新たなキャッシュが獲得されない以上，企業価値は創造されません。資本コストを超えるリターンとして将来キャッシュフローが創出されるときのみ企業価値が拡大します。

　財務戦略自体は価値を生みません。財務戦略とは，いかにしてキャッシュを生む事業に資金を投下するか，いかにしてキャッシュを生まない事業から資金を回収するか，いかにしてリスクを回避するために資金を留保するか，ココが勝負というときにいかにして迅速な投資ができるか，それらを考えることです。本業と密接につながり，それなくして本業がありえないほど重要なのが財務戦略ですが，キャッシュフローを創出するのは本業自体です。財務戦略ではありません。

　だから従業員の存在も顧客の存在も，技術力やブランドも，あるいはすぐれた事業戦略も，本業における努力はいずれも必ず企業価値式に影響します。「企業価値の拡大が企業の目的だ」と意識しなくても，企業が行う行動は結局のところ企業価値に反映しているはずです。

企業価値は一企業の問題にとどまらない

　さらに大事なことは，こうして創られた企業の価値は企業のみではなく，経済社会に存在するすべての人々の生活に共有されるという仕組みになっているということです。逆にいえば，企業が価値を損なうと，それは一企業の問題ではなく，世の中全体の問題として深刻な事態となるわけです。

　企業価値は経営目標として常に念頭に置いたり，「企業価値〇〇億円を目指す！」といった数値目標に置き換えたりする性質のものではありません。目指す必要はありませんが，規律として常に働いている必要があります。企業のあらゆる行動はこの理論に整合的であるべきと思います。

　経営学の研究対象は企業です。企業は自然に土の中から生えてきたり，宇宙から飛んできたりしたものではなく，人間が作った人工的な仕組みにすぎません。だとすれば最初からきちんとした目的があって作られた制度であるはずです。経営理論はまず企業の目的を明らかにしなければ始まりません。これまでの説明で，企業の目的を企業価値の拡大に整合させることは，さほど的はずれなことを言っているのではないということがご理解いただけたのではないかと思います。

しかし世の中はそこまで単純ではない

　トヨタ自動車の時価総額19兆円は，以上お話してきたような理屈で決まっていることになります。つまり，株式市場では，トヨタ自動車の事業が今後どれくらいのキャッシュフローを永遠に生み続けるかを予測していて，予測の実現に対する不確実性を資本コストとして設定していて，予想キャッシュフローを資本コストで割り引いた結果，19兆円くらいだろうというセンでみんなの見解が一致している，ということを表しています。そして，19兆円を発行済株式数33億株で割った5,700円がトヨタの株価として本日の新聞に載っているわけです。

　今後「予想キャッシュフローがもっと高くなりそうだ」とか「リスクが小さくなりそうだ」というニュースや情報が明らかになると株価は上昇し，その逆を予想するニュースや情報だと下落する，という仕組みです。

キャッシュフローの正確な中身や資本コストの決まり方など企業価値の詳しい計算にまつわるお話は，この後の章で説明していきますが，ここまでのお話，あまりにもあっさりしすぎていて本当に株価ってそんなもんだけで決まるかなあと思う方もいらっしゃるでしょう。

　理屈としてはこれ以上のものがないのですが，コーポレートファイナンス理論が本当に現実を説明できているのか，本当にトヨタ自動車の現実を表すことに成功しているのか，この点を突き詰めていく必要があります。そして，この理屈と市場の価格に限界があるという神秘こそがコーポレートファイナンス理論をおもしろくする点であり，そこが前章でお話した株式会社制度を舞台にしたステークホルダーたちの人間臭いドタバタ劇です。

　神秘を探求するためには，ドタバタ劇の人間模様を探る必要があります。コーポレートファイナンス理論の登場人物たちが，すべて企業価値式のシナリオ通りに動いてくれるなら問題はないのですが，なにしろ彼らは実に勝手気ままで，なかなか理屈どおりには動いてくれません。彼ら魑魅魍魎（ちみもうりょう）たちの複雑怪奇な跳梁跋扈（ちょうりょうばっこ）に迫ろうとするには企業価値の公式では足りず，さらに発展した理論が要求されます。

　大きく分けると，企業価値の公式までの考え方を「新古典派経済学」の理論といいます。その後，新古典派経済学の世界を抜け出し，エージェンシー理論，所有権理論，取引費用理論などを，本書では「組織の経済学」もしくは「新制度派経済学」の理論群という位置づけでとらえ，本書の後半で説明を加えていくことにします。

　これらの理論は，市場価格の限界をあらわにし，企業価値の公式に修正を加え，そして再び経営に対する深い示唆をあらためて提供してくれます。ひとつの理論で説明できなかった現実が，また別の理論によって説明され，われわれの住む世界にひそむミステリーを徐々に解決していってくれます。

　以上がいわばコーポレートファイナンス理論のだいたいのあらましです。とりあえず企業価値の公式を前提にしばらくはお話を進めていこうと思います。

企業価値＝株主価値
＋債権者価値という理屈

　本章では加重平均資本コスト（WACC）について説明します。一般的なファイナンスの教科書ではもっと後に出てくるテーマなのですが，本書では株式会社の仕組みを中心に話を展開していきたいという趣旨であえて先にお話をします。

　というのも，企業には株主以外にもう1人重要な債権者という出資者がいるからです。事業を行うにはお金が必要ですが，そのお金を出しているのは株主と債権者です。株主は株式市場を通して企業に出資します。企業に出資をしている投資家はさまざまで，投資顧問会社や銀行，生損保，年金基金といった機関投資家，それに個人投資家などがいます。そして，債権者は主に銀行です。これら株主や債権者のお金は，預金や保険や年金など元を正せば家計から出ています。

　通常われわれが株式を買おうかと考える場合と銀行に預金しようかと考える場合とでは，家計の事情もお金の性質もそのときのメンタリティーもまったく違います。この違いはそのまま株主と債権者の立場，企業への関わり方の違いになって表れます。

　この違いから企業価値という言葉と資本コストという言葉を少しきちんと分解してお話していきます。株主の価値と債権者の価値を合計したものが企業の価値になるという点がポイントです。

バランスシートの意味

　図3-1をご覧ください。**バランスシート（貸借対照表）**を中心にお金がどのように流れているかを表しています。バランスシートが何かわからない人でも以下の説明を聞けば大丈夫です。

　企業は事業を行うために必要な資産，例えば製造業であれば機械や工場や土

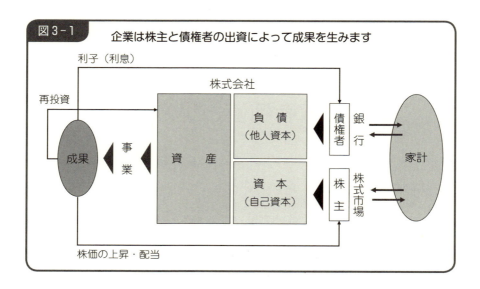

地などが必要ですが，これらは**株主**と**債権者**によって出資された資金で買うことになります。第1章でお話したように，株主のお金も債権者（主に銀行）のお金も元を正せば一般の家計から出ています。

株主が出資したお金を**自己資本**，債権者によって賄われたお金を負債もしくは**他人資本**と呼びます。借金である他人資本と自己資本という順番で，バランスシートの右側にそれらの金額を書いておくことが決まりです。

他人資本というのはおもしろい表現です。だれにとっての他人でしょうか。この表現を見てもわかるように企業の所有者は株主という前提です。だから株主が出資したお金を自己資本と呼びます。一方，株主にとって企業の外部に存在する債権者は他人です。だから負債の部分を他人資本と呼ぶわけです。

調達した資本（おカネの出どころ）をバランスシートの右側に記録して，資本を使って買い付けた資産（おカネの使いみち）を残らず左側に記録しておきます。だから左右は同じ金額でバランスしています。

さて，これらの資産を使って企業はビジネスを行い，言い換えれば調達した資金を本業に投資して，やがてキャッシュという成果を獲得することになります。この成果は株主と債権者が出資したことによって得られたものです。したがって，獲得されたキャッシュは成果として株主と債権者のもとに戻されなけ

ればなりません。先ほどお話したとおり企業の成果はまわりまわって家計に戻ってきます。

株主と債権者が企業の成果，つまりは戻ってきたお金に満足すれば，出資は維持され，経営者は次の期も再び経営者として事業を続けることができます。満足しなければ債権者は資金を引き揚げ，株主は株主の権利を行使して経営者の首をはねるということができる仕組みになっているわけです。図 3 − 1 の成果から債権者と株主に戻ってくる矢印の水準が重要な意味を持っています。

株主と債権者，その立ち位置の違い

ところで，債権者が企業に要求する成果の水準と株主が要求する成果の水準は異なることが自然です。いろいろな説明が可能ですが，まず会社が解散した場合，株主には清算した後で残った財産を受け取る権利しかありません（**残余財産分配請求権**）。会社法では，会社の清算時にまず債権者が株主より先に支払いを受けて，その後にまだ財産が残っていれば株主に分配される，という順番になっています。つまり，このことから基本的に会社のリスクを負っているのは株主ということが言えます。

リスクと**リターン**は裏表の関係です。大きなリスクを取る人は大きなリターンを期待し，小さなリスクしか取らなければ小さなリターンしか期待できません。大きなリスクを取る株主は債権者よりも大きなリターンを期待します。企業は自己資本と他人資本がそれぞれ想定するリスクに応じたリターンに応えなければなりません。企業がビジネスに投資する資本にはそういうコストがかかっているわけです。

そこで，株主がリスクに応じて企業に要求する成果の水準を**株主の資本コスト**もしくは**自己資本コスト**と呼び，債権者のそれを**債権者の資本コスト**もしくは**負債の資本コスト**と呼ぶことにします。

先に，企業価値を「企業が将来獲得すると予想されるキャッシュフローを資本コストという割引率で割り引いた現在価値のこと」と定義しましたが，経営の成果であるキャッシュフローは，もともと株主と債権者の出資によるものでした。したがって，企業が獲得するキャッシュフローは株主に帰属するものと債権者に帰属するものを合計したものということになります。そこで，キャッ

シュフローを株主と債権者に分けて，株主に帰属するキャッシュフロー部分を株主の資本コストで割り引いたものを**株主価値**，債権者に帰属するキャッシュフロー部分を負債の資本コストで割り引いたものを**債権者価値**もしくは**負債価値**と呼んでいます。この株主価値と債権者価値を合わせて**企業価値**となるわけです。企業価値のことを**エンタープライズバリュー**（EV：Enterprise Value）ともいいます[2]。株主価値も債権者価値もそれぞれの資本コストで割り引いた割引現在価値ですから，「現時点における価値」という意味で「自己資本の時価」，「他人資本の時価」ということもできます。

このうち，「自己資本の時価」，つまり「株主価値」が時価総額として株式市場で観測される，ということになっているわけです。時価というくらいですから，まさしく今の株価です。前章で出てきた，現在の株価に発行済株式数をかけた金額，時価総額が「株主価値」です。トヨタ自動車には負債もあるので時価総額の19兆円は厳密に言い直せば企業価値ではなく「株主価値」（自己資本の時価）なのです。

もしもバランスシートが時価だったら

時価という言葉が出てきました。先日，東北のある街に出張に行った際，駅前の立ち食い寿司屋に入りました。カウンターから見える壁にメニューが掲げてあり，玉子とかアジとかイカとか豊富なネタの種類と値段が木の板に書かれて並んでいます。

しかし，大トロには値段がついていなくて「時価」と書いてあります。こういう場合，「大トロはおいくらですか？」と聞いてからオーダーする手もありますが，なにも聞かずに大トロを平気でオーダーするカッコイイ手もあります。私はというと，大トロは見なかったことにしてアジとかイカを頼みます。大トロは漁獲量や季節によって「その日の価値」が変動するため「時価」となっているわけです。

しつこいですが，コーポレートファイナンス理論において価値は，将来獲得

---

[2] 後の章で説明しますが，企業が保有している現金は理論上すぐに債権者に返すことができますから債権者価値の中には含まれていません。エンタープライズバリューは株式時価総額に有利子負債を足して現金及び現金同等物を差し引いたものと定義されるのが一般的です。

すると予測されるキャッシュフローを資本コストで割り引いた現在価値です。価値が高い、ということはおカネをたくさん持っているということではなくて、将来たくさんおカネを稼げるかどうかによって決まります。企業が持っている資産の価値が高いとすれば、その資産は将来たくさんのおカネを生むことができる能力を持っていることを意味します。だから高い値段、つまり高い時価がついています。

このことを図3-2の簿価と時価のバランスシートによって説明します。図の上に描かれたものが**簿価**のバランスシート、われわれが通常目にする会計のバランスシートです。

繰り返しになりますが、企業は債権者と株主から調達した他人資本と自己資本で事業に必要な資産を買います。簿価のバランスシートにはこのことが「記録」されています。その資産を使って企業はキャッシュを生みます。資本を調達して資産を買って、その資産がキャッシュを生むと考えてください。キャッシュは図の真ん中の絵にあるように毎年Cだけ生まれると「予想」されています。予想キャッシュには、経営者の能力や従業員のやる気、技術力やブラン

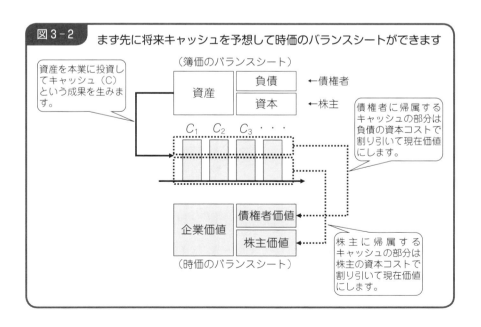

図3-2　まず先に将来キャッシュを予想して時価のバランスシートができます

ドなどや，資産を活用する経営の創意工夫に対する期待が反映されています。期待とは出資者である債権者と株主の期待です。

　さて，こうして生まれたキャッシュフロー（正確には生まれると予測されるキャッシュフローです）を資本コストによって割り引くと現在価値つまり時価になります。ただ，図の点線で囲んだように，生まれたキャッシュCのうち，ある部分は株主が出資したことによって生まれたもので，ある部分は債権者の貢献によるものですね。

　そこで，生まれたキャッシュのうちで株主が出資したおカネで買った資産が生んだキャッシュは，株主の期待つまり株主の資本コストで割り引いて現在価値にします。これが株主価値です。

　そして，債権者が出資したおカネで買った資産が生んだキャッシュは，負債の資本コストで割り引いて現在価値にします。これが債権者価値。2つの現在価値の合計が企業の時価，すなわち企業価値となるわけです。

　こうして図の下にある時価のバランスシートができあがりました。この時価のバランスシートは，海が荒れたら大トロの価格が上がるようにキャッシュフローの予想が変われば変動します。

　以上のように考えれば，株主資本の時価（＝株主価値）が株式市場で観測される時価総額と一致していることがわかるはずです。この部分がトヨタで言えば19兆円です。株主の期待によって変動しますから，その都度株式市場に聞いて時価を教えてもらいます。今は19兆円であることがわかります。一方，同様に大トロの時価も寿司屋の店主に聞けば教えてくれます。別に聞きたくないですけど。

　前章でお話したとおりですが，しつこいほど確認すれば，トヨタの時価が19兆円ということは，株式市場がトヨタに予想したキャッシュフローを，株式市場がトヨタに設定した資本コストで割り引いた計算結果ということになります。トヨタの時価19兆円は，将来のキャッシュフローがもっと大きいと期待されたり，リスクがもっと小さいと推定されたりすると上昇し，その逆になると下落します。株価は時価ですからそのようにして常に変動します。大トロの時価も海がしけると値段が上がり，旬の時期が終わると値段が下がります。参考までに，海が「しける」は漢字で「時化る」と書きます。

ここでは，簿価のバランスシートをわれわれが通常目にする会計のバランスシートだという説明をしましたが，ご存知のとおり，現在の会計におけるバランスシートは2000年度以降，時価会計という方向性でどんどん改良がなされ，将来の予想を反映した形で時価評価が行われています。

　しかし，会計における過去の「記録」という発想とコーポレートファイナンス理論による，いきなり将来の「予想」から入るという発想は，根本的に異なるというのが私の理解です。図3-2でわかるように，時価のバランスシートは，まず将来のキャッシュを予想してからそれぞれの項目の金額が決まる仕組みになっています。

なぜ資本コストを加重平均しなければならないのか

　あらためて，債権者価値と株主価値を合計したものが企業価値です。以上のことはわかりました。では，実際に企業を買収する際に買収者はどのようにして買収価格を決めるのでしょうか。新聞などでは買収金額いくらが高いとか安いとか，株価いくらで公開買付を行ったとか，そういう記事をよく目にします。企業を買収するということは株主になるということですから，株主価値を算出すればよいわけです。株主価値が買収金額になります。

　この場合，問題なのは株主に帰属するキャッシュフロー，つまり株主の出資によって生み出された成果としてのキャッシュ部分をどのように切り出すか，です。想像すればおわかりと思いますが，たとえば，社債と株式を発行して工場を建設した場合，工場のどの部分が社債発行で得た資金を使ったのか，どの部分が株式発行で得た資金でまかなったのかなどという区別は不可能です。ましてや，その工場によって生まれたキャッシュフローのうち，どの部分が債権者の貢献で，どの部分が株主の貢献なのか，などと考えることはできません。

　でも，負債の資本コストと株主の資本コストが違うわけですから，それができないと正確な企業価値の計算ができなくなります。そこでまず，いったん，他人資本と自己資本いずれの貢献にかかわらず企業が生んだキャッシュ全体を合計しておいて，その後で他人資本と自己資本の比率によって負債の資本コストと株主の資本コストを按分する，加重平均資本コストという方法を使います。これは先に式を見ていただいたほうがわかりやすいと思います。

$$r = \frac{E}{D+E} \times r_E + \frac{D}{D+E} \times r_D \qquad (3-1式)$$

D は他人資本（Debt）の額，E は自己資本（Equity）の額です。r_E は株主の資本コストで，r_D は負債の資本コストです。

$D+E$ は他人資本と自己資本の合計額ですが，合計額のうち E の自己資本にかかるコストが r_E なので，右辺第一項のように自己資本の比率にのみ株主の資本コストをかけています。第二項は他人資本の比率に負債の資本コストである r_D をかけて，以上2つを足します。これでめでたく2つの資本コストが加重平均されて，企業全体の資本コスト r が算出されました。この**加重平均資本コスト**のことを WACC（Weighted Average Cost of Capital），「ワック」と気安く呼んでください。

WACC を計算することによって，バランスシートの右側の調達方法を考えずに（負債で調達したか，株式で調達したかを考えずに），まずは企業全体が生み出すキャッシュフローを予想し，その上でキャッシュフローを加重平均さ

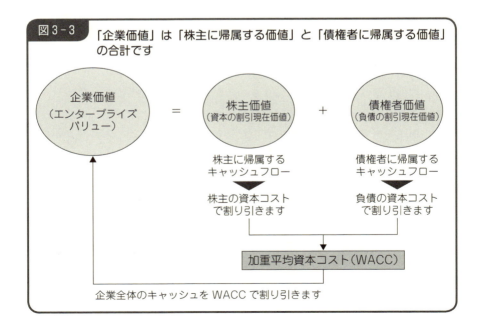

図3-3 「企業価値」は「株主に帰属する価値」と「債権者に帰属する価値」の合計です

れたWACCで割り引けば企業全体の価値が計算できるということになります。

大事なことは，コーポレートファイナンスは常に予想から入る，ですからキャッシュフローも予想なので他人資本と自己資本の比率も将来の予想を入れなければなりません。

こうして企業価値全体を算出できたら債権者価値を算出します。そして，企業価値から債権者価値を引いて株主価値（＝買収金額）を計算する，という手順です。企業価値から計算するので，この方法をエンタープライズ法と呼んでいます。

さて，問題は株主の資本コストと債権者の資本コストをそれぞれ具体的にどのようにして計算するかですが，この算出方法については第5章でじっくり説明します。

なぜ「1－実効税率t」をかけるのか？
節税効果を入れてWACCの計算式完結

実はもう1つ大事なことがあります。それは，負債調達による**節税効果**を考慮する必要があるということです。ややめんどうですが，ここでさらっと話を終わらせておきましょう。

お金を借りると利息を支払うことになります。ご承知のとおり，その**支払利息**は**事業利益**から差し引かれます。税金を計算する場合に，支払利息は損金として差し引かれますので，支払利息の分だけ課税対象となる利益が少なくなります。つまり負債を抱えると，支払わなければならない利息の分だけ利益が減り，その結果，支払う税金が少なくて済みます。このことを**負債の節税効果**と呼んでいます。つまり同じ事業利益を獲得しても負債が多い企業のほうが持っていかれる税金が少ないので，稼ぐキャッシュという面では有利です。

そこで，WACCの計算式に負債の節税効果を反映させる必要があるのですが，これも先に計算式の結論をご覧いただいたほうが早いと思います。前述の3－1式は以下のように修正されます。

$$WACC = \frac{E}{D+E} \times r_E + \frac{D}{D+E} \times r_D \times (1-t) \qquad (3-2式)$$

　3-2式の負債の資本コストに「$1-t$」がつきました。t は Taxes の実効税率ね，了解！　ということなのですが，意外とコレがなぜ「$1-t$」なのか正確に説明できる人は少ないようです。私もずっと若い頃は，税金を考慮したんだね，という理解しかしておらず，なぜ税率を引くのか考えもしませんでした。簡単な説明をしましょう。

　たとえば，事業利益100億円，法人税率40%の企業を例にとります。負債がなければ100億円×40%＝40億円の法人税が利益100億円から引かれて，キャッシュは60億円です。しかし，もし負債が100億円あってその借入利息が5%だったら，100億円×5%＝5億円を毎年利息として支払わなければなりません。5億円分だけ利益は減って95億円になります。利益の95億円に税金がかかりますから95億円×40%＝38億円が支払う税金です。したがってキャッシュは100億円から税金分38億円を引いた62億円となり，負債がない企業の60億円に比べるとおトクです。これをなんとか簡単な計算式で WACC に反映させたいわけです。

　借り入れた負債100億円の効果は，負債がない場合の40億円の税金支払いから38億円の支払いとなった2億円の減少です。支払利息5億円のうち税率40%の2億円だけ支払うべきおカネが減ったということです。だから支払利息は5億円－2億円＝3億円で済むことになります。

5億円－2億円＝3億円　を以下のように表すことができます
$$5\% \times (1-40\%) = 3\% \qquad (3-3式)$$

　要するに，支払利息に対して常に税率分だけ支払う利息が減って有利になるので，5%であれば「$1-t$」をかけた分が実際に支払う利率になるということを表しているわけです。そのため WACC の右辺第二項に「$1-t$」をかけるのです。

第4章 割引現在価値という考え方

　企業価値式の考え方を説明する前に，この公式で使用する重要なテクニックである割引現在価値について説明します。
　これまで，資本コストで「割り引く」という言葉を何度も使ってきましたが，本章でその具体的な計算方法が明らかになります。割引現在価値という概念は，コーポレートファイナンスとは切っても切れない深いつながりを持っています。コーポレートファイナンスの理論において価値といった場合は割引現在価値以外を意味しません。

黄金の卵を産むガチョウの話

　いきなりですが，イソップ寓話に「ガチョウと黄金の卵」というお話があります。ある朝，主人公の農夫は自分の飼っているガチョウが黄金の卵を産んでいるのを発見します。「ウソやろ！」と農夫が関西弁で叫んだかどうか，さだかではありませんが，とにかく驚いてその卵を市場に持っていったところ純金であることがわかります。農夫はガチョウが金の卵を産むたびに市場に売りにいき，大金持ちになります。
　農夫はこのガチョウが毎朝黄金の卵を産むのを辛抱強く待っては卵を市場に売りにいくわけですが，いっそのことこのガチョウ自体を市場に行って売っ払う，というファイナンス教育的想定をしてみます。さて，このガチョウは一体いくらで売れるか。ガチョウの価値を計算しましょう。この計算が**割引現在価値**という考え方です。
　このガチョウ，たまに卵は産むものの黄金の卵は年に１個しか産めないとします。ただし，黄金の卵は市場に行くと100万円で売れるとしましょう。しか

もこのガチョウ，悪魔から不老不死の寿命を与えられているというナイス過ぎる設定にします。したがって，このガチョウを手に入れれば毎年間違いなく100万円が何の苦労もなく入ってきます。ガチョウを10年間飼っていれば100万円×10年＝1,000万円が入ってきますし，30年飼えば3,000万円になります。

それだけではありません。いまどき銀行金利が5％という設定もつけておきましょう（計算しやすいために）。卵を売って得た100万円は，そのまま銀行に預金しておけばただちに年率5％で増えていきます。翌年には100万円×5％＝5万円の利息が入ってきて100万円は105万円に増え，その翌年は105万円に5％の利子がつくので105万円×5％＝5万2,500円と加算されていきます（計算しやすいです）。さてこのガチョウを今すぐに売るとしたら一体いくらの値段がつくでしょうか？

このガチョウを飼うことによって毎年の収入，現金100万円が予想されます。このことを「100万円のキャッシュフローを得る」と表現します。これから将来にわたって毎年得られる100万円のキャッシュフローの価値が現在のガチョウの価値になります。さきほど30年飼えば3,000万円といいましたが，ガチョウが不老不死だとすれば少なくとも3,000万円以上の値段はついてもよいはずです。果たしてそうでしょうか。

とにかくこのガチョウを飼っていれば毎年100万円がほぼ永久に入ってきます。まず，この毎年の100万円を足し合わせるという方法によってガチョウの値段を考えることにしましょう。ただし問題は，今日，市場に行ってガチョウが売れる値段，今日の時価を考えなければならないところです。そして，今年卵を売って得た100万円は銀行に預けると来年は105万円（＝100万円×1.05）に増えるということも頭に入れておく必要があります。

ところで，逆の言い方をすると，来年銀行から100万円を受け取るためには現時点で95万2,381円（＝100万円÷1.05）が必要です。ということは，ガチョウの今日の値段を計算しているわけですから，来年ガチョウの卵を売って入ってくる予定の100万円は100万円として足し合わせてはいけません。95万2,381円として計算しましょう。この95万2,381円は来年100万円になって戻ってくるお金の価値ですから，来年の100万円の**現在価値**と呼ぶことにします。

再来年ガチョウが生む卵はどうなるでしょう？　今年卵を売って得た100万

円は銀行に預けると再来年は110万2,500円（＝100×1.05×1.05）と計算されますから，再来年の100万円の現在価値は100万円を1.05で2回割った90万7,030円（＝100万円÷1.05÷1.05）と計算しなければなりません。これがガチョウを飼って2年目に受け取る100万円の現在価値です。さて，3年目の現在価値は……と，この計算を繰り返していって，毎年の100万円の現在価値を計算し，それを足し合わせた合計がガチョウの今日の値段になります。

このことを式で表してみましょう。難しくありません。ざっとこんなカンジです。

> 毎年の100万円の現在価値合計額
> $= \dfrac{100}{1.05} + \dfrac{100}{1.05^2} + \dfrac{100}{1.05^3} + \dfrac{100}{1.05^4} + \dfrac{100}{1.05^5} \cdots$ （4−1式）

毎年毎年100万円は5％で割り引かれていきますから，分母は毎年毎年大きくなり，100万円の現在価値は先になるほど少なくなっていくはずです。絵にしてあらわすと，図4−1のようになります。

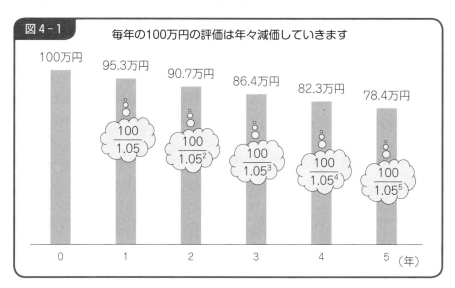

図4−1　毎年の100万円の評価は年々減価していきます

ガチョウが長生きすればするほど価値は上がるか？

　100万円の現在価値は年々少なくなる，つまり毎年のガチョウの評価は減価していく，といってもなんたってこのガチョウは不老不死です。多少減価していこうが自分の命が続く限りガチョウを飼っていれば，毎年苦労せずに100万円近いおカネが得られます。場合によっては自分の子供に譲ってやる手もあります。長く飼えば飼うほど現在の価値は上がると考えられますが，そのことを計算してみましょう。

　先ほどの計算と同じことを10年，20年と延々繰り返していきます。どれくらい減価していくものか。30年間ガチョウを飼うと想定すれば30年後の100万円は1.05の30乗で割る計算です。1.05を30回かけますと，だいたい4.322くらいです。これで100万円を割り引くと，

$$\frac{100万円}{1.05^{30}} = 231,377 （円） \quad\quad (4-2式)$$

　なんと23万1,377円となります。しつこいですが，これが30年後の100万円の現在の価値です。今，23万1,377円を銀行口座に持っていけば，30年後に100万円になっている，という意味です。

　年を経るごとに分母はどんどん大きくなりますから，足し合わせるべき毎年の卵100万円の現在価値は40年，50年とどんどん減っていきます。ちなみに50年間飼えば50年後の100万円は，

$$\frac{100万円}{1.05^{50}} = 87,204 （円） \quad\quad (4-3式)$$

　だんだんとさびしい気持ちになってきました。50年後の100万円の価値は現在たったの8万7,204円と計算されます。

　ついでですから100年分すべて計算してみましょう。図4-2は，図4-1で行ったのと同じことを100年に延ばして計算しています。100年間で100万円は図4-2のように加速度的に減価していき，100年後の100万円はたったの7,604

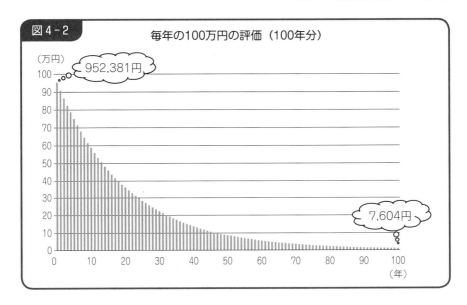

図4-2　毎年の100万円の評価（100年分）

円という評価です。

　さて，毎年の100万円の現在価値をすべて足し合わせたもの，つまり図4-2の棒グラフをすべて足し合わせたものが，黄金の卵を生むガチョウの現在価値（いま市場で売れる値段）となります。そこで図4-2の棒グラフを初めの年から累計していきます（図4-2の棒グラフは1年目から始まっていることに注意）。

　それが図4-3の棒グラフになります。1年目の100万円の現在価値は95万2,381円（100万円÷1.05）です。2年目はこれに2年目の現在価値90万7,030円（100万円÷1.05÷1.05）を足して185万9,411円，というふうに累計しています。

　ガチョウが100年間生き続けると想定した場合（飼い主の農夫本人はもうとっくに死んでいるとは思いますが），毎年得られる100万円の現在価値合計は約1,984万7,910円となります。つまりこれが，100年間ガチョウが黄金の卵を産み続けると想定したときのガチョウの現在価値。農夫はこの値段でガチョウを市場で売ることができます（もちろん欲しい人はこの値段で買うことができます）。

　「あのー，このガチョウなんですけど。毎年100万円する金の卵を生むんです。しかもこれから100年間ずっと。コレ，いります？」と市場でだれかにいえば「じゃ，1,984万7,910円でもらいます」という会話が成立します。

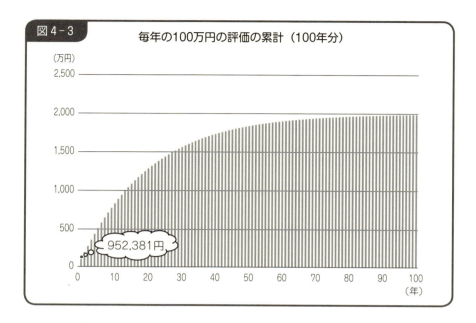

図4-3 毎年の100万円の評価の累計（100年分）

952,381円

　結局，4-4式のような計算をしたことになります。100万円を毎年5％で割り引いていきますから，このようにして得られたガチョウの値段のことを**割引現在価値**と呼んでいます。

$$\frac{100万円}{1.05} + \frac{100万円}{1.05^2} + \frac{100万円}{1.05^3} + \cdots + \frac{100万円}{1.05^{100}} = 19{,}847{,}910円 \quad （4-4式）$$

　毎年得られる100万円のことを**キャッシュフロー**，5％を**割引率**といいます。次のように一般化できます。

$$\begin{aligned}割引現在価値 &= \frac{1年目のキャッシュフロー}{(1+割引率)^1} + \frac{2年目のキャッシュフロー}{(1+割引率)^2} \\ &\quad + \frac{3年目のキャッシュフロー}{(1+割引率)^3} + \cdots + \frac{n年目のキャッシュフロー}{(1+割引率)^n}\end{aligned} \quad （4-5式）$$

黄金の卵を産むガチョウはだいたい2,000万円くらいの値段がつく

　ところで，図4-3をもう一度よくながめてみてください。気がつくことは，何年このガチョウを飼い続けてもだいたい2,000万円に近づくとその先は上がらなくなる点です。確かにガチョウの寿命が5年の場合と10年まで生き続ける場合とでは，ガチョウの割引現在価値は倍くらいの差になります。しかし，60年を過ぎたあたりから増え方はなだらかになり，その後はほとんど変わりません。つまり，ガチョウが永遠に生き続けられるとしても値段は2,000万円足らずということになります。

　これは当たり前の話であって，年を減るごとに分母はどんどん大きくなり，このガチョウが鶴や亀なみに千年も万年も生き続けたとしたら，4-5式の最終項はnが無限大になるため0に近づきます。そこで，100万円の卵を永遠に産み続けるガチョウの割引現在価値は以下のように計算して2,000万円ということになります。

$$\text{ガチョウの割引現在価値} : \frac{1,000,000}{0.05} = 20,000,000 \text{円} \qquad (4-6\text{式})$$

　これがファイナンスの教科書の最初に出てくる「永久債の現在価値」というものです。あるいは「定額配当割引モデル」で使われる式の理屈です。また，よく引き合いに出される「今日の1ドルは明日の1ドルより価値がある」というたとえ話も，ガチョウの黄金の卵の価値100万円が減っていくことで理解できると思います。

　コーポレートファイナンスの世界では，おカネが利息もつかずにずっとタンスの中にしまわれているような状況を想定しません。常におカネは受け取った瞬間からすぐ利息がつく，おカネは無駄なく必ずおカネを産むということが前提です。

　ぼーっとしていても今あるおカネは利息がついて来年には増えているわけです。だから来年受け取る予定のおカネの額はすでに利息がついて増えた後の額なので，今の値段，つまり現在価値は来年受け取る予定の額を金利で割り引い

たもの，と考えることになります。これが割引現在価値という理屈です。

再び企業価値の定義

さて，第2章で企業価値とは「企業が将来獲得すると予測されるキャッシュフローを資本コストという割引率で割り引いた現在価値のこと」と定義しました。本章でようやく**現在価値に割り引く**という手法がわかりました。

$$企業価値 = \frac{将来の予想キャッシュフロー}{資本コスト} \qquad (再掲2-1式)$$

ガチョウの金の卵を売った金額100万円が毎年農夫の懐に入ってくるのと同じように，企業が獲得するキャッシュフローは毎年株主のものになります。図4-4のように企業が毎期ごとに異なるキャッシュフローを獲得したら，それぞれの期のキャッシュフローCFを資本コストrで割り引いて割引現在価値にします。割引現在価値の合計額が企業の価値PVです。

$$PV = \frac{CF_1}{1+r} + \frac{CF_2}{(1+r)^2} + \frac{CF_3}{(1+r)^3} + \frac{CF_4}{(1+r)^4} \qquad (4-7式)$$

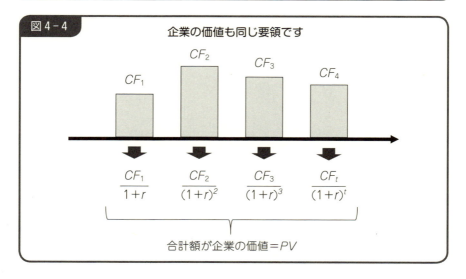

図4-4　企業の価値も同じ要領です

図4-4の場合を正確にいえば、企業が4年間にわたってCF_1からCF_4までそれぞれの期にキャッシュを獲得し、4年間で事業を解散する場合の事業の価値ということになります。第6章から割引現在価値を使った企業価値の評価モデルを紹介していきますが、ここでは分母の$(1+r)$のべき乗が年々増えていきながら分子のキャッシュフローを割り引いていく感覚だけ覚えておいてください。

金の卵を産むガチョウは不老不死の仮定でしたが、企業も不老不死の仮定です。ガチョウと同じように毎年同じ金額のキャッシュフローを獲得し続ける企業があるとすれば、4-6式と同じです。毎年100万円のキャッシュを稼ぎ続ける企業の価値は2,000万円と計算することができます。

一般化すれば次の式で表すことができます。永久に稼ぎ続ける場合を想定すると、このような単純な式で表すことができる感覚も覚えておいてください。

$$PV = \frac{CF}{r} \qquad (4-8式)$$

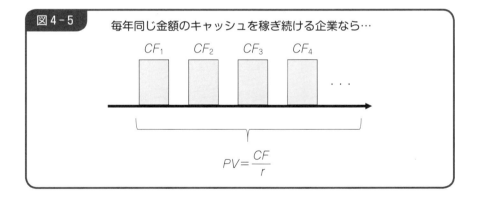

図4-5　毎年同じ金額のキャッシュを稼ぎ続ける企業なら…

イソップ寓話が教える教訓

さて、この「ガチョウと黄金の卵」のお話にはオチがありまして、実際のイソップ寓話ではこのガチョウ、1日1個の黄金の卵を産むことになっています。ガチョウのおかげで農夫はどんどんお金持ちになっていきます。人間誰しもそ

うらしいのですが（私には経験ないのでわかりませんが），お金持ちになるにつれて，農夫には欲が出てきます。1日1個の黄金では満足できなくなり，ある日，ガチョウを殺してお腹を割きます。お腹の中に黄金の卵がいっぱい入っていると農夫は考えたわけです。ところが，ガチョウのお腹の中はもちろん空っぽでした。ガチョウは死んでしまい，翌日から農夫は黄金の卵も手に入れることができなくなってしまったとさ，というお話です。

イソップ寓話のオチは意外と残酷です。腹を割いたり，ライオンに食べられたり，人間に食べられたり，手足をもぎ取られたり，処刑されたり，研究費が途中で底をついたりと，わりとスプラッタ系のシーンでシメることがお約束になっているようです。

一方，そのような恐怖体験からイソップはさまざまな教訓を提示しています。ガチョウの話は，一度欲を出すと人間は節操と限度がなくなるものだとか，欲張りすぎて一度に大きな利益を得ようとしてはいけないよとか，利益を生み出す資源がなにかを考えねばならないとか，というところでしょうか。

ところで，割引現在価値の計算にもコーポレートファイナンス理論の重要な教訓が含まれています（実はこのお話をするために「ガチョウと黄金の卵」を例にしたくらいです）。すなわち，企業もガチョウも（音が似ていてもガチョウと一緒にするなと言われそうですが）将来どれくらいのおカネを生むかということで価値が決まります。人間の価値もひょっとすると似ていて，「現在どれくらいのおカネを持っているか」で人間の価値が決まるのではなく，「将来どれくらいの価値を生む人間か」で決まるかもしれません。

 なぜそんなに簡単な式になるのか？　永久債の価値

　ここでは永久債を例にとって割引現在価値を一般化しておきましょう。永久債は，一定金額の利息を文字どおり永久に受け取ることができる債券です。

　まず，この債券の収益率がどれくらいになるかを考えます。実は簡単です。永久債を手に入れてからずっと受け取ることができる金額（キャッシュフロー）が，永久債を買うために現在支払う金額（現在価値）に対してどれくらいかを計算すれば出ます。式で表すと次のようになります。収益率を r，キャッシュフローを CF，現在価値を PV としましょう。

第4章　割引現在価値という考え方

$$r = \frac{CF}{PV} \quad (4-9式)$$

ここから PV は，以下のようになりますね。

$$PV = \frac{CF}{r} \quad (4-10式)$$

これで，黄金の卵を産むガチョウの割引現在価値の計算と同じになりました。えらくあっさりしていると思われるかもしれませんが，この理屈は，高校時代の数学で習った「無限等比級数の和の公式」によって証明されます。

ガチョウの卵で説明したように，毎年一定の CF がもらえる場合の割引現在価値は以下の式で表現できます。

$$PV = \frac{CF_1}{1+r} + \frac{CF_2}{(1+r)^2} + \frac{CF_3}{(1+r)^3} + \frac{CF_4}{(1+r)^4} = \sum_{t=1}^{n} \frac{CF}{(1+r)^t} \quad (4-11式)$$

Σ はシグマと読みます。ギリシャ文字で大文字の S を表し，足し算を意味する記号で，上記のように書くと，t を1，2，3と順番に n までかえてすべてを足し合わせるという意味になります。便利な記号です。

さて一方，無限等比級数というのは次のように，初項 a から一定比率 k で無限に増加（もしくは減少）し続ける数列の合計 S のことでした。n が無限大（∞）になるという意味ですね。

$$S = a + ak + ak^2 + ak^3 + \cdots + ak^n \quad (n \to \infty) \quad (4-12式)$$

両辺に k をかけます。

$$k \cdot S = ak + ak^2 + ak^3 + \cdots + ak^{n+1} \quad (n \to \infty) \quad (4-13式)$$

4-12式から4-13式を引くと，

$$S - k \cdot S = a + ak - ak + ak^2 - ak^2 + ak^3 - ak^3 + \cdots \\ + ak^n - ak^{n+1} \quad (n \to \infty) \quad (4-14式)$$

右辺はすべてずれているだけなのでパパっと消去できて，以下だけが残ります。

$$(1-k)S = a - ak^{n+1} \qquad (4\text{-}15\text{式})$$

S について解くと，

$$S = \frac{a - a \cdot k^{n+1}}{1-k} \qquad (4\text{-}16\text{式})$$

公比 k が $-1 < k < 1$ という条件ですが，n は無限大ですから，k^{n+1} は0に近づきます。したがって，以下のあっさりした式になってしまいます。

$$S = \frac{a}{1-k} \qquad (4\text{-}17\text{式})$$

割引現在価値では，S が PV，a が CF で，k が $\frac{1}{1+r}$ でしたからこうなりますね。めでたし，めでたし。

よって，割引現在価値の計算は以下のようにスッキリ簡単な公式で表すことができます。

$$PV = \frac{CF}{r} \qquad (\text{再掲 }4\text{-}10\text{式})$$

毎年受け取るキャッシュが一定ならば，そのキャッシュを割引率で割っただけで永久に受け取るキャッシュの価値が計算できます。これは，今後もちょくちょく使うことがありますので覚えておいてください。

第5章 分母にもってくるもの 〜資本コストという考え方

　徐々にですが，人によっては頭がクラクラするような数式が飛び交う展開となってきています。これまた人によっては，だらだらした日本語で説明されるより数式を見せてくれればイッパツで理解できる，という方もいらっしゃることと思います。

　これまで資本コストで割り引くという言葉が何度も出てきました。分子のキャッシュフローを分母の資本コストで割り引いて企業価値が計算されます。第4章で「割り引く」方法をマスターしましたので，本章ではいよいよ分母にもってくる資本コストの正体を明らかにします。

　資本コストは企業に出資した人のリスクを表す指標です。リスクが高ければ高いリターンが期待でき，低いリターンでがまんするなら低いリスクで済みます。リスクとリターンは裏表の関係でした。そこで，自己資本を出資した株主にとってのリスクとリターン，他人資本を出資した債権者にとってのリスクとリターンは異なることになります。

　したがって，企業の資本コストは株主が企業に要求する株主資本コスト（自己資本コスト）と債権者が要求する負債の資本コストに分けて考える必要があります。そのことを第3章で学びました。そして，この2つの資本コストを資本構成に応じて加重平均したものがWACCでした。

　負債の資本コストの計算は簡単です。債権者が企業に要求するのは最初の契約時点で決めた借入金利のことですから，要するに企業の有利子負債利子率を代用することができます。利払いと返済が要求されている負債額を支払利息で割った，企業の負債調達金利ということになります。企業が開示した財務数値から計算が可能です。

　問題は株主資本コストです。株主のリスクは債権者のリスクのように借入契約で守られているわけではありませんし，利息のように銀行が計算してくれるわけではありません。株主は企業が行うビジネスに元手を出資している人々です。そのビジネスのリスクを測った上で株主が要求するリターンですから，負債の資本コストと違って一筋縄ではいきません。一体このような感覚的な数値をどうやって公平に算出すべきでしょうか。本章のメインテーマ

は株主資本コストの算出です。

そこで，ここではCAPM（Capital Asset Pricing Model：資本資産価格モデル）理論というものを説明しなければなりません。カッコよく「キャップエム」と呼んでください。CAPMは株価のリターンを決定する理論モデルです。端的にいえば，CAPM理論の公式によって企業価値の分母になる資本コストが得られます。

モデルは単純で，実にあっさりとした味つけに仕上がっています。見た目のモデル式を覚えることには意味がありません。その背景にある考え方が重要です。私は，この単純にして明快なCAPMを見るたびに，なるほどよく考えたものだなあと酔いしれてしまいます。ゆっくり，かつ，こってりと説明しましょう。

1 ベータ値という考え方

株式市場はなんでも知っている

株主資本コストは個別企業によって異なります。それぞれの企業が行うビジネスにつきまとう不確実性が株主資本コストの数値に反映され，株主はその数値に応じたリスクを認識し，その数値に応じたリターンを経営者に要求します。

もう一度確認ですが，企業価値を計算する上で資本コストは分子のキャッシュフローを割り引くため分母に置きます。したがって分母の資本コストが大きいと企業価値は小さくなります。資本コストの大きさがリスクの高さを表すからです。リスクが高いと価値は下がります。しかし同時に，リスクが高いということはリターンが高いことを意味します。リスクが高いために小さくなった企業価値は，その分だけ高いリターンが期待できるということです。株主資本コストは投資家がその企業の株主になるかならないかを決める上で重要な数値になります。

資本コストは分子のキャッシュフローを割り引くから**割引率**，株主が要求するから**投資家要求利回り**，経営者にとって最低限乗り越えなければならないノルマだから**ハードルレート**などと呼ばれます。資本コスト，割引率，投資家要求利回り，ハードルレート，これらはすべて同じ意味です。こんな便利な数値

第5章　分母にもってくるもの～資本コストという考え方

を一体だれがどうやって決めればよいのでしょうか？

　この質問を学生にすると答えは2つのタイプに分かれます。1つは，多くの企業の情報を持っていることが必要だから公認会計士が他社と比較しながら算出するのではないか，とか証券取引所が決めるのではないかといった「権威依存型」，もう1つは，正確な情報が必要なのだからその企業のことを最もよく知っている経営者が決めるのではないかといった「独立独歩型」です。

　いずれも言われてみればなんとなく合理性があるような気がしてしまいますが，間違いです。第1章でお話したコーポレートファイナンス理論の3つ目の原則「株式市場が正しい答えを知っている」を忘れてはいけません。株式市場はなんでも知っています。多くの人が知恵を絞って売り買いをした結果，株式市場でついた価格こそが公平ではないかと考えることになります。だから株式市場から株主資本コストを割り出します。

　企業価値は将来予測に基づいて決められますから，資本コストも将来の推定値です。その推定の根拠は実現している株価に求めます。実際についている株価に投資家の思惑が反映しており，それが将来を推定する上での手がかりになるだろうと考えるわけです。そのため，株式市場における過去の株価推移から資本コストを推定することになります。

株価は一次方程式で決まる？

　そこで，まずは個別企業の株価が決まる仕組みを考えることにしましょう。株式市場で株式を売買する投資家にとっては株価が上がったか下がったか，どれくらい儲けてどれくらい損したか，これが大事です。どれくらい儲かったかを計算すると**収益率**になります。これは簡単。ある銘柄を500円で買って550円で売ったら，最初の元手500円に対して50円が儲かったわけですから，収益率は（550 − 500）÷ 500 = 10％です。

　たとえば，この10％という収益率は高いといえるのか，低いというべきか，言い換えると，数ある銘柄の中から「ウマい銘柄選択」を行ったかどうかは，どのようにして判断すればよいでしょうか。おそらく日経平均やTOPIX（東証株価指数）といった市場全体に比べてどうだったかを見ることが最も手っ取り早い方法です。市場全体の株価が20％上昇しているときに自分の買った銘柄

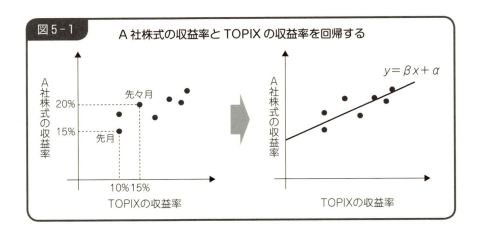

が10%儲かったからといって喜んではいられないはずです。

そこで、ある企業A社株式の収益率とTOPIXの収益率を過去に遡って毎月観察してみました。図5-1のように、縦軸にA社株式の収益率、横軸にTOPIXの収益率をとって、毎月の動きをプロットしてみます。

先月は、1ヶ月でA社株式は15%儲かりましたが、TOPIXは10%の収益率でした。だから「先月」のところにプロットしてあります。先月1日の株価から月末の株価までの上昇率という意味です。その前の月は、A社株式は20%の上昇に対してTOPIXは15%の上昇。そこで図のように「先々月」のところにプロットがついています。これを何ヶ月も繰り返していったのがこの図です。

すると、どうやらA社株式とTOPIXの収益率には一定の相関があるように見えます。A社はTOPIXの構成銘柄の1つですから、さほど不思議なことではありません。そう考えると、図のようにプロットの真ん中を通る直線を引くことができます。この直線はだいたい真ん中を通るようにうまく目分量で引いたものではありません。最小二乗法という方法で計算して引くことができます。このことを**回帰する**といいます。この線のことを**回帰直線**と呼んでいます。

ということは、A社の株価はTOPIXの動きによってだいたい説明ができるということになります。この直線の傾きをβとすれば、A社の株価は、

$$y = \beta x + \alpha \quad (5-1式)$$

という単純な一次方程式で表現することができます。なんともはや悲しくなるほどあっさりしたお話ですが，これがCAPM理論の重要な前提となっています。そして，**ベータ（β）**という傾きの数値が個別銘柄の株価を決める重要な変数であることがわかります。

2 ベータ値の意味と実際

ベータは企業によって異なる

βの意味を明らかにするために，ついでにB社についてもA社と同じようなことをやってみます。図5-2の左側はA社株式，右側が先ほどA社で行ったのと同じようにB社株式をプロットして得られた回帰直線です。図5-2の左側のA社と右側のB社，両社はどうやら異なる株価の動きをしているようです。

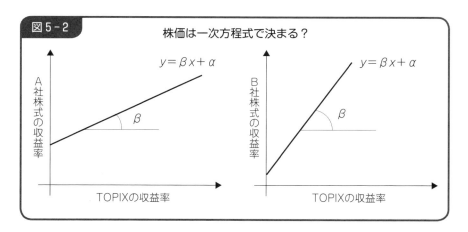

図5-2 株価は一次方程式で決まる？

みなさんはA社とB社のどちらが好みでしょうか？ B社はA社に比べるとTOPIXの動きに対して激しい動きをする銘柄です。B社はTOPIXがちょっと上がるとA社より大きく上昇します。しかし，逆にTOPIXがちょっと下がるとB社はA社よりずっと大きな幅で下落してしまう銘柄です。A社はTOPIXが上がっても下がっても，その変動幅はB社に比べると緩やかです。

つまりＢ社はＡ社よりも「リスクが高い」といえます。大きなリスクはあるけどそのリスクに見合うリターンが期待できるのだからチャレンジしたいと思う人はＢ社を選びますし，できれば大きなリスクを取りたくないと思う人はＡ社を選びます。

　Ａ社を選ぶかＢ社を選ぶかの判断は，図５-２をご覧になればわかるとおり，βという直線の傾きの大きさによるものだということになります。Ａ社のβは小さく，Ｂ社のβが大きいことが明らかです。

　このようにβは個別の銘柄によって異なります。言い換えると銘柄の違いはβが取る値の違いでしかありません。そして，βの大きさは**リスク**の大きさを表しています。株価というものはこういうことで決まってるんだ，そうだ，そういうことにしよう，といささか強引ですが，CAPM理論はそのように言っているわけです。

　ところで，Ａ社とＢ社，どちらかが電鉄事業会社でどちらかがハイテク事業会社だとすると電鉄会社はどちらでしょう？　答えはＡ社です。電鉄会社は毎年だいたい乗降客は似たようなもので，ハイテク事業に比べると収益は安定しています。景気がよくなったからといっていきなり株価急上昇！　とは簡単になりにくい事業です。景気がよくても悪くても，だいたい毎年どれくらいの収益になるかおおよその予想は相対的につきやすい事業と言えます。

　一方，ハイテク事業は電鉄事業に比べると景気に左右されやすい産業です。景気がよくなれば需要が増えて大きな収益が見込めますが，不況期に入って需要が減ってしまうと，それまで開発に投じたお金が負担となり，損失をこうむりやすくなります。市場全体も景気に左右されますから，ハイテク事業会社の株価は好景気には市場全体とともに上昇しますが，その上昇率は市場よりも高く，不況期にはその逆になることが考えられます。しかし，電鉄会社は好況でも不況でもさほど収益は変わらず，ハイテク事業ほどの変動はしないのが普通です。

　つまり，ハイテク事業は電鉄事業に比べれば収益率の変動幅が大きい，言い換えれば相対的にリスクの高い事業とみなすことができます。リスクの高い事業を行っている企業のβは高い，ということでＢ社がハイテク事業会社，βが低いＡ社が電鉄会社です。このようにβはその企業が行っている事業のリス

クを反映しています。

ただし，コーポレートファイナンス理論でリスクといった場合「危険」という意味はありません。得られる結果のバラツキの大きさのことをいいます。よいときと悪いときの結果の幅の大きさを意味しています。

ベータが表す意味

ここでβ（ベータ）を一般化して定義式として示しておきます。

$$\beta = \frac{\text{市場全体の収益率と個別企業の収益率の共分散}}{\text{市場全体の収益率の分散}} \quad (5-2式)$$

分散と**共分散**という言葉は，聞いたことはあるが実はあまりよくわかってない，という方が多いのではないでしょうか。まず分母の「市場全体の収益率の分散」は，市場全体の収益率にはどれほどのバラツキがあるかを見るための数値です。一定期間の収益率の平均と各時点での実際の収益率との差（偏差）を2乗して足せば計算できます。2乗するので分散は正の値をとります。分散を見ることによって市場全体がどれくらい変動するかがわかります（分散と共分散については章末の補論で説明しています）。

一方，分子にある共分散は二組の対応する変数の間の関係を表す数値です。ここでは市場全体の収益率と個別銘柄の収益率にどれくらいの差があるかを測って求めます。共分散は正の値となったり，負の値となったり，0になることもあります。

共分散の数値が正で大きいと二組の数値は，片方が大きければもう片方も大きい（市場全体が上がれば個別銘柄も上がる）というように同じような動きをすることを意味し，負になると二組の数値は，片方が大きくなればもう片方は小さくなる（市場全体が上がれば個別銘柄は下がる）というように逆の動きを意味します。そして，0だと2つの数値の動きはあまり関係がないということが計算できる，そういう便利な数値です。

ただし，分散も共分散も，平均値のように絶対値で出てくるため，対象となる変数の桁が大きいと大きい桁の数値が出てきてしまいます。したがって，な

にかで基準化しないと意味のある比較ができません。そこで、β の計算では「市場全体の収益率の分散」で「市場全体の収益率と個別企業の収益率の共分散」を割ることによって基準化しているわけです。

β の定義式の分母と分子が同じなら $\beta = 1$ ですが、これは個別銘柄と市場全体がまったく同じ動きをするということを示しています。市場全体が 1 上がると個別銘柄も 1 上がるという意味です。そして、β が 1 を超えるということは、市場全体が 1 上がると個別銘柄は 1 以上に上がる、たとえば β が1.5なら市場全体が 1 上がると個別銘柄は1.5上昇し、もしくは市場全体が 1 下がると個別銘柄は1.5下落するという意味になります。

まとめると以下のようになります。

- $\beta = 1$ の銘柄：市場全体が 1 ％動けばこの銘柄も同じように 1 ％動く
- $\beta = 2$ の銘柄：市場全体が 1 ％動けばこの銘柄は同じ方向に 2 ％と倍の動きをする
- $\beta = 0.5$ の銘柄：市場全体が 1 ％動けばこの銘柄は同じ方向に0.5％と半分だけ動く
- $\beta = 0$ の銘柄：市場全体が動いてもこの銘柄は動かない

このように β 値は市場全体に対するそれぞれ個別銘柄の感応度合いを表します。通常、β 値の計算は過去の株価データから推計する以外には方法がありません。過去の動きを根拠に将来の β 値を算出します。問題はどれくらい過去にさかのぼるのか、ですが、ファイナンスの教科書には「可能な限り」と書かれていたりします。実務では、過去 2 年間、週単位の収益率をサンプルにすることが一般的のようです。

なお、分散と共分散の解説は章末の補足説明をご覧ください。計算過程を見れば $\beta = 1$ の意味もよくおわかりいただけると思います。

実際のベータ値を観察する

各企業の実際の β 値を見てみましょう。図 5-3 は 1 週間単位の株価（週足といいます）の収益率を過去100週間（約 2 年間）にわたって取得し、β 値を算出したものです[3]。特徴のある産業を β 値の高い順に並べ、各産業を代表す

図5-3　主な企業のベータ値

銘柄	ベータ値
野村HD	1.533
三菱UFJ	1.353
パナソニック	1.309
ソニー	1.115
ローム	1.184
村田	1.179
日産自動車	1.069
トヨタ自動車	0.966
東日本旅客鉄道	0.897
西日本旅客鉄道	0.834
アサヒグループHD	0.728
キリンHD	0.691

るような個別銘柄を2社ずつ取ってみました。

　証券と銀行のβ値は高いようです。特に野村ホールディングスは株式市場全体の動きに敏感です。市場全体が上昇するときは市場全体の1.5倍以上に株価は値上がりし，株式市場が下落するときにはその逆に株価が下がる銘柄です。つまり，株式市場が活況のときは他の企業以上に投資家の評価は高くなり，株式市場が振るわない場合はおそらく業績も低下し，市場全体以上に投資家の期待は低くなります。これは直感的にうなずける数値です。

　先ほどエレクトロニクス事業と電鉄事業を例にβ値を説明しましたが，説明のとおり東日本旅客鉄道や西日本旅客鉄道など電鉄事業のβ値は1を割り，パナソニックやソニー，ロームや村田製作所のベータ値は1を上回っていることがわかります。やはり電鉄事業はエレクトロニクス事業や精密機器事業に比べるとリスクが低い産業ということができます。

3　ベータ値はもちろん自分で計算することも可能ですが，金融情報ベンダーがデータとして提供しています。図5-3はBloomberg社のデータを参考にしました。

自動車産業も株式市場の影響によって評価が変動する産業です。日産もトヨタも$β$値は1に近く、市場全体に連動していることを示しています。アサヒやキリンといった食品事業は景気に対して一般的に鈍感です。株式市場の動きは景気を反映するのが普通ですから、$β$値が低いということは景気がよいときも悪いときも食品事業の株価は、他の産業に比べると安定しており、リスクが相対的に低い事業であると理解できます。

　このように実際に$β$の値を見ると、ほぼ常識的に各産業や各個別企業の特性を表しており、われわれの直感とも一致していることがわかります。$β$値は各産業、各個別企業によって異なり、その事業や企業の特性をリスクという観点からある程度忠実に表しているということが本節のポイントです。

3 ｜ 株主資本コストの計算

これで完成、美しくも強引な悪魔的魅力 CAPM 理論

　$β$値の特性が理解できたところで、いよいよ **CAPM 理論**（Capital Asset Pricing Model：**資本資産価格モデル**）の公式について説明します。ここで先に結果をお見せしましょう。以下がCAPM理論の公式です。

$$r_e - r_f = (r_m - r_f)β \qquad (5-3式)$$

　CAPM理論のモデルにはいろいろ複雑な話が裏側にはあるのですが、ここではこのモデル式の意味を日本語でわかりやすく言い表すことにします。

　まず、左辺を見てください。左辺はある個別企業の株式を買った人が期待してよい正味の収益率です。個別の株式を買うわけですから、まったくリスクがない国債を買うよりもそれなりのリスクを覚悟して、それなりの収益率を期待します。だから個別銘柄の**期待収益率** r_e から**無リスク利子率** r_f を差し引きます。リスクがないレート、つまりリスクフリーの $free$ をとって無リスク利子率 r_f としました。無リスク利子率 r_f は、通常10年物国債の利率を元に計算されます。

　さて、右辺。左辺と同様に考えて、まず個別銘柄ではなく世間一般的に株式

を買う人が期待してよい正味の収益率を，市場全体の収益率 r_m から無リスク利子率 r_f を差し引いたものとして表しています。これを**リスクプレミアム**と呼んでいます。リスクのない国債と違って株式を買うのだから取らなければならないリスクであり，その分期待してもよいプレミアムと考えればよいでしょう。

　一般的な株式の収益率というのは株式市場全体の収益率のことですから，個別銘柄の期待収益率である左辺とイコールで結ぶために，個別銘柄のリスクを表す $β$ をかけて調整した，とこういうことです。$β$ が大きい銘柄を買った人は，期待するリスクリターンが市場全体よりも大きく振れるのは覚悟のことですし，$β$ が小さい銘柄を買った人は，市場全体ほどのリスクを取らずに済むかわりに，リターンも期待できないわけです。

　実際にはもう少し深い意味もあるのですが，わかりやすくするため多少デフォルメして表現しました。しかし，以上のように理解すれば，CAPM という理論モデル，大して難しくないことがわかります。それどころか，実に単純でわかりやすく，しかも公平なだけにだれも文句が言えない美しいモデルです。

株主資本コストの導出

　CAPM は美しいだけに気が強くて「株価ってもんはこういうように決まってんのよ」と有無をいわせず強引に主張するモデルです。実際にはツッコミどころはたくさんあります。そもそもこの節の最初に説明したように簡単な一次方程式を解いて株価が出るくらいならだれも苦労はしません。

　モデルが発表されて以来，多くの研究者がモデルの頑健性について検証を挑み続けてきました。その都度，新しい考え方も出てきてはいますが，それでも，われわれは CAPM の神秘的な魅力に取り憑かれたままです。アカデミアの世界でも実務の世界でもこのモデルに取って代わるほどのすぐれたモデルがいまだにありません。CAPM 理論は今日現在も企業価値理論の主流になり続け，女王の座を維持しています。

　さて，長々と話をしてきましたが，ここでようやく株主資本コストの算出方法です。**株主資本コスト**は個別の企業に株主が要求するリターンでした。大きいリターンを要求するなら大きなリスクも覚悟しなければなりませんし，リス

クを取りたくないならリターンもそれなりに小さいものしか期待できません。つまり，CAPMで使った個別銘柄の期待収益率r_eこそが株主資本コストです。株主資本コストはCAPMの公式5-3式から以下のように導きます。

$$r_e = (r_m - r_f)\beta + r_f \quad （5-4式）$$

これでめでたく企業価値を計算する際に必要な分母である株主資本コストの理屈が明らかになりました。後は分子にもってくる要素です。次の章に続きます。

 補論　分散と共分散の簡単な計算方法とベータ値の意味

クラス全体の成績はよかったのか悪かったのか：平均値

分散と共分散，とても重要で便利な概念なのでここで解説しておきます。分散は知らなくても平均値はだれでも知っているはずです。日本人はもうキョーレツに平均値が大スキです。自分が平均より上か下か，はたまた中流か，周りの状況を見てから自分の行動を決める気弱なウチの学生にとっても重大なベンチマークとなっています。

50人のクラスの試験の平均点とか，5人のバスケットボールチームの平均身長とか，夏の平均気温とか，データがn個ある場合の平均値は以下のように表します。統計学では「算術平均値」と呼びます。

$$\bar{x} = \frac{x_1 + x_2 + x_3 + \cdots + x_n}{n} = \frac{1}{n}\sum_{i=1}^{n} x_i \quad （5-3式）$$

$\bar{x}$はxバーと呼んで，多くの場合，平均を表すときに使います。Σは第4章の補論で説明したとおりです。平均値を求めることによって，どのクラスの出来がよかったか，大型チームかどうか，今年の夏は暑いかどうか，おおよその見当がつきます。

成績のよい人と悪い人の差は大きいのか：分散

自分の成績が平均よりも高ければ，普通の学生は「まあいいか」ということになります。しかし，試験を作る私としては，平均値と同じくらい気になるの

が多くの学生がまんべんなく私の講義を理解できたかどうかの度合いです。この試験でだいたい70点くらいを取ってくれれば，学生は講義を理解できたと判断してよいだろう。そのように考えて試験問題を作成したとします。

すべての学生が70点を取れば平均70点ですが，そこまで完璧な講義と試験は滅多なことではあり得ません。平均が70点であれば，まあ，だいたい理解できたんだなと思いますが，しかし，多くの学生が70点近辺に集まって平均70点になっているという成績のバラツキが小さい状況と，100点の学生が多い一方で40点の学生も多いというように出来の差が大きくて平均70点になっている状況では違います。

教員としては，どちらかといえばバラツキが小さい前者のほうが望ましいと考えます。バラツキが小さいということは学生全員がおしなべて私の講義を理解してくれたと判断できるからです。このようなバラツキを表す測度が分散です。

直観的だと思いますが，バラツキ度合いを知るためには平均値からの距離がどれくらいあるかを考えます。「その人の点数 − 平均値」です。ある人の点数を x_i，クラスの平均点を $\bar{x}$ とすれば，この距離は「$x_i - \bar{x}$」と表すことができ，これを偏差と呼びます。偏差を足し合わせれば求める数値が出そうですが，偏差をこのまま計算するとプラスもあればマイナスも出てきます。そこで，単純にマイナスを消すためだけに偏差を2乗すればよいというアイデアが浮かびます。2乗した偏差をすべて足し合わせて平均値を取ると分散です。分散は英語で「variance」なので $Var[X]$ とか $V[X]$ とか σ^2 などで表し，式で書くと以下のようになります。

$$Var[X] = \frac{1}{n}\sum_{i=1}^{n}(x_i - \bar{x})^2 \qquad (5-4式)$$

簡単な例を挙げましょう。5人の学生が数学の試験を受験したとき，それぞれの点数が（50，60，70，80，100）だったとします。まずは，この場合の平均値を計算します。以下のように72点と計算できました。

$$\bar{x} = \frac{50+60+70+80+100}{5} = 72 \qquad (5-5式)$$

そこで，平均値72点と各人の得点の偏差をとって2乗し，それを学生数の合計5で割るだけです。分散は以下のとおりです。

$$Var[X] = \frac{1}{5}\{(50-72)^2 + (60-72)^2 + (70-72)^2 + (80-72)^2 + (100-72)^2\}$$
$$= 296 \qquad\qquad (5-6\text{式})$$

　分散が大きい，ということは平均得点から離れた点数を取った人が多いことを意味しますから全体のバラツキが大きいと判断できますし，小さい場合はその逆です。計算しやすくてとても便利な数値です。

　ちなみにですが，2乗したので元の次元に戻すため平方根にして表すというアイデアも当然の成り行きで，これが標準偏差です。標準偏差の英語「standard deviation」の「s」をとって表します。小文字のシグマ（σ）で表すことも一般的です。

$$\sigma = \sqrt{Var[X]} = \sqrt{\frac{1}{n}\sum_{i=1}^{n}(x_i - \bar{x})^2} \qquad\qquad (5-7\text{式})$$

数学ができる人は国語もできるのか：共分散

　さて，共分散ですが，共分散は数学の得点の話だけでなく，数学と国語の得点との関係を見ることができます。簡単にいえば「数学ができる人は国語もできるのか」を表す数値で，一般的に定義すれば「二組の対応するデータ間の関係の強さを表す測度」です。

　二組のデータ X と Y があるとき，共分散は英語で「Covariance」なので $Cov[X, Y]$ と表します。二組のデータを対応させて (X_1, Y_1) (X_2, Y_2) (X_3, Y_3)…(X_n, Y_n) とおき，データ X の平均を $\bar{x}$，データ Y の平均を $\bar{y}$ とおきます。このとき共分散は以下の式で表します。

$$Cov[X, Y] = \frac{1}{n}\sum (x - \bar{x})(y - \bar{y}) \qquad\qquad (5-8\text{式})$$

　数値例を用いたほうがわかりやすいと思いますので，さっそく計算してみましょう。5人の学生に数学と国語の試験を行った結果，それぞれ次のような成績でした。

学生A（数学50，国語40）
学生B（数学60，国語50）
学生C（数学70，国語50）
学生D（数学80，国語60）

学生E（数学100，国語70）

数学の平均点（$\bar{x}$）はさきほど計算したとおり72点でした。国語の平均点（$\bar{y}$）を計算しますと54点です。数学に比べると難しい試験だったようです。

$$\bar{y} = \frac{40+50+50+60+70}{5} = 54 \qquad (5-9式)$$

次に5人の数学の偏差（平均点との差）と国語の偏差をかけ合わせます。

学生A：（50－72）×（40－54）＝308
学生B：（60－72）×（50－54）＝48
学生C：（70－72）×（50－54）＝8
学生D：（80－72）×（60－54）＝48
学生E：（100－72）×（70－54）＝448

以上，5人の数学と国語の偏差の積を平均したものが共分散です。

$$Cov[X, Y] = \frac{1}{5}(308+48+8+48+448) = 172 \qquad (5-10式)$$

共分散は172と出ました。分散も同じですが，絶対値で出てきますので，この数字だけを見ても大きいかどうかは判断できません。たとえば100点満点ではなくて10点満点として計算すれば，上記の共分散の数値は17.2になります。なにか他のグループと比べてバラツキが大きいかどうかという使い方しかできません。参考までに国語の分散を計算すると104になります。数学の分散が296でしたから，数学よりも国語のほうがバラツキは低かったということはわかります。

改めてベータの意味

さて，ベータ値は個別企業の収益率の分散を市場全体の収益率と個別企業の収益率の共分散で割ったものでした。このような計算をすることによって絶対値で出てくる分散と共分散を，1を中心に基準化することができます。

$$\beta = \frac{市場全体の収益率と個別企業の収益率の共分散}{市場全体の収益率の分散} \qquad (再掲5-2式)$$

ベータ値が1とはどういうことでしょうか。分子と分母が同じ数値というわ

けですから，これまでの計算作業を思い出していただければわかるように，分子で行った数学の分散の計算とまったく同じ作業を分母で行ったことになります。つまり，それぞれの学生の数学と国語の得点の組み合わせがまったく同じだったわけです。したがって，ベータ値＝1の企業の株価は市場全体（たとえばTOPIX）とまったく同じ動きをするという意味になります。

　ベータ値が1を超えるということは，分子が分母より大きい，つまり個別企業の動きが激しくて市場全体よりも収益率のバラツキが大きいという意味です。ベータ値が1を下回るというのはこの逆の意味になります。

第6章 分子にもってくるもの〜キャッシュの考え方

　もはや企業価値の定義は頭の中にくっきりと刻み込まれたと思います。企業価値は要するに分子に予測されるキャッシュフロー，分母に資本コストという割引率をもってくれば計算できます。なにしろ変数は2つだけ。これまでの章で，割引現在価値という計算手法が身につき，分母になる資本コストという考え方もわかりました。残る問題は分子にもってくるキャッシュフローをどうするか，です。

　コーポレートファイナンス理論では，分子になにをもってくるかによって企業価値の評価モデルが形成されます。これにはおおよそ3つの種類があると考えてください。まず第一に，分子に配当をもってくる配当割引モデルです。株式を買ったら通常は毎期配当が支払われますが，これは株主にとって最もわかりやすいキャッシュです。第二は，企業が事業活動によって獲得する現金収入を分子にもってくる方法。これを割引キャッシュフローモデルといいます。そして第三に残余利益モデルというものがあります。

　本章では，以上3つのモデルについて説明しますが，重要なことは，いずれの評価モデルを使っても，正確な予測数値を入れれば必ず同じ答えが出るという点です。

1 株式価値評価モデルの原点：配当割引モデル（DDM）

もしも毎年同じ金額の配当がもらえたら？

　配当割引モデルは，Discounted Dividends Model を略して**DDM**（ディー・ディー・エム）と呼ばれています。株式を買った投資家の立場から見たモデルといえます。株式を買えば，将来入ってくるキャッシュフローは配当です。そこで，毎期予想される配当を分子にもってくるというわけです。

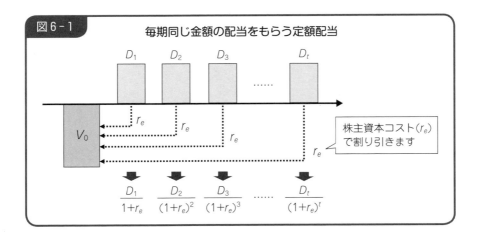

図6-1のように毎期ごとに同じ額の配当が入ってくることが予想できたとしましょう。すると話は単純です。計算式も単純。第4章で紹介した黄金の卵を産むガチョウでやったのと同じ要領で割引現在価値の計算をすれば済みます。黄金の卵を売って毎年得た100万円を企業が支払う配当（D）に置き換えるだけです。以下のようになります。

$$V_0 = \frac{D_1}{1+r_e} + \frac{D_2}{(1+r_e)^2} + \frac{D_3}{(1+r_e)^3} + \cdots + \frac{D_t}{(1+r_e)^t} = \sum_{t=1}^{n} \frac{D_t}{(1+r_e)^t} \quad (6-1式)$$

ただし、ここで少しだけ注意が必要です。まず、V_0は現在（今期）の株価で、D_1は翌期の予想配当です。いま現在の価値だから Value の V_0、次の期の配当だから Dividends の D_1 となっています。あくまで「将来の予想キャッシュフロー」が原則なので、分子には今期の実績配当を入れるのではなく、翌期以降の予想配当を入れなければなりません。

もう1つ重要な注意点があります。分母の r_e は、当然のことながら株主の資本コストを使います。WACC を使ってはいけません。配当は言うまでもなく株主にとってのキャッシュフローで、債権者には関係ありません。だから株主の資本コストで割り引く。分母と分子を合わせるということです。すなわちここでの V_0 は正確にいうと「株主価値」ですね。

6-1式は**ゴードンモデル**と呼ばれる資産価値評価の基本中の基本のモデルです。1959年に発表された論文なのですが、ゴードン（M. Gordon）は経営者が実施する投資の効果は不確実性が高いということに注目しました。投資の不確実性が6-1式の分母の資本コストを上昇させると考えたわけです。ゴードンのアイデアは、もし企業が自由に使える現金を持っているならば、不確実な投資を行って割引率を上昇させるより将来の配当を増加させる方が株主価値を拡大するというものです。

ゴードンモデルの結論は配当が多いほど株主価値は拡大するということになるのですが、ただし、ゴードンは将来のキャッシュフローを配当に置き換えたわけではありません。「配当だけで株価が決まるわけない」と多くの方が勝手に勘違いしている点です。実際このモデルにはきちんと株価の上昇も織り込んであります。これについては本章の補論で説明することにしましょう。

ところで、補論といえば第4章の補論で説明した永久債の価値の計算を思い出してください。上記の6-1式は、企業が永久に同額の配当を支払い続けると仮定すれば以下のように単純化することができます。

$$V_0 = \frac{D_1}{r_e} \qquad (6-2式)$$

翌期一期分の予想配当さえわかれば株主資本コストで割り引くだけで株主価値の答はイッパツ。このことがわからない方は第4章の補論に戻ってください。「まあ、いいか」と思う人はスルーして次へ読み進みましょう。

もしも配当が毎年同じ割合で増えていったら？

さきほどのモデルは、毎期同じ金額の配当が支払われる場合でした。正確にはこれを**定額配当割引モデル**といいます。ガチョウの卵の話は毎年100万円と定額で決まっていたので、このモデルとまったく同じ計算式です。

これに対して配当金額が毎期一定の割合で増えていくと想定するモデルを作ることも可能です。**定率成長配当割引モデル**と呼んでいます。図6-2のようなイメージで、今期の実績配当D_0が毎年g％ずつ増えていくと想定します。g

は成長率を表します。配当の成長という概念が入ってきますが，以下のように式は簡単です。

$$V_0 = \frac{D_0(1+g)}{1+r_e} + \frac{D_0(1+g)^2}{(1+r_e)^2} + \frac{D_0(1+g)^3}{(1+r_e)^3} + \cdots + \frac{D_0(1+g)^t}{(1+r_e)^t} = \sum_{t=1}^{n} \frac{D_t(1+g)^t}{(1+r_e)^t}$$

（6-3式）

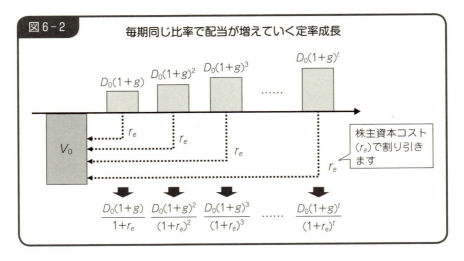

図6-2　毎期同じ比率で配当が増えていく定率成長

こちらも定額配当割引モデルと同じ話なのですが，あくまで予想キャッシュフローだから翌期以降の配当を割り引かなければなりません。今期実績の配当が D_0 であれば翌期の配当は g ％増えるので $D_0 \times (1+g)$，その次の期はさらに同じく g ％増えるので $D_0 \times (1+g) \times (1+g)$ というわけです。そして分母の r_e はもちろん株主資本コストを使います。

これまた同じ話で，上記の6-3式は以下のように単純化することができます[4]。6-4式では形をすっきりさせるために翌期の配当を D_1 と置いています。もちろん D_1 は $D_0 \times (1+g)$ のことです。

$$V_0 = \frac{D_1}{r_e - g}$$

（6-4式）

6-4式はとても直感的です。配当が多いと基本うれしい。だから分子の配当が増えれば株主価値は拡大します。もらえる配当にリスクがあると基本うれしくない。だから資本コスト r_e が高いと株主価値は縮小し，低いと拡大するようになっています。成長率はどうでしょう。成長が高ければ株主価値は高まりそうです。式を見ればわかるとおり，成長率 g は分母のマイナス項目ですから，成長が高い企業ほど株主価値が高いという理屈に合います。

2 | 実務でも活躍：割引キャッシュフローモデル（DCF法）

企業全体を主体に考えるエンタープライズDCF法

なにしろ企業価値の計算は，分子の予想キャッシュフローを分母の資本コストで割り引いて現在価値にするという作業です。本章は分子になにをもってくるかという話で進んでいます。前節は，株式を買った投資家が受け取るキャッシュフローである配当を分子にする配当割引モデルを説明しました。

さて，いよいよ本節では実際に実務の現場でも使われている**割引キャッシュフローモデル**，略して **DCF：Discounted Cash Flow Model**（ディー・シー・エフ法）の考え方を検討してみましょう。

これまでお話してきたとおり，企業は株主と債権者からおカネを調達して本業に投資を行い，キャッシュという成果を獲得します。その成果が株主の貢献によるものなのか，債権者の貢献によるものなのか，いちいち区別することは

---

4 こちらは第4章の補論を参考にしてください。以下，第4章補論の4-16式のところから説明します。無限等比級数は初項 a から一定比率 k で無限に増加し続ける数列 S のことで，以下のように表すことができるということでした。

$$S = \frac{a}{1-k}$$

（再掲4-16式）

ここでは，S が V_0，a の初項が $\frac{D_0(1+g)}{1+r_e}$ で，k の公比が $\frac{1+g}{1+r_e}$ の無限等比級数となります。したがって，上記の4-16式にそれぞれを代入すると以下のように6-4式になります。

$$V_0 = \frac{\frac{D_0(1+g)}{1+r_e}}{1-\frac{1+g}{1+r_e}} = \frac{D_0(1+g)}{r_e - g} = \frac{D_1}{r_e - g}$$

複雑です。そこで実務では，まず企業全体で将来獲得するフリーキャッシュフローを予想し，株主と債権者の資本コストを加重平均した加重平均資本コスト（WACC）で割り引く，という作業を行います。ただ，図6－3をご覧になればおわかりのとおり，原理はDDMとまったく同じ，というかDDMの図6－1をコピーしてDをFCF（フリーキャッシュフロー）に，rの添え字eを$wacc$に換えただけです。この章で説明する手法は，キャッシュを獲得する企業全体を主体として考えるので**エンタープライズDCF法**と呼ぶこともあります。

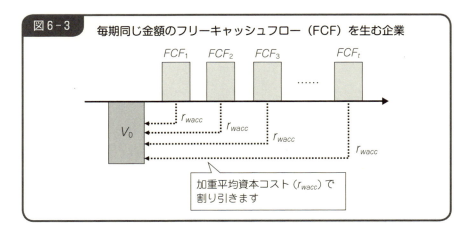

図6-3　毎期同じ金額のフリーキャッシュフロー（FCF）を生む企業

加重平均資本コスト（r_{wacc}）で割り引きます

企業が将来獲得すると予想されるフリーキャッシュフローを加重平均資本コストで割り引いた現在価値。これがDCF法による企業価値の定義です。式で表すと次のようになります。これも要領はDDMとまったく同じです。

$$V_0 = \frac{FCF_1}{1+r_{wacc}} + \frac{FCF_2}{(1+r_{wacc})^2} + \frac{FCF_3}{(1+r_{wacc})^3} + \cdots + \frac{FCF_t}{(1+r_{wacc})^t} = \sum_{t=1}^{n} \frac{FCF_t}{(1+r_{wacc})^t}$$

（6－5式）

大事なことは，ここでもやはり分母と分子を整合させることです。企業全体が稼ぐキャッシュですから，株主の資本コストと債権者の資本コストの両方を反映させなければなりません。したがって，割り引く資本コストはDDMのよ

うに株主資本コストではなく，WACC を使うという点が重要です（6－5式では「r_{wacc}」と表しています）。そして，出てくる答えは，株主価値ではなく，株主価値と債権者価値を合計した企業価値，エンタープライズバリューです。

継続価値と永久成長率

ところで，図6－3は企業が毎期同額の FCF を獲得するような想定になっています。この想定はあまりに現実的ではありません。実際に DCF 法で企業価値を計算する場合，何年かは一定の成長を見込んだり，先行きの設備投資などがわかっている場合は FCF の予測に反映させたりといった作業を行うのが一般的です。では，そのような想定は何年くらいを予想すればよいでしょうか。

その答えは「合理的に見積もることができる期間」であって産業や企業や経済状況によって異なるということになりますが，だいたい5年間程度の予想をするのが通常です。ただ，知り合いの公益セクターのファンドマネージャーは20年間のモデルを作っていましたし，新しい市場を開拓するような新興ビジネスでは3年予想ということもあり，実際にはさまざまで特に決まりごとはありません。少なくとも先の予測が難しいのに無理に予測数値を作ることは合理的とはいえません。

では，合理的に予想できる期間以降の FCF はどうすればよいでしょうか。予測期間後に企業が清算されるわけでは必ずしもありません。油田採掘事業のように数年かけて収益を獲得して，一定期間後には解散するということが計画されているような事業の評価を行う場合は別ですが，企業価値を算定する上での FCF の予測はその後も企業が永久に継続することが前提になります。したがって，予測期間後の FCF も企業価値の計算に入れる必要があります。そこで，**継続価値**（CV：continuing value）あるいは**残存価値**（TV：terminal value）という概念を導入します。

たとえば，5年間の FCF 予測を行った後，6年目以降は5年目の FCF が一定の割合で成長していくという仮定を設けます。6年目以降すなわち予測期間後は一定の成長率で企業は未来永劫 FCF を獲得し続けると仮定し，予測最終年度における FCF の割引現在価値を算出します。このときの割引現在価値を継続価値または残存価値といいます[5]。

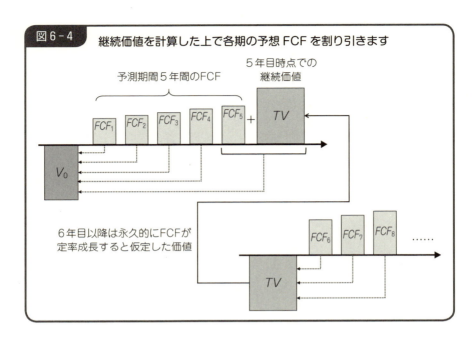

図6-4 継続価値を計算した上で各期の予想FCFを割り引きます

　具体的には図6-4のイメージです。5年間の予測を行う場合，まず5年間のFCFを予測して，5年目は5年目のFCFに6年目以降一定期間成長し続けると仮定したFCFの5年目時点での現在価値を足したものが割り引く対象になります。文章だと混乱しそうですが，図6-4でイメージできると思います。

　では，その6年目以降未来永劫続くFCFの5年目時点での現在価値はどうやって計算されるか。これも式を見たほうがイメージしやすいはずです。要するに前節で行った定率成長配当割引モデル6-4式の考えをそのまま使えばOKです。5年目のFCF_5が成長率gで永久に成長する場合の現在価値TVを求めるための計算式は以下のようになります。

5　実務ではこれを一般的にターミナルバリューと呼んでいたと思いますが，いくつかの教科書を確認したところ他の設備等の残存価値をこれに含めて残存価値としているものもあれば，そもそも企業はゴーイングコンサーンなのだから継続価値も残存価値も企業価値も同じとして「going concern value」と呼んでいるものもあります。継続価値の計算方法もさまざまなので本書ではこのように定義し，略してTVと表記します。

第6章 分子にもってくるもの〜キャッシュの考え方

$$TV = \frac{FCF_5(1+g)}{WACC-g} \quad (6-6式)$$

このTVを5年目のFCFに加えて現在価値に割り引くわけです。したがって，図6-4のような5年間を予測期間とした場合のFCFの割引現在価値は以下のように求められます。

$$V_0 = \frac{FCF_1}{1+r_{wacc}} + \frac{FCF_2}{(1+r_{wacc})^2} + \frac{FCF_3}{(1+r_{wacc})^3} + \frac{FCF_4}{(1+r_{wacc})^4} + \frac{FCF_5+TV}{(1+r_{wacc})^5} \quad (6-7式)$$

フリーキャッシュフローの考え方：要するに「ゼニ」がなんぼ残っているか

さて，何度も出てきたフリーキャッシュフローという言葉。その概念をここで説明しておきます。フリーキャッシュフローの説明に関しては桜井久勝先生の『財務諸表分析』[6]に全面的に依存して進めていきます。桜井先生はフリーキャッシュフローの定義について以下二点を条件に掲げられています。

(1) 企業が売上収入から，材料費や人件費などはもとより，税金や設備投資などすべての必要な支出を済ませた後に，自由に使える金額として手元に残るネットの現金増加額でなければならない。

(2) 負債と自己資本からなる企業全体の価値を算定するのであるから，債権者に分配する支払金利を控除する前の金額であり，かつ税金を控除した後の金額でなければならない。

以上のような金額が「フリーキャッシュフローと呼ばれている」として，「通常，損益計算書の営業利益を基礎として」次のような計算式によって算定されると説明されています。

---

6 桜井久勝『財務諸表分析』（中央経済社）は桜井久勝『財務会計講義』（中央経済社）と並んで，とてもわかりやすく書かれた会計学の定番中の定番の教科書です。私も若い頃のアナリスト試験のときから使っており，ラインマーカー引きまくり，書き込みしまくり，ページはトロトロ，表紙はボコボコになってしまい，現在私の書棚に並んでいるのは三代目か四代目です（2011年4月版）。

> フリーキャッシュフロー
> ＝営業利益×（１－税率）＋減価償却費－設備投資額－運転資本増加額
>
> （6-6式）

　見事にわかりやすい説明で，これ以上私の解説など不要なのですが，なぜ利益ではなくてフリーキャッシュフローを計算しなければならないのかという点を中心に話を進めていきます。

　フリーキャッシュフローを計算する「キモチ」としては，ある瞬間，予告もなく企業をスパッと輪切りにしたときに現金が企業の手元にいくらあるか，という視点から企業の現金創出力を測ろうというところにあります。予告もなくスパッと切られるということは事業活動が常に継続していることが前提です。つまり事業が獲得するキャッシュフローから事業活動を維持していくために必要なキャッシュフローを差し引いたものです。

　事業活動を維持していくためには，たとえば工場設備の定期的な修繕や更新も投資として必要ですし，日常のビジネスを運営していく上での目先の短期資金なども必要です。そういう必要な支出を終えたという前提でなお残っている現金なので，何の制約もなく自由でいられる，要するに「フリーな」キャッシュ野郎たちです。「フロー」は「野郎」ではなく，現金の毎期の流れ flow という意味でとらえれば構いません。フリーキャッシュフローは経営者にとって自由に使えるお金という意味にもなります。

なぜ利益ではいけないのか

　再度確認しておきたいのですが，そもそも私たちが本書でやろうとしていることは，既存の公式に数字を代入して企業価値という答えをポンと出すということではありません。本書の目的は，投資家が（もしくは買収者が）その企業を自分のものにする場合，あるいはその企業の株主が投資家に企業を売却する場合に，その企業の価値として最も適正で公平な評価を行うためにはどうすればよいか，そして，その問題に対処するためにコーポレートファイナンス理論にはどのような準備がなされているのか，ということを考えるところにありま

す。キャッシュフローを計算するにしても企業の価値に中長期的な視点で大きな影響を与えるものをうまく抽出したいわけです。

　その点で，割り引く対象が会計上の当期純利益ではなくフリーキャッシュフローであることは重要です。まず，会計上の利益には経営者の恣意性が入り込む余地があります。たとえば，3月期末に社長が売上目標を達成するために営業マンの尻を叩いてなんとか数字を作ったとしても，そのような短期的な成果は企業価値に影響しません。期末ギリギリに売上を上げても，通常入金は翌期以降になります。場合によっては売上の相手先が代金を支払わなかったり，倒産してしまったりすることも考えられます。だからコーポレートファイナンス理論では，実際に入金されてはじめて認識できるキャッシュフローに注目します。

　会計では，期の初めに売り上げようが期末ギリギリに売り上げようが，入金が完了しようが，完了しまいが，その期のうちに売り上げたものはその期の売上にカウントされています。「掛けで売る」という言い方をしますが，一般的な商売では常に現金払いということはありません。売買の契約を行っても入金はしかる後に，というのが普通です。そういう場合，会計では売上を計上しつつ，キャッシュが入ってくるまでは売掛金など運転資本の項目として記録されています。

　だから売掛金と売上高は通常同じように増減しますが，たとえば売上よりも売掛金がどんどん増えていくという状態は，入ってくるべきだけどまだ入ってきていないおカネが増えているということを示しています。これが深刻になれば資金繰りに影響を与えますし，少なくとも売掛金の増加は手元キャッシュの圧迫要因になります。そこで，6-6式のフリーキャッシュフローの最後の項にあるように，売掛金などの増加分は**運転資本増加額**として差し引かれているわけです。

　売掛金のみではなく，買掛金や在庫などが運転資本の項目に含まれていますが，運転資本をいかに管理していくかというのは経営にとって大きな課題といえます。その運転資本管理の巧拙はきちんと企業価値に影響を及ぼしているわけです。

会計と正反対のコーポレートファイナンス

　中長期的視点といえば、6-6式では**減価償却費**がプラス項目になって**設備投資額**がマイナス項目になっています。たとえば、新工場を建設するという大きな設備投資を行って、今期に設備資金を支払ったとしましょう。会計では、この支払いを今期の費用としてすべて計上するのではなく、減価償却費として何年かに按分して費用計上します。その工場は将来何期にもわたって製造活動を行うわけですから、建設した期の支払いをその期にすべて一度に費用計上することは、会計上適切ではありません。場合によってはその期だけ赤字になるかもしれませんが、その赤字は企業の事業活動を正確に表しているとはいえません。そこで、毎年少しずつ減価償却費として費用化していくわけです。

　しかし、一方、正味の現金の流れを把握するという観点からは不正確です。減価償却費として次の期から毎期按分されて費用計上される金額は、会計上は費用として利益を押し下げますが、現金の支払いはすでに済んでいるので現金が支出されるわけではありません。つまり、費用が計上されていても、その分のキャッシュは手元に存在していることになります。したがって、6-6式にあるように減価償却費をプラスにして営業利益に足し戻しています。

　これらは会計の発生主義という原則とキャッシュフローの動きとのズレです。会計では実際の現金の収入支出ではなく、収益と費用が合理的な期間業績を反映するよう、資産の移動や収益費用が発生した事実に基づいて認識をすることが決まりになっています。そのときに代金を即金でもらわなくても、モノを売ったという事実の発生に基づいて売上を認識します。

　あるいは今期に工場設備を作ったとしても、工場が稼動してモノを作る費用が発生するのは来期以降だから、減価償却費にして来期以降の収益に対する費用だと認識するわけです。

　どちらがよいとか悪いとかという話ではありません。会計はあくまで企業の経済活動の実態を報告するための記録という色彩が強いと思われます。これに対して、コーポレートファイナンス理論は、要するに将来どれくらいの現金を生む会社なのか、だからそれにどれくらいの価値をつけるのか、という将来の予測に重点が置かれます。

とりあえず先に将来のことからあっけらかんと考えるのがコーポレートファイナンスです。正確な記録をするという会計の考え方と、未来になにを創造するかを評価するというコーポレートファイナンス理論の考え方は精神面でも正反対かもしれません。目的と考え方が違うということです。

もちろん、コーポレートファイナンスを勉強するには会計の知識を持っているほうが得だとは思いますが、それは将来の予測のために必要な情報くらいに考えて、簿記4級の資格しか持っていなくてもまずは前を向いて進んでいただきたいと思います。コーポレートファイナンスを学べばそのうち会計もサクサクわかるようになってきます。

負債を考慮しないフリーキャッシュフロー

話の勢いで6-6式を後ろから説明している順番になってしまいましたが、6-6式によるフリーキャッシュフローの計算は営業利益から始まっています。ここで使用する営業利益は **EBIT** (Earnings Before Interest and Taxes) ともいわれ、支払利息と税金を控除する前の利益です。この利益に「1－実効税率 t」をかけて税引き後の利益にしています[7]。こうして計算した金額を **NOPLAT** (Net Operating Profits Less Adjusted Taxes) ともいいます。

最初にお話したとおり企業価値を求めるためには、株主と債権者の双方の貢献による企業全体のフリーキャッシュフローを計算しなければなりません。言い換えれば債権者がいくら資金を出そうと（負債がいくらあろうと）関係なく、事業そのものによって稼ぎ出したフリーキャッシュフローです。そこで、債権者への支払利息を控除する前の営業利益 EBIT を計算して、それを税引き後にしているわけです。

第3章で説明したように負債を利用した場合、支払利息は損金に算入されますから、その分の節税効果が生じます。しかし、節税効果はキャッシュフローとして考慮しません。ここまでの計算では自己資本比率がいくらであろうと、資本構成によって影響を受けないフリーキャッシュフローが計算されます。いくら負債を借りようと分子のフリーキャッシュフローは変わりません。

---

[7] なぜ「1－実効税率」なのかについては第3章で説明したとおりです。

一方，分母のWACCは負債がいくらあるかによって（資本構成によって）影響を受けます。WACCを分母にして割り引かなければならない理由がここにあります。つまり，エンタープライズDCF法では，まず分子のフリーキャッシュフローを以上のように計算しておいて，資本構成による企業価値の変化は分母のWACCで表すということにしているわけです。

そうすることによって，事業で稼ぎ出したキャッシュフローが，株主の出資によって獲得したものか，債権者の出資によって獲得したものか，いちいち分けて考える必要がなくなります。まとめてフリーキャッシュフローを算出して，WACCで資本構成を反映させるとは，よく考えたものです。

それでも公式は通用しない：最終的な企業価値の算出

これまでの計算では，企業全体で稼いだフリーキャッシュフローをWACCで現在価値に割り引いて企業価値が算出されました。ところで，この企業価値ですが，これは純粋に事業のみで稼ぎ出した価値，言い換えれば**事業の価値**です。お話してきたように本業に総動員した資産によって獲得したキャッシュの割引現在価値です。しかし，ほとんどの企業は事業に直接関係のない余剰資金や遊休資産を持っているのが普通です。非事業資産と呼ばれるこのようなものにも当然，資産価値があります。そこでDCF法で算出した事業の価値に非事業資産の価値を加えたものが正確には企業価値となります。

企業を買収するための株価を計算する場面を想像してみましょう。図6-5に則して説明します。まず，事業を分析し，将来どれくらいのフリーキャッシュフローを獲得するかを予測します（図6-5の上の絵です）。次に資本構成を予測するとともにWACCを算出し，現在価値に割り戻します。これは厳密にいえば事業価値です（図6-5上の絵のV_0です）。この事業価値に事業以外の資産を加えると企業全体の価値になります。非事業資産をいったん加えた企業全体の価値には株主以外の価値，すなわち債権者の価値と非支配株主持分[8]が含まれています。株主価値のみを取り出すためにこの部分を除きます。残っ

---

[8] 保有している子会社の株式所有割合が100％に満たない場合，他に所有している株主がいることになりますが，この部分を非支配株主持分と呼んでいます。当然，買収者のものではありませんので株主価値を計算する場合は企業全体の価値から除きます。

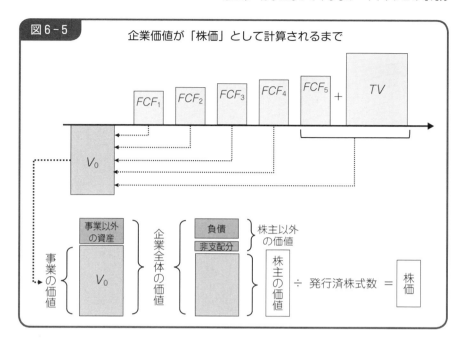

図6-5 企業価値が「株価」として計算されるまで

たものが純粋な株主価値です。算出した株主価値を発行済株式数で割れば1株の株価が算出されることになります。

 以上がだいたい実務でも行われているプロセスです。また，理論的には，正しい予測が行われていれば，また，正しい株価がついていれば，このようにして算出した株価が株式市場で観測される，ということになっています。しかし，買収者はその企業を自分が経営すれば市場が予測している以上の価値を創造することができると考えるかもしれません。以上のプロセスに従って買収者自身でさまざまな予測と分析を行い，株価を算出します。仮に自分が算出した株価よりも株式市場でついている株価が安ければ買うし，高ければ買わないという判断をするわけです。

 そのように考えると，たとえば企業の資産をどこまでが事業に必要な資産で，どこまでが事業以外の資産と判断するかは買収者の自由です。現預金もどこまでを事業に必要な決済資金として含めるか，遊休地を事業に関係ないと考えるか，あるいは間接的に使用していると考えるか，等々すべては買収者が調査し

て判断することが原則です。公式に従って計算するわけではありません。

　重要なことは公式ではなく考え方です。本書の目的は，数値例を挙げて計算プロセスを教えるのではなく，なぜそのような計算をするのかというコーポレートファイナンス理論の思想に迫るところにあります。そのため，例によっていちいちクドい説明をしています。

3 | 会計情報で計算できる：残余利益モデル（RIM）

B/S と P/L の連続性で企業の行動を見る

　さて，3番目に紹介する企業価値評価モデルは**残余利益モデル（Residual Income Model）**です。頭文字をとって気軽に**リム（RIM）**と呼んでください。これまで出てきたDDM（配当割引モデル）は配当を資本コストで割り引く方法，DCF（割引キャッシュフローモデル）はフリーキャッシュフローを資本コストで割り引く方法でした。RIMは会計上の利益が割り引く対象になります。計算はとても簡単ですが，このモデルも実に示唆に富んでいてなかなか侮れません。RIMを説明する前に，まずは貸借対照表（B/S）と損益計算書（P/L）の動きから基本的な企業の行動を見てみます。

　図6-6をご覧ください。上に並んだ3つの箱は貸借対照表（B/S）を時系列でイメージしたもので，下に並んだ箱は損益計算書（P/L）をイメージしたものです。企業はB/S右側の負債と自己資本で，B/S左側の事業に必要な資産を購入します。そして，その資産を使って事業を行います。

　次に図6-6の下段に向かう矢印に沿ってP/Lの動きを見ます。事業を行ったら売上が上がって，そこから費用を差し引いたものが利益となります。図6-6の利益は当期純利益と考えてください。つまり，出てきた利益はすでに債権者への利息も国への税金も支払った後の利益です。

　この利益の中から株主に配当を支払います。配当を支払った残りは次の期の自己資本に組み入れられます。B/S右側の自己資本が増えたので，左側の事業に使える資産も増えて，左右がバランスしています。増えた資産で企業はまたがんばって事業を行い，再び利益を獲得し，利益から配当を支払い，残りを翌

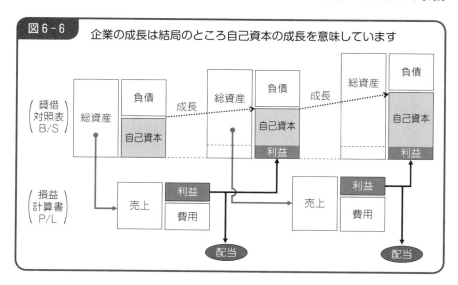

図6-6 企業の成長は結局のところ自己資本の成長を意味しています

期の自己資本に組み入れ、増えた資産でさらに本業をがんばる。そして、また利益が上がって…というように企業は永久に成長を目指してがんばるわけです。

図6-6を見てわかるように企業の成長とは結局のところ自己資本、つまり株主の取り分を成長させることを意味しています。

もしも株主がその利益に満足しなかったら？

成長が早い企業もあれば遅い企業もあるはずです。株主としては成長が早い企業に出資したいと考えるのが当然です。図6-6から想像できますが、成長が早いか遅いかは要するに次の期に加算される利益の額、もう少し正確に言えば「期首の自己資本に対して今期中にどれくらいの当期純利益を稼いだか」によって判断することができます。これは当期純利益を自己資本で割ればよい目安になります。つまり、**自己資本当期純利益率**（ROE：Return On Equity）が決め手です。

$$ROE = \frac{当期純利益}{自己資本} \times 100 \; (\%) \qquad (6-7式)$$

もし株主が利益の額に満足しなければ、株主は出資した資金を引き揚げて、もっと成長の早い企業へ「鞍替え」することになります。図6-6のように事業がめでたくもずっと続いているということは、株主が今期の利益に満足しているので、企業が獲得した利益を次の期の自己資本に加算させて、企業に使い道を委ねていることを意味しています。つまり**企業は価値を生んでいる**といえます。

　一体どれくらいの利益だと株主は満足してくれるでしょうか。どれくらいの利益を上げれば「企業は価値を生んでいる」と判断されるのでしょう。その目安が前章で説明してきた株主資本コストです。株主はやみくもに利益を上げればよいと考えているわけではありません。資本コストは、その企業が行っている事業に見合ったリスクを反映したものでした。株主は経営者にこう言います。「おたくの事業にはこれくらいの資本コストを設定しているので、この資本コストを上回る利益を上げてくれれば翌年も出資を続けるよ」。資本コストは経営者にとってのノルマなのです。

　ノルマを達成できれば経営者は翌期も事業を続けられます。ノルマを達成できないとクビ！です。先ほどのROEを株主資本コストと比べれば一目瞭然。ROEの実績が資本コストを上回っている企業がノルマを達成した企業と判断することができます。以上がB/SとP/Lの関係から見た企業の行動です。

　そこで話はRIMに戻りますが、RIMは冒頭にお話したように会計上の利益が割り引く対象になります。ただし、利益全部を割り引くのではなくて、その利益を上げるための資本にはコストがかかっているのだから、そのコストを差し引いた分の利益を割り引く対象にしよう、というアイデアです。利益から株主資本コストを差し引いた残額、そこでこの金額を**残余利益（Residual Income）**と呼びます。残余利益の分だけ企業は価値を生んでいると解釈するわけです。その価値を具体的に示してくれるのがRIMです。

計算式は多いですが、理屈はスッキリしています

　では、さっそくRIMの具体的な計算方法を説明していきましょう[9]。計算

9　ここからの説明は前にご紹介した桜井（2011）を参考にしていますので、桜井先生の本を最初からきちんと読んでください。財務分析について実務時代から私がずっとご贔屓にしてきたオススメの教科書です。

第6章 分子にもってくるもの〜キャッシュの考え方

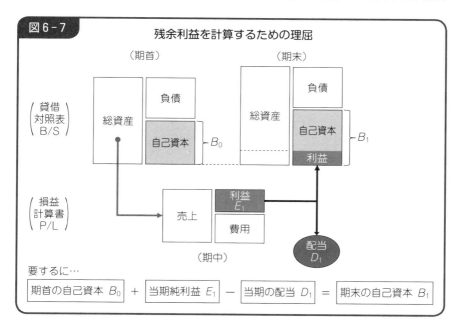

式がたくさん出てきて，人によっては見た目がちょっとイヤなページになるかもしれませんが，実は割り算くらいができる人ならスッキリ理解できる簡単な数式ばかりです。ためしにゆっくり読んでみてください。

まず，図6-7で再びB/SとP/Lの関係を確認しながら説明します。図6-7は図6-6から一部を取り出して記号をつけただけのまったく同じ絵です。

期のはじめに（＝前期末に），株主から出資を受けた自己資本を元手にして新しい期の事業が始まりました。新しい今期（期首）のB/Sが左上です。期首の自己資本を B_0 としましょう。これから利益を生む源泉となる自己資本Book Valueの「B」という意味で「0」をつけて B_0 です。

さて，企業は資産を使って事業を行い，売上を上げて利益を獲得します。利益はEarningsの「E」をとって，これは今期の期中に新しく獲得した利益なので E_1 とします。今期の利益 E_1 から株主に支払う配当 D_1 を差し引いて残ったものが今期末つまり次の期の自己資本に加算されて B_1 となります。

これでB/Sの期首から期末までの変化額がすべてP/Lの動きで説明することができました[10]。数式にすると以下のとおりです。

$$B_0 + E_1 - D_1 = B_1 \quad (6-8式)$$

ここまでわかったら配当割引モデル（DDM）を思い出しましょう。DDMは以下の式でした。

$$V_0 = \frac{D_1}{1+r_e} + \frac{D_2}{(1+r_e)^2} + \frac{D_3}{(1+r_e)^3} + \cdots + \frac{D_t}{(1+r_e)^t} = \sum_{t=1}^{n} \frac{D_t}{(1+r_e)^t} \quad (6-9式)$$

そこで，6-8式から以下のように D_1 を取り出して，

$$D_1 = B_0 + E_1 - B_1 \quad (6-10式)$$

6-10式を6-9式に代入します。このとき後でRIMを導く便宜としての「$r_e B_0 - r_e B_0$」という 0 になる意味のない項を分子に入れておきます。

$$\begin{aligned}
V_0 &= \frac{B_0 + E_1 - B_1 + r_e B_0 - r_e B_0}{1+r_e} + \frac{B_1 + E_2 - B_2 + r_e B_1 - r_e B_1}{(1+r_e)^2} \\
&\quad + \frac{B_2 + E_3 - B_3 + r_e B_2 - r_e B_2}{(1+r_e)^3} + \cdots \\
&= \frac{B_0(1+r_e) + E_1 - r_e B_0 - B_1}{1+r_e} + \frac{B_1(1+r_e) + E_2 - r_e B_1 - B_2}{(1+r_e)^2} \\
&\quad + \frac{B_2(1+r_e) + E_3 - r_e B_2 - B_3}{(1+r_e)^3} + \cdots \\
&= B_0 + \frac{E_1 - r_e B_0}{1+r_e} - \frac{B_1}{1+r_e} + \frac{B_1}{1+r_e} + \frac{E_2 - r_e B_1}{(1+r_e)^2} - \frac{B_2}{(1+r_e)^2} + \frac{B_2}{(1+r_e)^2}
\end{aligned}$$

---

10 このことをクリーンサープラス関係といいます。損益計算書で説明されないような項目によって剰余金（surplus）が増えたり減ったりしない。つまり汚されていないという意味でクリーンなサープラスです。しかし，「その他有価証券評価差額金」など時価評価差額を純資産に直接含めるとクリーンサープラス関係は成立しません（既出の桜井（2011）の説明を参照）。ここではBを便宜上自己資本と呼んでいますが，正確には株主資本であって，B/Sの株主資本とP/Lの当期純利益を組み合わせる場合にのみクリーンサープラス関係が成立します。

$$+ \frac{E_3 - r_e B_2}{(1+r_e)^3} - \frac{B_3}{(1+r_e)^3} + \cdots \qquad (6\text{-}11式)$$

複雑に見えますが，6-11式の中をよく見ると

$-\dfrac{B_1}{1+r_e} + \dfrac{B_1}{1+r_e}$ と $-\dfrac{B_2}{(1+r_e)^2} + \dfrac{B_2}{(1+r_e)^2}$ は相殺されてなくなります。

すると6-12式のように株主価値が定義されます。

$$V_0 = B_0 + \frac{E_1 - r_e B_0}{1+r_e} + \frac{E_2 - r_e B_1}{(1+r_e)^2} + \frac{E_3 - r_e B_2}{(1+r_e)^3} + \cdots - \frac{E_n}{(1+r_e)^n} \qquad (6\text{-}12式)$$

さて，こうして出てきた6-12式がRIMです。よく見直します。右辺第一項はB_0，つまり期首の自己資本の簿価です。第二項の分子を見ると，今期に獲得した当期純利益E_1から，期首の自己資本簿価B_0に株主資本コストr_eをかけた金額がきちんと差し引かれています。この$r_e B_0$が株主が要求する利益，本来獲得しなければならない経営者のノルマということになります。実際に獲得した利益の額E_1が本来獲得すべき額の$r_e B_0$を超過した額，$E_1 - r_e B_0$の部分が残余利益です。

残余利益モデルの株主価値V_0は「将来にわたって獲得される各期の残余利益を株主資本コストで割り引いて現在価値にし，その合計額と期首の自己資本を足したもの」と表すことができました。

6-12式はさらに単純化して表すことができます。毎期獲得する当期純利益E_1を一定として，これをすべて配当に回すとすればB_1も一定となりますから，本章の第1節（65p）で説明したDDMの式と同じ要領で6-13式のように表現することができます。

$$V_0 = B_0 + \frac{E_1 - r_e B_0}{r_e} \qquad (6\text{-}13式)$$

ROEと資本コストの関係

では、改めて6-13式の示唆について考えます。6-13式の右辺第二項の分子「$E_1 - r_e B_0$」が残余利益でした。これは期首の自己資本簿価でくくれば次のように書き換えることが可能です。

$$E_1 - r_e B_0 = B_0 \left(\frac{E_1}{B_0} - r_e \right) = B_0(ROE - r_e) \quad (6\text{-}14式)$$

当期純利益E_1を期首自己資本B_0で割れば自己資本当期純利益率（ROE）です。ここでようやくROEが出てきました。つまり、残余利益モデルにおける株主価値V_0は、ROEが株主資本コストr_eを超過した分を期首自己資本にかけて算出した残余利益の割引現在価値と期首自己資本との合計と言い換えることができます。式で表すと次のようになります。

$$V_0 = B_0 + \frac{B_0(ROE - r_e)}{r_e} \quad (6\text{-}15式)$$

6-15式の示唆は重要です。市場が想定する資本コストr_eよりもROEの実績が高いのであれば、株主は企業が獲得した当期の利益を自己資本に加算して喜んで経営者に委託するでしょう。株主の期待したノルマを経営者が達成したのだからもう1年がんばってね、ということです。この企業は獲得利益を配当に回すのではなく、事業に投資すれば株主価値を拡大することが期待できます。

一方、ROEの実績が株主の要求する資本コストに満たないのであれば、株主は当期に獲得した利益をその経営者に委託するのではなく、資金を引き揚げて他の企業に投資したほうがよいということを意味します。このような企業は獲得した利益をすべて配当にして株主に返却しなければなりません。そうしなければ株主価値をずっと毀損し続けることになってしまいます。

ROEは高ければよいという指標ではない

　以上のことからわかるように，ROEは他の経営指標と違って高ければよいという指標ではありません。この点を多くの方が勘違いしています。ROEは資本コストとの比較が重要です。第5章でしつこくお話してきましたが，資本コストは市場が想定した個別企業のリスクを反映しています。

　資本コストが高い企業は，株主が受け取ると予想している利得に対するリスクが高いわけですから，株主はそれに見合うROEを要求しますし，相対的にリスクが低い企業であればそれなりのROEを要求します。表現を換えれば，ROEが恒常的に高い企業は高いリスクの事業に挑んでいるということがいえるだけで，よいこととか悪いこととかではありません。

　このように企業価値評価の理屈が理解できると，たとえば，日本企業の平均ROEは何%で当社は何%だから，平均を上回っているとか下回っているとかという全企業のROE自体の平均値をとって個別企業のROEと比較する議論にはまったく意味がないことがわかります。そもそも日本企業全体のROEを平均して眺めてみても特別な目的がない限り意味がありません。企業それぞれが負っているリスクによってROEの水準は異なるからです。

　たとえば，証券会社が販売している投資信託の商品ラインナップを考えてください。安全な債券ばかりで運用している投資信託は，利回りは低いですが，おそらく元本は安全です。一方，中には新興国のエマージング企業の株式で積極的に運用している投資信託もあります。場合によっては元本が減ってもよいから高い利回りを狙いたいと考える人はそういう投資信託を買います。それぞれの人やお金のニーズにあった投資信託がバラエティ豊かに取り揃えてあり，お客さんは投資信託の中身や利回りの実績を見ながらどれを選ぶか判断します。高い利回りの商品はリスクが高いし，低い利回りの商品のリスクは低いのが普通です。

　ROEはこの投資信託の利回りと同じです。日本企業全体の平均ROEを計算するということは，このようにバラエティに富んだ証券会社の投資信託の利回りを全部足して平均するのと同じことです。全体のトレンドを見るという点では意味があるかもしれませんが，ファンドマネジャーなら腰を抜かしてしまい

ます。

　最近，日本企業全体の平均 ROE を上昇させるという論調があるようですが，以上のようなコーポレートファイナンス分野の理路からいえば，力の入れどころが違っているという結論になります。また，「ROE の目標〇〇％！」という個別企業の経営計画も，まずは自社の資本コストがわかっていないと設定できないはずです。おそらく日本企業の ROE の水準が問題視されるのは「あまりにも低すぎる」という点だとは思いますが，それを主張するにしてもかなり慎重な分析が必要です。

4 公式を覚えることに意味はなし

どのモデルでも同じ答えが出る？

　3つの企業価値評価モデルを学んできました。いずれも割引現在価値というアプローチ方法でしたが，割り引く対象への力点が，DDM は配当，DCF はフリーキャッシュフロー，RIM は会計上の利益，とそれぞれに相違がありました。

　さて，一体どのモデルが最も真に近い値を出してくれるのか。どのモデルにも使いやすさや使いにくさ，あるいは適用できる場合やできない場合がありますが，これら3つの方法いずれを使っても実は正しい予測値さえ入れれば必ず同じ答えが出ます。企業価値評価モデルは数学モデルとして原理的には同等です。いくつか現実離れした仮定や条件が前提となりますが，モデルの考え方自体に優劣はありません。ここではその証明まではしませんが，覚えておいていただきたいことです。

　これまでモデルの公式を暗記することに意味はないと強調してきました。そもそも公式なんて忘れたら本を開けば即解決する話です。だから私の大学の定期試験は必ず「なんでも持ち込み可」にしています。公式を丸暗記する暇があるなら，公式をじっくり鑑賞しながらそれぞれのモデルに経営への強い示唆が存在することに気づいていただきたいのです。しみじみとした，あるいは生き生きとした意味が隠されているはずです。そこが感じていただきたい点なので

すが，もう少し現実的な話としてDCFについて補足説明をしたいと思います。

なぜDCFが実務で使われるのか

　というのも，対象企業の規模にもよりますが，割引キャッシュフローモデルを基礎としたエンタープライズDCF法が実務で一般的に使用されている方法だからです。実際には他のモデルやEV/EBITDA倍率，PBR，PERなどマルチプルも合わせて買収価格を探っていくわけですが，少なくともM&A部門にいる方でDCF法を知らない人はいないはずです。

　一方で，DCF法はさまざまな矛盾をはらみ，精度に限界があるとして，批判の多い手法でもあります。まず，割引率を少し変えただけで計算結果に大きな違いが生じてしまいます。そもそも，その割引率も，予測と言いつつベータ値は過去の株価を使いますし，将来の資本構成や設備投資など外部環境や企業の意思決定に依存する不確実性の高い要素が計算結果に大きな影響を与えます。何年もの予想フリーキャッシュフローを割り引いていくという，ある意味で"慣性の強い"仕組みだけに，わずかな条件変更がなにぶん結果に大きく作用するという点はいたし方ないところでもあります。

　また，よくある批判に，フリーキャッシュフローの予測期間を変えれば結果は異なるし，継続価値が企業価値の半分以上を占める結果となり予測に意味がない，というものがありますが，これは少し違います。予測期間を何年に設定するかは重要ですが，予測期間自体が長いか短いかによって企業価値に影響を与えることはありません。予測期間が継続価値の前提に影響を与えない限り，正しい計算さえ行えば，予測期間と継続価値にフリーキャッシュフローをどのように配分するかの違いだけであって合計の企業価値は変わりません。

　ただ，いずれにしてもポピュラーなDCF法にも限界があるのは確かで，アカデミアの世界でもさまざまな研究が進められている課題ではあります。以前そういうテーマを研究されている学者の方から「なぜ実務ではいまだにDCF法を使うのか理解ができない」と批判的な言葉を聞いたことがあります。

　しかし，私から見ればその答えはわりと簡単で，「議論がしやすい」の一言に尽きます。実務では，いくらで買うか，いくらで売るかという交渉が重要です。企業買収の現場では，買う側と売る側が充分に議論を出し尽くして納得す

ることのほうが，むしろ重要な目的となることがあります。DCF法の中心課題であるフリーキャッシュフローの予測には，結局のところ企業のトップラインである売上をどう読むかが勝負です。

売上のトレンドを読むためには，まずマクロ環境の前提をどう置くか，次に対象企業が属する産業が将来どのような変化を遂げ，なにがテーマになるのか，その産業にはどのようなプレーヤー（対象企業のライバル会社）がいて，なにをしてくると予想するのか，その中で対象企業はなにを強みにして戦っていくのか，その際のリスクはなにかというようにマクロからミクロへと詳細な前提の分析と予測が必要です。楽観的なシナリオと悲観的なシナリオも充分に検討した上で，どのあたりに落としどころを持っていくかという議論ができなければなりません。

以上のような議論を抜きにして交渉は成り立ちません。「鉛筆なめなめ計算するんじゃないの？」という人がいますが，当然「鉛筆なめなめ」して何度も前提を変えたり，新たな情報を入れたりして議論と交渉を繰り返します。私は今でも使っていますが，そのためにスプレッドシートという財務三表を連動させた予測シートを売り手と買い手の双方の議論や予測の変化に応じて何度も書き換えることになります。

企業買収の現場で論点を網羅する，という目的においてDCF法は他のモデルにない強みを発揮します。企業買収の現場だけではありません。たとえばIR活動において，企業はさまざまな情報を積極的に開示しようと努力しますが，その情報が投資家の思考回路の中でどのようにインプットされ，株価としてどのようにアウトプットされるかというプロセスを企業は知っておかないと投資家との間で有効なコミュニケーションは成立しません。有効なコミュニケーションを成立させるためには，企業側がDCF法をはじめとした企業価値評価モデルの計算プロセスを知っておく必要があります。

このように企業価値評価モデルを使った現実の計算プロセスは机上の空論ではありません。買う側と売る側，評価したい側と評価させたい側の生き生きとしたアイデアと思惑と息遣いが反映され，蓄積されていきます。そのための合理性が，モデルの計算プロセス1つひとつにしぶとく存在している，ということを味わっていただきたいと思います。

企業価値評価モデルは，慣れてくれば単に公式に数値を代入すれば正しい答えをポンと出してくれるシロモノではありません。それぞれのモデルに企業行動に対する味わい深い示唆が含まれているような気がします。

 配当割引モデルによくある勘違い

ゴードンモデルもしかりですが，配当割引モデルはほとんどの人が「配当だけで株価が決まるわけない」と勝手に勘違いしています。多くの教科書では途中の計算式が割愛されているのですが，実際には以下のような展開になります。

普通株式の株主が受け取るリターンは，(1)現金配当（インカムゲイン）と(2)株価の値上り益（キャピタルゲイン）です。

現在の株価を V_0，1年後の期末株価を V_1，同じく期末配当を D_1 とすると株主の期待収益率（r）は以下のようになります。

$$r = \frac{D_1 + (V_1 - V_0)}{V_0} \quad (6\text{-}16式)$$

たとえば1,000円で株式を買って，それが翌年1,100円に値上がりし，さらに配当50円を受け取った場合，6-16式に数値を代入すると収益率15％になりますね。

$$r = \frac{D_1 + (V_1 - V_0)}{V_0} = \frac{50 + (1,100 - 1,000)}{1,000} = 15\% \quad (6\text{-}17式)$$

ということは逆に現在の株価は次のような式で表すことができます。

$$V_0 = \frac{D_1 + V_1}{1 + r} \quad (6\text{-}18式)$$

割引率がわかっていると，当たり前ですが，先ほどの1,000円で買った株式は以下のように表せます。

$$V_0 = \frac{D_1 + V_1}{1 + r} = \frac{50 + 1,100}{1 + 0.15} = 1,000 \quad (6\text{-}19式)$$

さて、6-19式のように現在の株価を翌年の配当と株価で正確に表すことができました。ということは翌年の株価も同じような方法で表すことが簡単にできます。翌々年の配当と翌々年の株価で表せばよいわけです。

$$V_1 = \frac{D_2 + V_2}{1 + r} \qquad （6\text{-}20\text{式}）$$

この式を6-18式に代入して現在の株価を翌々年の配当と株価を使って表現してみましょう。

$$V_0 = \frac{1}{1+r}(D_1 + V_1) = \frac{1}{1+r}\left(D_1 + \frac{D_2 + V_2}{1+r}\right) = \frac{D_1}{1+r} + \frac{D_2 + V_2}{(1+r)^2} \qquad （6\text{-}21\text{式}）$$

言い方を換えると、現在の株価は割引率がわかっていれば1年後の株価と1年後の配当を予想することによって決まります。また、1年後の株価は2年後の配当と2年後の株価を予想することによって決まります。当然3年後の株価は4年後の配当と4年後の株価を予想して……というように添え字さえ置き換えれば何年後の株価でも上記の式で表すことができます。

そこで予想する最後の年を H ということにしましょう。

$$V_0 = \frac{D_1}{1+r} + \frac{D_2}{(1+r)^2} + \frac{D_3}{(1+r)^3} + \cdots + \frac{D_H + V_H}{(1+r)^H} = \sum_{t=1}^{H} \frac{D_t}{(1+r)^t} + \frac{V_H}{(1+r)^H}$$

$$（6\text{-}22\text{式}）$$

株式には満期がありません。何年後でも予想が可能です。H を100年後にした場合を考えてみてください。予想する最後の年を大きくすればするほど一番右の項は0に近づいていき、結局のところ無視してもよいということになるわけです。

したがって、永久に現金配当を支払い続ける企業の企業価値は以下のようになります。配当割引モデルの裏側のプロセスは企業価値式の分子を配当に置き換えただけというわけではありません。

$$V_0 = \sum_{t=1}^{\infty} \frac{D_t}{(1+r)^t} = \frac{D_1}{r} \qquad （6\text{-}23\text{式}）$$

株価の割高割安が本質ではない
～倍率法の考え方

本章では株価収益率PER（もしくはP/E：Price Earnings Ratio），株価純資産倍率PBR（もしくはP/B：Price Book-Value Ratio），EV/EBITDAといった市場価格を基準化する方法について学びます。これらは倍率法もしくはマルティプル法と呼ばれています。

言うまでもなく，企業の株価それ自体の絶対値を比較しても意味がありません。発行する株式数によって異なるので，トヨタの株価5,700円と日産の株価1,000円を比較して日産が安くておトクと考える人はいません。そこで，両社の同じ種類の利益額や資産額で市場価格（株価や時価総額）を割ることによって相対比較するという発想が倍率法です。PERは市場価格が当期純利益の何倍か，PBRは純資産額の何倍か，EV/EBITDAはキャッシュフローに着目し，それぞれ倍率で表現します。

倍率法は一般的に株価が割高であるか割安であるかを測る目安と思われています。その用い方が間違っているというわけではないのですが，多くの方はDCF法などの企業価値評価モデルとは独立した別の方法と勘違いしています。これまでで企業価値評価モデルの基本をすっかり理解した皆さんは，これら倍率法には企業価値評価モデルと密接な関係があり，きちんとした理論的背景に基づいていることがわかるはずです。したがって，倍率法にも企業行動に対する豊かな示唆が存在しています。

この章も数式がたくさん出てきて見た目がイヤなカンジになっていますが，実に単純な操作ばかりですから安心して読み進んでください。

1 | PERとDDMの関係

株主価値だから当期純利益で割る

まずは**株価収益率（PER：Price Earnings Ratio）**です。P/Eと気軽に呼ぶ

こともあります。株価を1株当たり当期純利益で割った倍率です。株価という市場価格を基準化しているだけですから，時価総額（株価×発行済株式数）を当期純利益の額で割った倍率，と表現しても同じことになります。市場価格を P_0，当期純利益を E_0 とすればPERは以下の7－1式で表現できます。

$$PER = \frac{P_0}{E_0} \qquad (7-1式)$$

これを計算すると，市場価格を相対的に比較することができます。A社のPERがB社のPERに比べて高いということは，利益に対してA社には高い市場価格（株価）がついているわけですから，A社のほうがB社よりも株価が割高だと解釈してもよいですし，A社のほうがB社よりも人気が高いと解釈してもよいでしょう。

あるいは他社との比較だけではなく時系列で観察することも可能です。A社のPERが去年よりも高いか低いか，長い期間で見て現在の株価水準はどのくらいかといった変化を比較することもできます。

また，後で出てくるPBRやEV/EBITDA倍率も同じような使い方をするのですが，未上場企業の株価を推測する場合に便利です。未上場企業には市場でついている株価がありませんから，たとえば評価したい未上場企業と同じような事業を行っている上場企業のPERやPBRやEV/EBITDA倍率を計算して，当該未上場企業の価値（株価）を推測するというやり方です。

通常は事業内容や事業規模など，よく似た条件を持つ上場企業を複数社選択して平均をとり，未上場企業の株価算定を推測する目安にします。たとえば類似業種の上場企業のPERが10倍であれば，当該未上場企業の1株当たり当期純利益を10倍したものが，だいたい当該社の推定株価の水準だと考えることができます。

日清食品と東洋水産のPER比較例

数値例があったほうがわかりやすいと思いますので，ここでは日清食品ホールディングス（日清食品）と東洋水産のPERを観察してみましょう。「カップ

ヌードル」と「どん兵衛」の日清食品か，「赤いきつね」と「緑のたぬき」の東洋水産か。いずれも学生時代にはほぼ主食としてお世話になりましたが，今でも時々あの頃の味を確かめたくなり，ついつい手を伸ばしたくなる私にとってはこの世に必須の食品アイテムです。

さて，本書執筆時現在の株価を見ると日清食品が5,560円，東洋水産が4,310円です。ちょうど2016年3月期の決算が発表されたところですから，決算短信から発行済株式数と当期純利益の情報を持ってきて表にしたものが図7-1です。株価に期中平均株式数をかけた時価総額では日清食品が約6,088億円，東洋水産約4,402億円程度となっています。

ここで期中平均株式数というのは，期中に増資や自己株式取得を行った場合は期首の発行済株式数が変化しますので，それを反映するため加重平均によって調整した株式数をいいます。PERを求めるための1株当たり当期純利益（EPS：Earnings Per Share）を計算するときには，1年間かけて獲得した当

図7-1　PERの比較（日清食品 VS 東洋水産）

		2016年3月期	
		日清食品HD	東洋水産
株価	（円）	5,560	4,310
期中平均株式数	（千株）	109,500	102,129
時価総額	（百万円）	608,821	440,176
当期純利益	（百万円）	26,884	18,363
1株当たり当期純利益	（円）	245.52	179.81
PER	（倍）	22.6	24.0
予想当期純利益	（百万円）	22,000	20,500
1株当たり予想当期純利益	（円）	203.66	200.73
PER（予想）	（倍）	27.3	21.5

出所：2016年3月期決算短信より著者が計算

期純利益ですから1年間の変化を考慮した株式数で割って求めることが妥当です。また，通常この際の株式数からは自己株式を除きます。

このようにして計算すれば，時価総額を当期純利益で割っても株価を1株当たり当期純利益で割っても PER の答えは同じになります[11]。日清食品が22.6倍，東洋水産が24.0倍となり，やや東洋水産の PER のほうが高いことがわかります。

わずかながら東洋水産が割高で日清食品が割安なのか，東洋水産のほうが日清食品より人気があるのか，これだけの情報ではなんともいえませんが，少なくとも株価を基準化して両社を比較することができるようになります。

PER の分母が当期純利益である理由

ところで，PER は単に利益で基準化しているにすぎないのですが，理屈を言えば，分子の株価なり時価総額なりの市場価格 P_0 は株主のみの価値ですから，分子は株主の取り分である当期純利益で割って分子と分母を整合させていると理解できます。

また，いつの利益を使うのかという点ですが，私が証券会社の若造として働いていた頃，上司のM田課長から「株価は将来の利益を織り込んでいるのだから PER を計算するときの利益は実績値ではなく，予想利益を入れなければならん」と教えられました。今でも多くの方が予想利益を入れるべきと信じているようです。間違いではありませんが，必ずしも生産性のある議論ではありません（M田課長，すみません）。

次の7-2式をご覧ください。M田課長の言う予想利益で計算した予想 PER を PER_1，実績利益で計算した実績 PER を PER_0 とします。すると予想 PER_1 は E_0 を分母と分子にはさめば以下のように表すことができます。要するに利益成長率の逆数を元の実績の PER_0（7-1式）にかけて反映させれば済む話です。

---

[11] ただし，EPS の算出には若干の注意が必要です。通常は期首の発行済株式数と期末の発行済株式数の平均値である期中発行済株式数で当期純利益を除します。当期純利益は1年間かけて稼いだ利益ですから1年間の平均株式数で割るという意味です。

$$PER_1 = \frac{P_0}{E_1} = \frac{P_0}{E_0} \times \frac{E_0}{E_1} = PER_0 \times \frac{E_0}{E_1} \qquad (7-2\text{式})$$

予想利益を分子にするかどうかというよりも単に市場価格を基準化することが目的ですから、企業同士を比較する際に同じ期の利益で比べられていればそれで構わないと考えるほうが PER 本来の意味にとって自然かもしれません。

ただ、理屈ではそうですが、実務的には M 田課長の感覚も重要です。というのも、ほとんどの日本企業は決算発表と同時に次期の業績予想も開示します。通常、決算発表では実績数値よりも次期の会社予想に注目が集まり、会社が開示した予想の当期純利益によって短期的に株価が変動することがあります。

そこで、決算短信の情報から日清食品と東洋水産の次期の当期純利益予想を1株当たりで見てみましょう（図7-1の下段の表）。日清食品は実績値245.52円から次期会社予想203.66円と減益の予想、東洋水産は実績値179.81円から次期会社予想200.73円と増益の予想になっています。次期予想で PER を見ると、日清食品が27.3倍、東洋水産が21.5倍と実績値のときと逆転しています。

決算発表と同時に会社が公表する会社予想が市場のコンセンサス形成に影響することになり得ますから、常に市場のコンセンサスと株価を連動して評価するという目的ではこのように PER の分母に予想利益を入れる（PER に成長予想を反映させる）意味はあります。決算が発表されて会社が予想を公表しているのに実績値で PER を計算していたりすると M 田課長にどやしつけられます。

PER が語る企業のリスクと成長

さて、ここでは DDM と PER の関係を見ることによって PER がなにを語るかを考えましょう。第6章の6-4式、定率成長配当割引モデルは以下のとおりでした。現在の株主価値 V_0 は次期の配当 D_1 を株主資本コスト r_e と成長率 g との差で割り引いた現在価値だったことを思い出してください。

$$V_0 = \frac{D_1}{r_e - g} \qquad (7-3\text{式})$$

ところで，当期純利益のうちどれくらいを配当として支払うかという指標を**配当性向（Payout Ratio）**といいます。次期の配当性向を R_1 とすれば，次期の配当 D_1 と次期の利益 E_1 によって以下の式のように表すことができます。

$$R_1 = \frac{D_1}{E_1} \qquad （7-4式）$$

7-3式の V（株主価値）は P（市場価格）に置き換えることができますから，これを置き換えた上で7-3式の両辺を利益 E で割れば PER になります。そして，上記7-4式から，$D_1 = E_1 \times R_1$ ですからこれを PER の式に代入すれば，以下のような7-5式が得られます。7-5式では D_1 に $E_1 \times R_1$ を代入しています。そして，$E_1 = E_0(1+g)$ です。

$$PER = \frac{P_0}{E_0} = \frac{\frac{D_1}{r_e - g}}{E_0} = \frac{E_1 R_1}{E_0} \times \frac{1}{r_e - g} = R_1 \frac{1+g}{r_e - g} \qquad （7-5式）$$

上記7-5式から言えることは，PER が高いということは，まず，分母に r_e がありますから株主資本コストが低いということです。そして，成長率 g が分母のマイナス項目と分子にありますから，成長率が高いと PER が高いということになります。

わかりやすくするために7-5式を日本語で表しておきます。

$$実績 PER = 配当性向 R_1 \times \frac{1 + 成長率 g}{株主資本コスト r_e - 成長率 g} \qquad （改7-5式）$$

さきほどの日清食品と東洋水産の例ですが，予想 PER では日清食品が27.3倍で東洋水産が21.5倍となりました。この場合，予想 PER では日清食品のほうが東洋水産より株価が割高であるか，もしくは市場の人気が高いとの解釈もできるのですが，DDM から PER を考えるとより具体的な推測が可能です。

すなわち7-5式を参考にすると，予想利益から言えば PER が高い日清食品

の会社予想のほうがPERが低い東洋水産よりもリスクが小さいと見られているため株価が相対的に高く評価されているか，あるいは，日清食品のほうが東洋水産よりも今後利益成長の可能性に余地があるため株価が高い（PERが高い），と理解することができます。

決算を発表した時点での会社予想利益には日清食品が減益で東洋水産が増益という差がありましたが，現在の株価評価が正しいとすれば，投資家は東洋水産の増益は目先のことで，長期的に見れば日清食品の利益がやがて追いつくと評価しており，そのために日清食品のPERが高いということになります。日清食品のPERが東洋水産のそれより高いということは利益に対して日清食品の株価が相対的に高いわけですから，やがて日清食品の利益が成長して日清食品の高いPERを説明することになるだろうという解釈が可能です。

そしてもうひとつ。7-5式では配当性向RがPERの変数になっています。仮にリスクが高くて成長性が低いとしても，配当を多く支払って配当性向を上昇させればPERが高くなることもわかります。

ただし，PERはあくまで当期純利益で株価を基準化しているため，資産の一時的な売却など事業以外の要因によって数値が大きく振れたり，あるいは株価が急激に乱高下したりすると極端な数値が出てきてしまいます。また，有利子負債や資本構成によっても変動します。この点，あまり安定した指標ではないためPERのみを見てなにかを判断するというには注意が必要です。日清食品と東洋水産の話もあくまでPERのみを比較した推理にすぎません。

しかし，少なくともPERは単に株価の割高割安のみを示している指標ではないことがご理解いただけたと思います。PERは倍率法の1つの指標にすぎませんし，倍率法は企業価値評価の手法の1つにすぎません。PERやPBRだけを見てなんらかの判断を下すことは乱暴ですが，推理を行うための重要な手がかりとはなります。

2 PBRとRIMの関係

株主価値だから株主の資本で割るPBR

市場価格を利益で割ったのがPERでしたが、今度は市場価格を純資産で割ります。だから**株価純資産倍率（PBR：Price Book-value Ratio）**と呼んでいます。PERが利益というフローに着目した基準化指標であるのに対して、PBRはストックに着目した基準化指標です。簡単に式にしておきましょう。

$$PBR = \frac{P_0}{B_0} \qquad (7-5式)$$

PERと同様の説明ですが、PBRは、株価Pを1株当たり純資産Bで割った倍率といっても構いませんし、時価総額を純資産簿価の金額で割っても同じことになります。A社のPBRがB社のPBRに比べて高いということは、A社のほうがB社よりも株価が割高か、もしくは人気が高いと解釈できるという点もPERの要領と同じです。もちろんPBRも時系列評価が可能です。純資産は利益ほど毎年大きく変化しないため、PBRはPERに比べて異常値が少なく、安定的な数値が出る傾向にあります。

理屈を言えば、PBRも株価という株主のみの価値を基準化させたいので、分子は負債を除いた株主の資本（純資産）で割って分子と分母を整合させているということになります。

PBRについても日清食品と東洋水産の比較を見ておきましょう。予想PERでは日清食品のほうが高かったのにPBRでは日清食品1.67倍、東洋水産1.72倍とわずかですが、東洋水産のほうが高い数値となっています。

ここでPBRの計算についてもまた若干の細かい注意です。図7-2の自己株式を除いた期末株式数はPERの計算の時に用いた図7-1の株式数とは少し異なっています。1株当たり純資産（BPS：Book-value Price per Share）を計算する際は、あくまで期末時点における純資産を1株当たりに直すので期中平均株式数ではなく期末の発行済株式数から自己株式を除いた株式数を用います。

図7-2　PBRの比較（日清食品 VS 東洋水産）

		2016年3月期	
		日清食品HD	東洋水産
株価	（円）	5,560	4,310
期末株式数（自己株式除く）	（千株）	108,026	102,130
純資産（新株予約権・非支配株主持分除く）	（百万円）	360,093	255,429
1株当たり純資産	（円）	3,332.94	2,501.03
PBR	（倍）	1.67	1.72

出所：2016年3月期決算短信より著者が計算

そして，そのときの純資産は新株予約権や非支配株主持分を除いた数値を用いるのが一般的です。また，PBRはPERと違って純資産の予想を用いることは通常しません。

PBR1倍割れというけれど

　PBRは1倍を割ると企業の解散価値を下回るとよく言われています。市場価格が純資産の簿価と一致するとPBRは1倍です。純資産は，B/Sの左側にある総資産をすべて売却して，B/S右側の負債を返した後の残りですから，PBR1倍割れというのはその残りが純資産に満たない状態を示しています。

　つまり市場価格で企業を買収し，すぐに解散しても株主の手元におカネが残ることになります。株式市場は，その企業がもはや事業を続けていく意味がないという水準で評価しているというわけです。

　確かにPBRが1倍を割れるということは通常では考えられない理屈です。しかし，現実に企業が解散する際に，資産がすべて簿価で売却できるかどうかという点を考えると，この説明にはあまり意味がありません。そこで，これまで学んだ企業価値評価モデルを用いてPBRという倍率が示唆するところをもう少し解きほぐしてみたいと思います。

残余利益モデル（RIM）を使います。RIM では ROE を使って 7-6 式で株主価値が求められることを思い出してください。

$$V_0 = B_0 + \frac{B_0(ROE - r_e)}{r_e} \qquad （7-6式）$$

さきほどの PER と同じように，7-6 式の V（株主価値）は P（市場価格）に置き換えることができますから，7-6 式の両辺を純資産 B で割れば PBR です。

$$PBR = \frac{P_0}{B_0} = \frac{B_0 + \frac{B_0(ROE - r_e)}{r_e}}{B_0} = 1 + \frac{ROE - r_e}{r_e} \qquad （7-7式）$$

7-7 式をよく見ると，ROE と株主資本コスト r_e が等しくなると，右辺第 2 項の分子はゼロとなり，PBR は 1 倍です。すなわち PBR が 1 倍を上回っているということは，ROE が資本コストを上回っていることを意味し（右辺第 2 項の分子が正），PBR が 1 倍を下回っていることは，ROE の水準が資本コストを下回っていることを意味します（右辺第二項の分子が負）。

後は第 6 章で説明した「RIM と ROE の関係」と同じ理屈です。PBR が 1 倍を割れているということは，経済社会がその企業のビジネスリスクに応じて要求している収益力の水準に達していないことを示唆しています。これをもって解散価値というならば先の議論も間違ってはいません。要するにその企業が行っているビジネスはサスティナブル（持続可能）ではないという厳しい意味です。

PBR 1 倍にあえぐ日本市場のミステリー

実は，私が最近になって東京証券取引所一部上場企業の PBR を過去 5 年間集計したところ，50％を超える企業の PBR が 1 倍を下回っていることがわかりました。一方，米国市場で PBR が 1 倍を割れている企業はわずか数％にすぎないというデータがあります。

日本の株式市場には株主の要求リターンを満たせない企業がそれだけ上場しているということになります。もはや尋常とはいえない事態です。これまで述べてきたように、株主価値は将来の予測に基づいて形成されるわけですが、PBRが1倍を下回る、すなわちサスティナブルではない事業に対して将来予測を行うことなど不可能です。したがって、市場はそもそも適正な株価をつけることはできません。このような銘柄はアナリストにとって将来予測を行う対象にはなりえませんし、投資家にとっては本来投資対象にすらなりません。適正な株価がつくこと自体が難しくなります。

にもかかわらず半数以上に上る日本企業のPBRは1倍に満たない。これは一体どういうことでしょう。もちろん株式の持ち合いなど日本特有の慣習が市場価格をゆがめてきたともいえますし、日本企業が長年にわたって株主に対する意識を欠落させたままに走り続けてきた結果ともいえるかもしれません。残念ながら私には今ここでズバリ明確な解答はできませんが、ただ、経営の努力が足りないということだけでは解明できない日本市場のミステリーです。

3 PBRとPERの関係

PBRはROEとPERのかけ算

ここではPBRとPERの間にどのような関係があるのかを説明することによって、これらの指標の使い方を考えてみたいと思います。

PBRは市場価格Pを純資産Bで割った値でした。以下のように当期純利益Eではさむと、当期純利益Eを純資産Bで割ったROEと、市場価格Pを当期純利益Eで割ったPERの2つに分解することができます。

$$PBR = \frac{P_0}{B_0} = \frac{E_0}{B_0} \times \frac{P_0}{E_0} = ROE \times PER \qquad (7-8式)$$

すなわち、PBRはROEとPERのかけ算であることがわかります。たとえばPERが同じなのにPBRで差がついているとすれば、それはROEの差によ

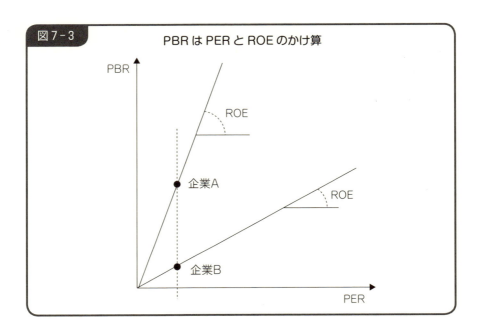

図7-3　PBRはPERとROEのかけ算

るものだと考えることができます。

　このことは図7-3のように縦軸にPBR, 横軸にPERをとるとわかりやすくなります。この図に直線を引けば直線の傾きがROEを示すことになります。企業Aと企業Bを見れば明らかなとおり, 両社ともPERは同じ値ですが, ROEの違いによってPBRの値が異なっています。

PBRとPERの関係から作れるストーリー

　では, このことから一体どのような示唆を得ることができるでしょうか。図7-4のように整理をしてみました。株式市場には数多くの銘柄が存在します。それらはPBRとPERが相対的に高いか低いかで四象限に分けることができます。

　このように一刀両断にきれいに分類して解釈することは一面的ですが, 次のような推測も可能ではないかと思います。まず, 左上の第二象限に向かって近づくと, PBRは高く, PERは低いが, ROEが高い企業群となります。これは, PERが低いのでフローの利益に対する期待は低いものの資本効率は高いというわけですから, 現状の事業が安定的な利益を維持する, どちらかといえば成

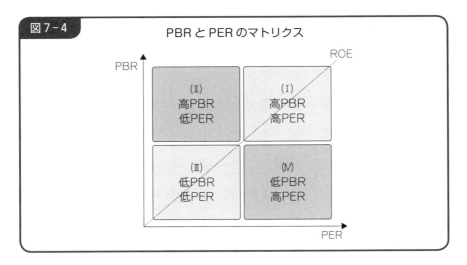

図7-4 PBRとPERのマトリクス

熟企業に近いイメージになります。

あるいは別の推測として，あまりにもROEが高いと事業のリスクも高いことを考慮する必要があります。しかし，投資家は純資産に対して高い評価をしているわけですから，利益の成長はさほど高くないものの資本に見合う利益を維持するだろうと期待している，とも解釈できるかもしれません。

また，右下の第四象限に向かっていくと，PBRは低く，PERは高いが，ROEが低い企業群のゾーンに近づきます。PERが高いということは将来それだけ利益が伸びて高いPERを説明することになるため，場合によっては成長性があると評価できる企業との推測ができます。

しかし，一方で資本効率は悪いわけですから，たとえば新規事業を立ち上げて先行投資になっているが，投資家は今後の成長を期待しているとか，あるいは現在リストラを行っていて投資がかさんでいるものの，投資家はリストラが成功して利益成長に転じることを期待している，などという推測も可能でしょう。

以上は実証できる話ではありませんし，個別企業の状況をつぶさに見る必要がありますが，ROEを介したPBRとPERの関係からはいろいろな推理を行うことができるという話題の1つです。やや一面的な見方であることは否めません。

4 | 回収期間で見る EV/EBITDA 倍率

EV の再定義

倍率法の最後に登場するのは **EV/EBITDA 倍率**です。倍率法は常に市場価格をなにかで基準化するという考え方です。PER は当期純利益というフローの利益で，PBR は純資産というストックによって，それぞれ市場価格を基準化して倍率で表現しました。これに対して EV/EBITDA 倍率ではよりキャッシュフローに着目します。この倍率はその名のとおり EV という数値を EBITDA という数値で割って計算されます。

EV は先の章で出てきた**エンタープライズバリュー（Enterprise Value）**のことです。EV は株主価値と債権者価値の合計を意味すると説明しましたが，ここでは若干の補足が必要です。先に EV を算出するための定義式をご紹介します。

$$EV = 株式時価総額 + ネット有利子負債（有利子負債 - 現金等価物）$$

（7 - 9 式）

株式時価総額に有利子負債を足して，現金等価物を差し引いています。これで一体なにがわかるのか。以下の説明は，ある企業を100％買収することを想像しながら読んでみてください。いわば EV はその際に必要な金額です。

まず企業を買収するために株式時価総額分のお金が必要です。そのお金を出して買収すればこの会社は自分のものになるわけですが，同時に会社が負っている負債も当然自分のものとして負わなければなりません。そこで，有利子負債分のお金も準備する必要があります。しかし，この会社が持っている現金はもちろん自分のものになりますから，この現金で負債を返すことが可能です。だから現金等価物を差し引いています。

要するに EV はこの会社を手に入れるためには一体いくらの現金を用意すればよいかということを表した数値です。その価値は企業に出資している株主価値と債権者価値から成り立っているので，この2つの時価を足した企業価値と

表現することもできるというわけです（ただし，ここでは簡単化のため負債は簿価を使います）。

実際の計算過程

EV/EBITDA倍率も実際の数値例を出して計算過程を説明したほうがわかりやすいと思います。話は少し大胆ですが，図7-5の新日鉄住金を100％買収することを考えてみます。図7-5に並んだたった5つの数値でEV/EBITDA倍率を計算することができます。

図7-5　EV/EBITDA倍率の計算事例

新日鉄住金	
2016年3月期（単位：億円）	
株式時価総額	21,477
有利子負債	19,551
現金及び現金同等物	852
営業利益	1,677
減価償却費	3,082

出所：2016年3月期決算短信より著者が計算

まず100％お買い上げいただくためにはすべての株式を買い取る必要があります。これは簡単。株価に発行済株式数をかけた時価総額が必要な金額です。現在の株価は2,260円で，発行済株式数は950,321千株ですから，これを掛け合わせると2兆1,477億円となりました。

株式時価総額：2,260円 × 950,321千株 = 21,477億円　　（7-10式）

これで新日鉄住金がすべて自分のものになるわけですから，この会社が負っている負債も自分で返さなくてはなりません。そこで有利子負債の1兆9,551

億円が必要です。ただし，この会社が持っている現金も自分のものですから，この現金を使って負債を返すことができます。現金は852億円あります。したがって，負債から現金の852億円を引くことが可能です。

結局のところ時価総額に有利子負債を足して現金を差し引いた4兆176億円あれば新日鉄住金お買い上げということになります。これがEVです。

$$\text{EV}：21{,}477億円 + 19{,}551億円 - 852億円 = 40{,}176億円 \quad （7-11式）$$

さて，このEV4兆176億円を出して新日鉄住金を買収したとして一体どれくらいの期間でこのお金を回収できるでしょうか。

図7-5の表を見ると新日鉄住金は1,677億円の営業利益を生んでいます。もはや新日鉄住金は自分のものですから，今後だいたいこれくらいの営業利益が毎年チャリンチャリンと手元に入ってくることになります。

営業利益だけではありません。この会社，図7-5の表によれば3,082億円の減価償却費があります。これは前にも出てきたように，費用となっていますが，実際にはキャッシュが出ていっているわけではありません。キャッシュという点からすれば，この減価償却費3,082億円も毎年手元に残ります。

営業利益と減価償却費の合計4,759億円（1,677億円+3,082億円）が毎年回収できるということです。この金額のことを**EBITDA**といいます。EBITDAは"Earnings Before Interest, Taxes, Depreciation and Amortization"の略で日本語にすれば**利払前税引前償却前利益**となります。ここでは概算ということにはなりますが，つまり営業利益に減価償却費を足せば出てきます。

$$\text{EBITDA}：1{,}677億円 + 3{,}082億円 = 4{,}759億円 \quad （7-12式）$$

EVの4兆176億円を出して新日鉄住金を買収したら，毎年EBITDAの4,759億円のキャッシュが自分の手元に入ってくるのですから，EVをEBITDAで割った8.44年で投資したお金が回収されるということになります。

$$\frac{EV/EBITDA}{倍率} = \frac{株式時価総額 + 有利子負債 - 現金等価物}{営業利益 + 減価償却費} \text{（倍）} \quad \text{（7-13式）}$$

以上がEV/EBITDA倍率の計算方法です。言い換えれば，EV/EBITDA倍率は時価の企業価値が年間に創出される企業のキャッシュフローの何倍になるかを表した数値です。計算自体は簡単ですが，PBRやPERに比べると一手間かかる基準化です。

なにがわかる数値なのか

EV/EBITDA倍率が高いということは買収に必要な投資の回収期間が長いということになりますから，企業が稼ぐキャッシュEBITDAに比べて企業価値EVが相対的に高いという意味です。逆に回収期間が短いとそれだけ企業価値が低いわけですから，買収者にとっては買いやすいともいえます。

7-13式の分子に注目してください。まず時価総額が大きいと倍率が高いということは容易に納得できます。投資家にとって買収するために準備しなければならない金額が大きいわけですから手が出しにくくなります。

そして，有利子負債が大きいと買収されにくく，保有現金が大きいと買収されやすくなります。たとえば無借金企業や現金を積み上げている企業は倍率が下がって買収の標的になりやすいと言えるかもしれません。無駄な現金を持たず，負債を積極的に活用していれば倍率は上昇するということがこの式から理解できます。

次に注目したいのは分母にある営業利益です。営業利益が大きいと倍率が下がって企業価値は割安と判断されてしまう，というのは違和感があるかもしれません。企業としては営業利益を低く抑えなければ買収の標的にされるということになってしまいます。

しかし，その解釈は間違っています。なぜなら営業利益が相対的に高ければ，そのことが株価に反映されて，分子の時価総額が上昇するはずだからです。もしも営業利益が他社に比べて大きいのに倍率が低いとすれば，それは営業利益の中身が評価されていないと考えた方が正しいでしょう。つまり，今の営業利益が今後も継続できると市場は評価していないということです。

また，減価償却費が大きいと倍率は下がります。設備投資を行うと減価償却費は大きくなりますから，積極的な設備投資をすると倍率は割安になってしまうというのも違和感があります。しかし，これも積極的な設備投資が業績に貢献すると期待されているならば時価総額が拡大するはずです。もし EV/EBITDA 倍率が相対的に低いとすれば，その企業は投資家から，設備投資が収益に貢献せず，減価償却費の負担ばかりが大きくなると評価されているという理解のほうが自然だと思います。むしろ投資を積極的に行って会計上は赤字になっている企業についても EV/EBITDA 倍率は評価の対象にできるというメリットがあります[12]。

　このように EV/EBITDA 倍率は PBR や PER に比べると計算に一手間かかる指標ですが，変数それぞれを評価すればさまざまな示唆が見えてくる数値です。EV/EBITDA 倍率も単に絶対値のみを見るのではなく，他社と比較したり，時系列で比較したりすることが有効です。ただし，倍率法すべてにいえることですが，単に倍率の高低で割高割安といった一面的な見方をするよりも，個別企業の状況をきちんと理解した上で洞察を加えるという努力が必要になります。

12　EV/EBITDA ではなく，減価償却費を差し引いた EV/EBITA で見るべきとの考え方もあります。なぜなら本来減価償却費には資産を更新する際に必要な将来の資本をプールしておくという意義があるからです。ただ，新日鉄住金のように減価償却費が大きい企業の場合はキャッシュの実態として考慮するという見方もあり，ここでは分母に EBITDA を使いました。また，EV を売上高で割るなどあくまで基準化することを考えればさまざまな使い方ができます。公式に従うのではなく，ケースに応じていろいろなことをやってみる，ということが大事です。

第8章 本当に市場は正しい答えを知っているのか

　ようやくコーポレートファイナンス理論における企業価値の評価ができるようになりました。もはやヘビーローテーションですが，「企業価値とは企業が将来獲得するキャッシュフローを資本コストで割り引いた現在価値」です。負債を所与として，企業価値＝株主価値と考えれば，このようにして算出された企業価値は株式市場で観察されることになります。

　経営者が価値を生むあらゆる投資機会に投資を行い，そこから生まれる将来のキャッシュを市場参加者が正しく予測して正しい資本コストを設定し，最大化された企業価値が時価総額として実現しているということが前提です。だから「株式市場が正しい答えを知っている」という原則が成り立ちます。

　さらに，企業価値が市場を通して明らかになっている意義についてもこれまで力点を置いてきました。安く買って高く売りたいと考えた人々の英知が結集している場所が市場です。価格は即座に公表され，だれもが平等に株価として見ることができます。少なくとも，今のところこれ以上に公平な場はないといってよいでしょう。市場でついた価格によって私たちの日常は成り立ち，将来の生活にまで影響を及ぼします。

　でも，なんとなくスカっとしないところがあります。本当にそんな理屈どおりに株価がついているのかという点です。確かに多くの人が取引を繰り返している公開市場でついた価格ですから，ここで観測される企業価値が公平だと言われれば異論ははさみにくいところです。しかし，現実には株価は時々刻々と変化します。そればかりかわずかな材料で上がったり下がったり，行き過ぎたり，いかにも気まぐれに見えます。そんな不安定な相場というところで本当に企業の価値が理屈どおりについているのでしょうか。

　本章からは徐々にこのあたりの疑問にメスを入れていきます。企業価値が理屈どおりに市場で観察されるためにはいくつかの条件が必要です。そこで，「市場が正しい」という仮定を満たすための完全競争市場という概念について説明します。そして，このような仮定が現実的でないとしたらどういう理由が考えられるのかについて，本章では特に情報の非対称というテーマから明らかにします。その上で市場の限界について考えていきましょう。

1 | 市場で価格がつくとなにがうれしいのか

株式市場は本当に異質な場なのか？

　会社には価値というものがあると言われれば，どのような経営者も，またどのようなビジネスパーソンも自分の会社の価値を高めたいと考えるのが普通です。会社の価値を高めることの意義もマクロ的視点からこれまで説明してきました。

　さらに本書で強調してきたことは，コーポレートファイナンス理論が主張する企業価値は，エクセルや電卓で機械的な計算をしてはじかれるだけの無味乾燥なものではなく，経営の根幹に関わるような多くの示唆を含んでいるということでした。しかも，企業価値は目先の短期的な概念ではなく，経営の能力や従業員の努力がきちんと長期的に反映された考え方に基づいているということです。このことは後の章で企業戦略と絡めてもう少しお話を進めるつもりです。

　しかし一方で，このような企業価値が株価として株式市場で実現しているというのは即座に納得できない点でもあります。「企業価値と言ったって株式市場のハナシでしょ」と言いたくなる方も多いはずです。株式市場で価値をつけている投資家は株価の値上がりだけを求めて，安く買ったものをそのまま高く売って，何の実態もないものから利益を得ているだけに見えます。汗水たらして実際にモノ作りに励んだ人の努力の犠牲で成り立っているような空虚な儲けにも見えます。

　果たして本当にそうでしょうか。株式市場はモノ作りに汗を流している人々とは対照的で異質な存在でしょうか。しかし，モノを作る人も材料をなるべく安く仕入れて，いいモノができたら高く売りたいと考えているはずです。実は，おカネで価値をつけてモノを売り買いする以上，生産者も投資家もその立場を異にするところはありません。結局のところ市場なくして仕事ができない点は同じです。

　そこで，市場というものの存在についてもう少し考察を加えたいと思います。なぜ市場で取引するとよいことがあるのか，そして，市場にはどのような限界があるのかが以降のテーマです。

市場価格が正しいとはどういう意味か？

自由主義経済においては，誰もが市場にモノを持ち込んで取引を行うことができます。安く買いたくて高く売りたい人々が自由に売り買いできる競争市場では，市場価格の変化が**需要**と**供給**を調整し，やがて一致させることによってモノが交換されます。市場は**価格メカニズム**を通じて，モノを最も有効に活用できる人に配分します。最終的には社会に存在するモノがすべての人の満足を最大化する形で保有されている，いわば理想的な状態になると考えられます。これが**市場主義型経済**の目指している姿です。

少しやさしい言い方をしますと，人がモノに対する満足を最大化する形で保有している状態というのは，自分にとって必要なモノがあればなんでも市場から買ってきて，自分にとって不要なモノはなんでも市場に行って売り払ってくることができてはじめて成り立ちます。それを繰り返した結果，最終的にすべての人が必要なもの以外を保有していないという状態が実現します。

もちろん，なにが必要でなにが不要かはそれぞれの人によって異なりますし，中には必要であっても価格が高いと人によって必要ではなくなるモノもあることは承知の上です。逆に価格が安ければ活用できる人やモノも存在するかもしれません。

いつも私の講義ではパン屋さんの例を中心にモノゴトを説明するのですが，ここでは，小麦でパンを作る業者を例にとりましょう。たとえば小麦を販売する業者は自分たちで小麦を加工できないから市場に売却するのですが，一定の価格で売却しなければ小麦の生産コストをまかなうことはできません。

一方，小麦を加工するパン屋さんは原料として小麦が必要なので市場から買い付けるのですが，一定の価格で買い付けなければ利益は出ません。小麦価格が高騰した場合，高い価格で購入してもなお利益が出せるパン屋さん，つまりそういう経営努力をするパン屋さんだけが市場に残り，それ以外のパン屋さんは撤退することになります。

逆に市場で価格が下落した場合，今度は小麦粉屋さんなのですが，安いコストで生産を行うことができる小麦粉屋さんしか安い価格で小麦粉を売ることはできません。安いコストで生産ができるということはそれだけ生産性が高いと

判断できます。結局そういう生産性の高い小麦粉屋さんだけが市場に残り，それができない小麦粉屋さんは事業そのものから撤退するしかありません。

市場メカニズムの限界に挑む

このようにして市場は経済主体を淘汰しながら**最適な資源配分**を行います。結果として，優秀なパン屋さんと優秀な小麦粉屋さんだけが社会に残ります。これは小麦粉の価格が「正しい」からです。ここで「正しい」というのは，市場が世の中の資源を「効率的」に配分しているという意味です。そして「効率的」というのは，社会に存在する財が効用を最大化できる人に帰属して無駄な財は存在しないため世の中の人すべてが満足しているという状態のことをいいます。この状態のことを経済学では**パレート効率性**[13]（Pareto efficient）と呼んでいます。

ところで，よく誤解を受けるのですが，私のようなファイナンス学者は「市場ってエラい，ビバ市場！」と常に市場原理主義を主張しているわけではありません。むしろ，このように合理的に見えるはずの市場がなぜ間違えるのか（機能しないのか），市場の限界に挑むことが多くのファイナンス学者の目指すところですし，そこまでを含めて本書ではコーポレートファイナンス理論の領域としています。少なくとも私は市場の限界を探る点にワクワクした興奮を覚えます。

これから市場価格が絶対ではない理由を説明していきます。しかし，だからといって「株式市場なんて信用できない」と頭ごなしに市場原理を全否定してしまうと，その後の話に説得力がなくなります。市場価格が正しく機能しているかどうかという二者択一ではなく，どういうときに，どういう理屈で市場メカニズムが限界を迎えるのかということを明らかにしたいというのが私の仕事です。次々とつながっていくこの論理の連鎖に，私は興奮を覚えます。

---

13 ここでの説明は Milgrom/Roberts の "ECONOMICS, ORGANIZATION & MANAGEMENT"（PRENTICE HALL 1992）を参考にしています。厳密には「資源配分のパレート効率性」というべきです。「他の誰かの状態を悪化させることなくしては誰の状態をも改善することができない資源配分」のことを「効率的な資源配分」といいます。

2 | 基本的競争モデルという理想

基本的競争モデルからの出発

パン屋さんと小麦粉屋さんの例のように、市場が効率的に資源を配分する場として機能するにはいくつかの条件が必要になります。この条件を説明するためのモデルとしてスティグリッツが使用している**基本的競争モデル**（basic competitive model）を紹介します。

これまでも割引配当モデルや残余利益モデルなど「モデル」という言葉を多用してきましたが、本書に出てくるモデルは主に経済モデルといわれるものです。複雑な経済現象を簡単に説明するため、いま問題にしていることとは関係ないものをとりあえず省略して見せる工夫です。

ファッションモデルや読者モデルと違って、図や式や模型でできています。わかりやすい例では、理科室においてある人体模型は、筋肉や血管を説明するために皮膚を省略して作られているモデルです。多少のリアリティがあっても本物の人間だとはだれも思わないようにできています。

図8-1は『スティグリッツ・ミクロ経済学』（東洋経済新報社）の文章を参

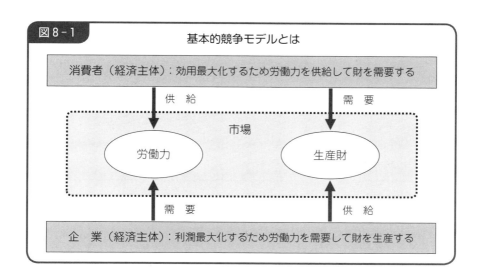

考に私が作った基本的競争モデルを説明するための図です。多少のリアリティがあっても本物の世界だとはだれも思えない世界が描かれています。

ご説明しましょう。今度は、世の中に**消費者**と**企業**の2つの経済主体しかないと仮定します。消費者は企業に**労働力**を提供して、そのお金で商品や製品など企業が作った**生産財**を買います。一方の企業は労働力を使ってモノを作り生産財を消費者に提供しています。ここまでは文句ありません。

消費者はなるべく高く労働力を提供し、なるべく安く生産財を買いたいと考えます。そして企業はなるべく安い労働力を使って、なるべく高く生産財を売りたいと考えます。そこで、2つの経済主体が労働力と生産財を取引するための価格を決めるべく市場ができます。図8-1にあるように、消費者は市場に労働力を売りにいき、企業はそれを市場を通して買いにいく。企業が市場に売った生産財を消費者が買いにいく、という具合です。

市場において、需要が供給より多ければ価格は上がり、供給が需要より多ければ価格が下がります。このようにして市場が機能し、労働力と生産財という希少な資源が2つの経済主体に効率的に配分される、とするものです。

ただし、基本的競争モデルが成立するためには3つの仮定を必要としています。第一の仮定は「消費者は自分の効用（utility）を最大化するために完全合理的に行動する」というものです。効用は満足度のことと考えてください[14]。第二の仮定は「企業は利潤を最大化するために完全合理的に行動する」というものです。そして第三の仮定は「市場は完全に競争的である」ということです。

ここで重要なのは第一と第二の仮定に出てくる**完全合理性**（rationality）と

図8-2　基本的競争モデルの仮定
(1) 消費者は自分の効用を最大化するために完全合理的に行動する
(2) 企業は利潤を最大化するために完全合理的に行動する
(3) 市場は完全に競争的である

---

[14] ここでは消費者が予算制約の中から消費する財の組み合わせによって受け取る便益を効用としています。『組織の経済学』ポール・ミルグロム／ジョン・ロバーツ（NTT出版）などはこのように解釈した効用の概念を新古典派経済学と明確に記してあります。『マンキュー経済学』（東洋経済新報社）では効用について「個人が現在の境遇から得る幸福感や満足感」という広い定義を置いています。

いう概念と，第三の仮定にある**完全競争市場**（perfectly competitive market）という概念です。完全合理性を仮定した世界では，消費者も企業も価格を決めるために必要な情報を瞬時に集めることができて，その情報を完璧に処理することができ，それを瞬時に相手に正しく伝達することができます。相手が考えていることもすべて筒抜け，市場で起きていることは新聞を読まなくても瞬間的に頭の中に入っている，という仮定です。夜中に理科室の人体模型を見たら気味が悪いのと同じように，完全合理的な世界はかなり気味の悪い世界です。

もうひとつの重要なポイントである完全競争市場の仮定は，先ほどのパン屋さんと小麦粉屋さんの世界です。競争しているという意味は，パンにしろ小麦粉にしろ，同じものを売っている多くの売り手がいて，同じものをほしがっている多くの買い手がいて，お互いが最もよい条件を提示してくれる相手を競い合うように探している状態です。

完全競争にもこれまた3つの条件があります。第一に，市場に多数の売り手と買い手がいること。第二に，市場には同じ財が供給されていること。多くの市場参加者が同じものを同じように求めるから「競争」です。その結果，需要と供給の関係で価格が決まりますから，売り手も買い手も自分1人の意志で価格を決めることができません。この時の売り手と買い手のことを**価格受容者（プライステイカー：price taker）**といいます。そして第三に，売り手も買い手も自由に市場に参入したり退出したりできることです。

「市場価格が正しい」というのはこれらの仮定が満たされた世界でしか通用しないことを基本的競争モデルは語っているわけです。

> **図8-3**　完全競争市場の仮定
> (1) 市場には多数の売り手と買い手がいる
> (2) 市場には同じ財が供給されている
> (3) 売り手と買い手は自由に市場に参入したり退出することができる

経済学の教科書にはなぜ数式ばかりが並んでいるのか

人間に皮膚がないと仮定して作られた人体模型によって，人間の筋肉のつき

方が明らかになるのと同じように，人間が完全合理的に行動できると仮定して作られた基本的競争モデルによって，市場のメカニズムが世の中の複雑な経済現象を次々に説明できるようになりました。経済学分野は基本的競争モデルを起点に，ここから市場を探求する研究が行われ，大きな発展を遂げます。

このモデルはものごとを単純化して考えることができるため，高度な数学を用いて経済現象を説明することが可能になります。この方向で発展した経済学を**新古典派経済学**と呼んでいます。新古典派経済学がいわば経済学の主流です。だから経済学の教科書を開くと，人によってはアタマがクラクラするほど数式が並んでしまったのは新古典派の経済学者のせいといえます。

本書で新古典派経済学を語るには紙幅に限りがあるというか，正直にいえば私の能力にそもそも限りがありますので，ざっくりした表現を使いますが，経済学の教科書は，世の中の資源（ヒト，モノ，カネ）は希少であるという話からだいたい始まります。そこで，その資源を人々はどうやって分け合うのか（人々にとって希少な資源を世の中に効率的に配分する仕組みがどうなっているのか）という問いが立てられます。これまでお話してきたように「効率的」という点が重要で，これはヒト，モノ，カネを最大限に生かせる能力を持つ人に配分され，すべてが無駄なく使われるべきだという意味です。

さて，この経済学の問いに対して，新古典派経済学は次のように答えます。世の中のヒト，モノ，カネが最初から効率的に配分されているかどうかはわからない。しかし，このような資源を自由に売買できる市場があれば，そこで取引が繰り返され，やがてはその資源を最大限利用できる人のもとに行き渡るはずだ。なぜなら，その資源が自分にとって無駄になると考える人は市場に行って安い価格で売るし，その資源が自分にとって意味があると考える人は市場に行って高い価格で買おうとする。価格は市場で上がったり下がったりするというメカニズムを発揮し，市場価格を通じて最終的には効率的に資源を使える人がそれを獲得する。結局，市場の存在によって効率的な世の中が実現される。めでたし，めでたし，ということです。

本書で説明してきた企業価値も，このような考え方を前提に株式市場で正しい価格がついているというものです。価値を高める余地がある企業は，株式市場の価格メカニズムが働いて有利な条件で資金調達を行い，事業を拡大するこ

とができます。企業価値を高めることができない企業は価格メカニズムによって市場から淘汰されることになります。企業も株式市場も新古典派経済学の檻の中ではこのようにして生きています。

檻の鍵は，「企業が完全合理的に利潤最大化し，消費者が完全合理的に効用最大化することによって，市場が唯一絶対的な資源配分の場として機能する」という新古典派経済学の厳しい仮定にあります。

当然，このあり得ない理想世界を前提にした考え方には批判が出てきます。あまりにも単純化した世界を仮定しているために，新古典派経済学の範囲だけでは説明できない現実が多すぎるという批判です。申し上げておきますが，学問における「批判」というのは，元のアイデアを認めた上で，さらに発展したアイデアを提供して学問の発展に貢献するという意味です。決して「炎上」することではありません。新古典派経済学の仮定を緩和して企業と消費者を檻の外に出してやれば，いろいろなものが見えてくるはずです。

3 │ 限定合理性という現実

人間は効用最大化できない

新古典派経済学にはさまざまな観点から修正が加えられ，批判が起こりました。まず，人間が効用最大化のため完全合理的に行動できるという仮定に対する批判です。1961年にサイモン（H.A. Simon）は **限定合理性（bounded rationality）** という表現を使い，人間は新古典派経済学で主張されるような完全合理的な存在ではないことを主張しました[15]。当然といえば当然ですが，人間の情報収集や処理，伝達能力は限られたものであり，限定された情報の中で意図的に合理的にしか行動できないとサイモンは説明しています。

株式市場でついている価格が正しいということは，市場に参加しているすべての人が，その企業のあらゆる情報を完璧に知っており，正確な分析をして，一瞬にして将来のキャッシュフローを予測し，一瞬にして資本コストを正しく

---

[15] サイモンの主張は今でも『新版経営行動－経営組織における意思決定過程の研究』（ダイヤモンド社）によって日本語で読むことができます。

設定し，一瞬にして企業価値を算出した上で，まったくなんの迷いもなく瞬間的に売買している，ということを意味しています。市場に対してこのように理解する考え方を**効率的市場仮説**と呼んでいます。効率的市場は完全合理的な投資家によって成立します。

　もちろんこのようにマシーン化した投資家を想定することは現実には不可能です。実際には，企業の情報に詳しい人もいれば何も知らない人もいて，企業の情報を見て理解できる人もいれば理解できない人もいて，限界がある情報をもとに，それぞれ能力の異なる人が自分勝手な予測を行い，それでも買おうか売ろうかどうしようかと迷っている，というのが現実の世界です。だから市場でついている価格は理屈どおりにはいきません。結果，効率的な価格は形成されていないということになります。

企業は利潤最大化できない

　つぎに，企業が利潤最大化するという仮定にも修正のアイデアが提供されます。まず，こういう話題になると必ず出てくる有名な古典，1932年に発表されたバーリ（Berle）とミーンズ（Means）の論文です。彼らによる調査は，現代の巨大企業においては株主が分散しており，企業の所有と経営が分離しているため，企業の利潤最大化という統一された意思決定は行われていないと主張します。

　事業規模がまだ小さかった頃の前近代的な産業では，経営者1人がオーナーとなって会社を作ったり，数人の企業家や家族が支配株主となったりするなど，実際に資金を出資する株主が経営者となって株式会社が成り立っていました。このような企業においては株主と経営者という区別がありませんから，経営者の利益＝株主の利益となるため，企業は統一的に利潤最大化に励むことができます。

　しかし，第二次産業革命によって発展した製鉄や石油精製や化学工業などの産業では，企業が必要とする機械設備は圧倒的に巨大な規模となります。これらの設備投資をまかなうためには多くの出資者から資金を募らなければなりません。もはや少数の株主による企業支配は不可能になります。その結果，株式の所有は大衆化し，同時に専門経営者が現れます。

こうなるともはや企業の支配は株主ではなく，株式を持たない経営者に委ねられます。所有者と支配者が分離した現代の巨大組織では，株主と経営者の利害は異なるため，企業は必ずしも利潤最大化する経済主体ではないというのが彼らの主張です。研究の力点を企業自体に置かなければ，市場の機能も充分には解明できないということです。

　企業の利潤最大化という仮定に対する批判としてもうひとつ，サイアート（R.M. Cyert）とマーチ（J.G. March）の主張が挙げられます[16]。彼らの行った議論は今でも**ステークホルダー**とよくいわれますが，企業は株主，従業員，顧客，債権者，取引先など異なる利害を持つ連合体なので，利潤最大化という概念は実現しないというものです。

　株式会社というところにはステークホルダーと呼ばれるいろいろな人が集まってきて，自分の目的を達成しようとします。そういう視点から企業を見ると，たとえば事業を拡大しようとか縮小しようとか，配当を増やそうとか減らそうとか，そもそも企業が選択する行動も，企業の活動に参加するいろいろな人が自分の利害のために勝手なことをした総合的な結果にすぎません。もはや企業が利潤最大化という単一の目的を持って動くことは実際には不可能だというわけです。

　サイアートとマーチの論文は，自分勝手な利害が複雑に入り組む企業への参加者をどのように動機づけするかという観点から企業の行動を検討した論文です。いずれにしても新古典派の考え方に対立する理論として分類されます。企業は必ずしも利潤最大化する行動をとらないのだから先の基本的競争モデルは成立していないという結論です。

基本的競争モデルという仮定の役割

　以上のような議論から，市場は資源配分が行われる唯一絶対的な場所ではないのではないか，つまり資源配分の場や方法として市場以外にもっとすぐれた存在が他にあるかもしれない，基本的競争モデルが仮定したものを緩和すればもっと見えてくるものがあるはずだ，という観点で経済学はさらに複雑に発展

16　こちらは絶版となっていますが，1967年出版の『企業の行動理論』（ダイヤモンド社）という日本語訳があります。むずかしい本です。

していくわけです。

　現実の市場は完全競争市場ではありません。しかし，だからといって完全競争市場を仮定としたコーポレートファイナンス理論における企業価値の考え方が無意味である，というわけではありません。仮定に用いた条件を少しずつ緩めることによって，コーポレートファイナンス理論で説明できる現象の範囲を拡大することができます。

　「あくまで理論なんだから現実には使えないよね」という人は，具体的にどういう現実に対してどういう理論があてはまって，どういう現実にはあてはまらないのか，を説明する必要があります。そのためには個々の現実はどういう理由によって起きているのかという因果関係の正しい推論が重要です。「現象は理由があって起きている」と，テレビドラマ『ガリレオ』の福山雅治もいつもつぶやいていました。ビジネスマンの方と話をしたり，新聞に書かれていることを読んだりすると，どの現象をどの理論で説明すべきかがごちゃ混ぜになっているようだ，というのが私の問題意識です。

　現実には，なにをするかわからない人間が集まって企業は運営され，なにを考えているかわからない人間が集まって市場は成立しています。このような複雑な世界では1つの因果関係で現象の100%を説明することは不可能です。まず仮定を置くことによって複雑な世界を単純化して理解しやすくするわけです。中学の物理の試験問題の最後にたいてい書かれている「ただし，摩擦はないものとして考えよ」というのと同じです。現実には摩擦がありますが，まず摩擦がないと仮定して考える。しかし，摩擦がないものとして考えたからといって物理の授業で習ったものが無駄になるわけではありません。

　そこで，ここからは新古典派経済学がおいた摩擦のない理想世界の仮定を少しずつ緩める方法をご紹介します。まず，次の節では「情報」という市場に摩擦を生む要因について考えます。情報の非対称性から生じる問題とそれに対して人間がとる対応方法について整理することが目的です。

4 情報の非対称性という現実

あなたの知らない世界

情報の非対称性（asymmetric information）という言葉を最初に聞いたとき，その語感のおどろおどろしさにたじろぎました。「非対称」などという「非日常」的で難しい表現を使ってイヤな感じがします。「キミの知らないことをワタシは知っているんだよ」と言われるとさらにイヤな感じですが，要するにそういうことです。

たとえば企業の情報。上場企業の売上や利益の結果は開示されていても，最近の商売の調子はよいのか悪いのか，今後の見通しはどうか，なにか業績に懸念はないか，などといった現実的な情報は投資家や株主にとって知りたいことです。しかし，投資家や株主よりは少なくとも現場にいる経営者の方が企業の情報を多く持っているのが普通です。

投資家の持っている情報は少なくて，経営者が持っている情報は多い，つまり図8-4のように，この2人の情報量を並べると右の大きさと左の大きさが対称ではないという意味で，情報の非対称性です。

情報の非対称性という状況は，私たちの生活のあらゆるところでごく当たり前に存在しています。読者の皆さんがこの本を買うときも，どういうことが書かれた本なのかという情報を私は知っていますが，皆さんは知りません。就職

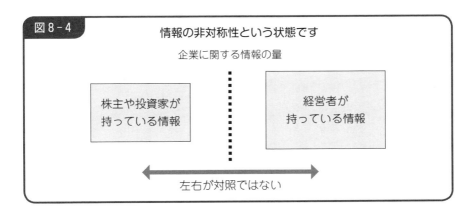

図8-4　情報の非対称性という状態です

先を考えている学生にとっては、企業に関する情報はその企業の社員ほど知りませんし、逆に企業の採用担当者は面接をする学生がどういう人物か学生本人ほど知りませんし、好きになった女の子が自分のことを好きかどうかも自分にはわかりません。

知らないほうが幸せだったり、そのほうがドキドキしたり、ときめいたりするものですが、コーポレートファイナンスの世界では、情報の非対称性によって公平な取引が妨げられて市場の価格が効率的でなくなるという問題が生じます。問題が生じる過程も、その問題への対処方法も経済学はきちんと理論立てて準備していますので、これらを説明しておきます。

情報の非対称性が惹き起こす問題

情報の非対称性という問題を初めて指摘したのは1963年に経済学者アロー（K.J. Arrow）が発表した論文だと言われています。もちろんノーベル経済学賞。その後、アカロフ（G.A. Akerlof）が1970年に発表した論文で具体的に情報の非対称性という言葉が使用されます。アカロフの論文は中古車市場を例に取った「レモン市場」の論文として有名です。この功績によってアカロフも2001年にスペンス（A.M.Spence）とスティグリッツ（J.E.Stiglitz）とともにノーベル経済学賞を受賞しました。

先ほどの例のように、情報の非対称性は一般の生活の中で極めて広範囲に観察できる現象です。それだけに研究の範囲も広いのですが、本書は取引市場がテーマですから、売り手と買い手の間に存在する情報の非対称性問題を中心にお話を進めていきます。

特定の情報に関して、情報を多く持っている側の立場を**情報優位**、そうでない側の立場を**情報劣位**といいます。この双方が持つ情報量に非対称の関係があるわけです。

経済学はいつも意地悪な人を想定していて、優位にある側はその立場を利用して利益を得ようとするため、相手の不備につけ込む行動をとると考えます。このような行動を**機会主義的行動**（opportunistic behavior）といいます（これもずいぶんな日本語です）。機会主義的行動が市場の非効率に結びつくのですが、代表的な現象は**アドバースセレクション**（adverse selection：逆選択）

とモラルハザード（moral hazard：道徳的危険）の2つです。英語もわかりにくいですが，日本語にするともうワケがわかりません。言葉の意味をゆっくりと説明しましょう。

売り手と買い手がいるとして，販売される商品に関する正確な情報は普通売り手のほうが知っています。落語に「道具屋」という話がありますが，主人公の与太郎は首の抜ける雛人形や火事場で拾ってきたノコギリなど何の価値もないものを店先に並べて，何も知らない客に売ろうとします。与太郎は雛人形が欠陥商品だったり，ノコギリが使い物にならないものであったりすることを知っています。与太郎は情報優位の立場を利用して，タダ同然のガラクタを情報劣位の客に売って儲けることが可能です。この道具屋与太郎の行為が機会主義的行動です。

これだけで充分市場価格は非効率なものになるのですが，契約をする前に相手の能力に関する情報が不足していることから生じる問題を先ほどのアドバースセレクション，契約後に相手の行動に関する情報が不足していることから生じる問題をモラルハザードとして分類されます。

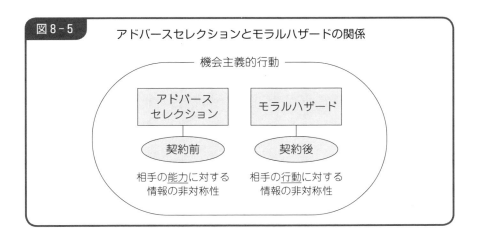

図8-5　アドバースセレクションとモラルハザードの関係

なぜ保険料は高くなるか：アドバースセレクション

先のアカロフ論文は，さすがに与太郎の道具屋ではなく中古車市場を例にア

ドバースセレクションを説明しました。そもそもアカロフの論文が圧巻なのは中古車市場を例に選んだ点です。これには重要な意味があって，中古車市場こそ売り手が買い手よりも多くの情報を持つ典型的な市場だからです（この点，道具屋の私の例えもかなりいいセンいっていると思います）。

　中古車市場や骨董品市場では，買い手は品質の悪い商品を買わされる危険性があります。どのような商品を売りに出すかという「選択」は売り手にかかっており，情報優位の売り手が「有利」になるような選択，つまり実際には安い価格で仕入れてきた粗悪品を売るという選択は，買い手にとって「不利」になるという理由で「逆」選択といわれています。

　アドバースセレクションはどのようにして非効率の状態を招くのでしょう。中古車市場における欠陥車のことを「レモン」と呼びます。表面は美しいレモン色でも中身は酸っぱいからです。過去に事故を起こしたような欠陥車かどうかは，中古車販売業者は知っていますが，黙っていれば顧客にはわかりません。販売業者と顧客の間には情報の非対称性が存在しています。そこで，情報優位を利用した業者は欠陥車を安く仕入れて顧客に販売することが可能です。

　しかし，業者の中にはまじめな人もいて，きちんと欠陥車を避けて店頭に車を並べますが，その人がまじめな業者か悪徳業者か，買い手の顧客には区別がつきません。まじめにやっている業者も悪徳業者と同じように見られてしまうため，まじめな業者はたとえ新車に近い中古車すらまともな金額で売ることができません。

　アカロフは数週間しか使われていない中古車が同じタイプの新車より極端に安く売られていることを発見し，アドバースセレクションを説明しています。新車同然の掘り出しモノの車がわずか数週間で中古車市場に売られているということは，販売業者が知っていて顧客が知らないなにか理由があるのだろうと勘繰られるわけです。

　正直者がバカを見るという諺は日本にもありますが，これと同様でまじめな業者は商売が成り立ちません。その結果，アドバースセレクションによってまじめな業者は中古車市場から追い出されます。また，まともな新車を売りに出したい人も安く買いたたかれると考えるため良質な商品が市場に供給されなくなり，中古車市場は欠陥車だらけ，レモンだらけになります。こうして市場は

効率的な資源配分ができなくなるというお話です。

　アドバースセレクションによる非効率性には他のパターンもあります。基本的競争モデルの節でお話したように，労働市場では需要と供給の関係で賃金が均衡していると考えるのが新古典派です。しかし，実際には労働者によって能力は異なっており，労働者の能力は，労働者自身が知っていても雇用主の企業は知りません。能力のある労働者は他でも仕事を見つけることができますから，賃金が下がれば能力のある労働者ほど会社を辞めてしまいます。

　そこで，企業は優秀な労働者を確保するため賃金を上げざるを得ません。その結果，企業は市場の均衡水準以上の賃金を常に支払っているということになります。場合によっては賃金が高止まりして失業率を高める恐れも出てきます。アドバースセレクションが市場価格をゆがめて世の中に非効率を招く例です。

　保険市場を例にして説明されるアドバースセレクションはまた異なるパターンです。健康保険に加入する場合，保険加入者は自分自身の健康状態を保険会社より知っています（保険会社と保険加入者の間の情報の非対称性）。審査があったとしても健康に問題がある人ほど保険に加入したいと考えるはずです。そうなると，健康に問題がある人の保険加入が増えることによって，保険会社はその費用をまかなうために保険料を上げなければなりません。その結果，健康保険の価格が上昇し，健康な人にとって保険価格は割高になってしまいます。このようにして適正な価格の健康保険が市場に流通しなくなるという問題が起きるわけです。労働市場と同じようにアドバースセレクションが市場価格をゆがめて世の中に非効率を招くことになります。

サボリ営業マンの給料は高いか低いか：モラルハザード

　モラルハザードもアドバースセレクションと同じように情報の非対称性が起こす問題です。ただし，アドバースセレクションが契約前に相手の能力を知らないことで起きる問題であるのに対して，モラルハザードは，契約後に相手がとる行動がわからないことによって引き起こされる問題です。このような区別をきちんと知った上で言葉を使いたいものです。

　モラルハザードの例も世の中に数限りなく存在します。対比をわかりやすくするため再び雇用主と労働者の例をとりましょう。採用面接をするときには労

働者は「一生懸命がんばります！」とか「根性だけは負けません！」といって自分をアピールするのですが，いったん雇用契約を結んでしまうと，その後，雇用主はその労働者が本当に一生懸命に根性出してがんばっているかどうか正確に監視することはできません。

　労働者は，まるで私の若い頃のように，営業に行くふりをして本当は喫茶店でサボって昼寝しているかもしれません。雇用契約の後に相手がどのような行動をとるかわからないという情報の非対称性が存在しています（実は当の本人の労働者も最初は本当にがんばろうと思ったのですが，そのときは自分がどれほど根性ないヤツか自分でもわからなかったりするものです，まるで私の若い頃のように）。

　これによってどういう問題が起こるかというと，雇用主は労働者を監視するためのコストを支払わなければならなくなります。私が若い頃はみんなポケベルを持たされていましたが，今ならさしずめ携帯電話を持たされてGPSで監視されるといったところかもしれません。

　雇用主は営業マンの不道徳なサボリ（モラルハザード）に対応するため，営業マンに持たせるGPSを買うという無駄な費用を支払わなくてはなりませんし，GPSで監視するという無駄な時間も含めて監視のための費用がかかります。その費用によって給料は下がるかもしれません。私のような不届きな営業マンは給料が下がっても仕方ないですが，常にまじめに営業していた同期のM本くんなどたまったものじゃありません。こうして適正な賃金が実現しないという非効率な状態が起こります。

　参考までに，マンキューのミクロ経済学の教科書[17]では上の例と逆の結果を提示しており，上のようなモラルの低い営業マンに対して，雇用主は均衡賃金よりも高い給料を払うと説明しています。なぜなら，均衡賃金以上に稼ぐ労働者は，もしサボリが見つかって解雇されると，別の高賃金の仕事を見つけられないため，怠けようとはしないというのが理由です。

　業務時間中に喫茶店でサボって解雇されるなら，私など何百回も転職しなけ

---

[17] 『マンキュー経済学Ⅰ　ミクロ編』M.G.マンキュー（東洋経済新報社）は，非常に読みやすい経済学の教科書です。本章における情報の非対称性に関する説明でも大いに参考にしていますが，本書を読んだ後は是非きちんとこちらを読んでいただきたいと思います。

ればならなかったと思いますが，いずれにしても，情報の非対称性は均衡価格が実現しない非効率を招くというお話でした。

情報の非対称性問題への対応方法：シグナリング

このように情報の非対称性問題が起こりまくる現実の世の中には対応方法がきちんと存在する，ということも経済理論には準備されています。この節の締めくくりに代表的なものを2つご紹介しておきます。

第一に情報優位にある側が行う**シグナリング**（signaling）という方法，第二に情報劣位にある側が行う**スクリーニング**（screening）という方法に分類されます。情報の非対称性問題は行為者いずれかが知らない隠された情報によって起きるわけですから，いずれにしても隠された情報を明らかにするという，当たり前の対応方法です。シグナリングもスクリーニングも世の中には数え切れないくらいの現実的な例があります。

シグナリングは情報優位にある者が，情報劣位にある者に自分の情報を明らかにして信頼してもらうという行動のことをいいます。自分を他と差別化させることがシグナリングの動機となります。たとえば，自社の商品に関する情報を知っている販売会社は，その情報を知らない顧客に対して，自社の高品質な商品を他社の劣悪な商品と区別させたいと考えます。この場合に行う広告がシグナリングです。

あるいは，就職活動で自分の能力が他人より高いことを企業側に示すため，大学の卒業資格を得るということもシグナリングのひとつです。また，企業が他社よりも立派な本社ビルを建てるためのコストを支払うとか，商品の品質を保証するための「無料おためしセット」や「30日間で効果がなければ返品可能」といった広告などもシグナリングといえます。

世の中はシグナリングだらけに見えます。ただし，その行為をシグナリングというためにはとても重要な条件があります。第一に，シグナリングを行う側が「痛み」を伴うものであること，つまりコストがかかっていることが重要です。コストがかからなければ誰もが同じことをしますのでシグナリングの効果はなくなります。第二に，情報優位者にとってシグナリングを行うメリットがあることです。そして第三に，そのメリットがコストを上回ることがシグナリ

ングの条件です。そうでなければ，逆に誰もシグナリングという行動には出ません。

　この点はシグナリングの正確な定義を間違いやすい重要なところです。たとえば企業が投資家向けに行うIR (Investor Relations) 活動や情報開示がすべてシグナリングとなって株価の適正化に貢献するかどうかは微妙です。コストはかかっているかもしれませんが，どの企業も同じような水準で行えばシグナルとしての効果はなくなります。自社が顕在化して投資家が他社と区別ができるような何かがないとシグナリングとは言えない可能性があります。

　企業の広告も同様です。同業者すべてが同じように製品広告を打てば差別化されません。よくスーパーの店頭などで「テレビコマーシャルでおなじみの」という宣伝文句がありますが，これはマンキューによれば，シグナリング効果を発揮します。「企業は高価なシグナル（テレビのスポット広告）に対して支払意欲があることを伝えようとしている[18]」と理解できるからです。企業にとって高くつくテレビコマーシャルは自社製品の品質の高さがそれだけのコストを支払う自信があるという企業のシグナルになるという考えです。

　となると，就職活動で大卒資格がシグナルになるかどうかは職種などによるかもしれませんし，応募者すべてが大卒なら大学のネームにもよるでしょう。シグナリングの効果は大卒という資格の希少性に依存することになります。以前，私が客員として赴任していたワシントン大学には地元の社会人向けMBA (master of administration：経営学修士) コースが設置されていて活況でした。彼ら受講者によればMBAホルダーの肩書は就職にも有利な上，給料も異なるとのことでした。もしMBAに希少性があるなら，高い授業料と時間を費やすというコストを支払い，自分の人的資産の高さを社会に示して有利な地位を得るというメリットがそのコストを上回ればシグナリングとなります。

　ただし，大卒やMBAをシグナルになる「資格」として勉強するという動機は感心できません。あくまで純粋な学問として勉強しましょう。

18　先の『マンキュー経済学Ⅰ　ミクロ編』M.G.マンキュー（東洋経済新報社）による。

エントリーシートは有効な経済的行為か:スクリーニング

　シグナリングに対して,スクリーニングは情報を持たない劣位の立場にある側が,情報優位の立場にある側に対して,情報を自発的に明らかにするよう促す行為です。このような行為も世の中ではむしろ常識となって日常的に存在しています。

　スクリーニングは「ふるいにかける」とか「審査や選別をする」という意味ですから,就職活動のとき,学生の情報に関して情報劣位にある企業が,応募書類として学生に大学名や部活動を書かせたり,志望動機などエントリーシートを書かせたりすることが思い浮かびますが,これらは単なる選考資料の一部にすぎないと考えることもできます。スクリーニングはあくまで経済学上の行為なので,その行為を行う明らかなインセンティブが情報劣位側にあることがとても重要です。

　私はミクロ経済学の専門家ではありませんが,経済学の基本は合理的な経済人が便益と費用を比較して意思決定をする様子を観察するところにあると思います。これには人間に何らかの行動を促すインセンティブというものが作用することを,きちんとした因果関係の推論によって説明することが必要です。シグナリングもスクリーニングも安易な事例を示すことは簡単ですが,まず情報の非対称性というものがあって,だから人は機会主義的行動をとる可能性があり,その行動からアドバースセレクションやモラルハザードという問題が惹き起こされ,この問題を解決しようとするための行動がシグナリングやスクリーニングであると理解する必要があります。

　面接をする際に多くの応募者をあらかじめ振り分けることによって,時間というコストを削減することに企業側の便益があると考えれば,エントリーシートもスクリーニングの役割を果たすかもしれません。

　ただし,スクリーニングの目的は,隠された情報を開示させることで相手がどのような行動をとるかによって,取引相手として適切かどうかを選別することです。適切な取引相手と取引をしないと効率的な価格が市場で成立しないからです。そのための「ふるい分け」や「ふるい落とし」ですから,エントリーシートの例であれば,企業側は,応募者の学生にとって大きな手間と時間がか

かる負担の大きいエントリーシートを要求して，本当にエントリーする気があるのかどうかを「見極める」という方が，スクリーニングの説明としてはより適切ではないかと思います。とりあえず数だけ応募しておこうと考えている学生なのか，本気で当社に入社したいと考えている学生なのかという，企業が知らない学生の情報を開示させる手立てとなります。

市場経済は本当に日本人になじみにくいのか？

欧米の市場主義的な資源配分方法

　ファイナンス理論が日本人の感覚にしっくり来ないと言われることがあります。「日本人」という括りと表現が適切かどうかには自信がありませんが，やはりファイナンス理論の思考回路はアングロサクソンで誕生し，発展してきたものだと感じます。市場価格という概念に対する身構え方やその背後にある信仰という点で，欧米人にはわれわれとは異なるメンタリティが備わっているのかもしれません。

　欧米の経済は市場による資源配分をかなめに発展してきました。特に徹底しているのは米国です。人種も宗教も多様で異なった構成による移民国家が経済大国になった米国の姿は人類史上まれにみる例です。このような複雑多様な価値観の中では，自由市場を起点とした経済社会にすることが最も合理的だったのではないかと思います。

　人種や宗教が違っても，安く買うことと高く売ることがよいのは，おそらく人間であればだれでも同じでしょう。買いたいモノや売りたいモノがある人はだれでも市場に持ってきて売り買いすればいい。どうすれば安く買えるか，どうすれば高く売れるか，それぞれの人が思考を凝らして，いわば人々の英知が結集されて，その結果ついた価格なのだから，これ以上に公平なものはないじゃないか，ということです。

　さらに，市場への参加資格は低くして，なるべく多くの人が集まって，なるべく多くの取引ができれば，市場は正しい答えを出すはずだ，という信念のようなものです。ここでいう「正しい」というのは，市場で価格が調整されることによって社会全体の厚生を最大化するという意味で，アダム・スミスの洞察に根ざしたものです。

日本の優先的資源配分方法

　欧米に対して，日本の経済発展の歴史や近代の金融システムは大きく異なっていました。少なくとも日本の経済は戦中戦後を通して市場を中心に発展する仕組みにはなっていませんでした。20世紀前半の世界的戦争の時代に，奇しくも日本の地政学的特徴が表出し，経済発展の過程にも長く影響を及ぼしました。

　天然資源に恵まれず，海に囲まれた相対的に狭い国土と限られた資源の中で，大国と戦争を行ってきたわけです。そのために必要となる膨大な戦費をまかなうためには，富の配分を市場にゆだねるのではなく，国家によるコントロールを行うことが必然的かつ合理的であったと想像できます。

　簡単な例でいえば，戦時中には，乗用車を作る企業ではなくトラックを作る企業に資源を集中させて物流を効率化させるほうが国策にかなっていたという意味です。国策としての資源の優先的配分は戦後の経済復興の時代にも必然であり，継続されたと考えられます。もともと相対的に希少な富が，市場を通して勝手気ままに分散してしまわないよう，政府指定の銀行団が必要な資金をまかない，政府による資金還流の統制と資源配分が行われ，自由市場を通した資源の配分という本来の経済の仕組みを放棄してきました[19]。ここで日本人が選択したものは，一国全体の経済的福祉が向上するように経済活動を組織できるのは政府だけである，という信念です。

　戦争では力尽きたものの，その後の日本の経済成長を考えれば，このことが必ずしも間違っていたとはいえません。さまざまな経済的な悪習は残したものの，むしろ当時の金融システムとしては功を奏したと評価できるかもしれません。

　欧米を中心に成り立ってきた企業価値という概念が日本人の頭の中になかなかスーッと入ってこないのは以上のような経験の違いによるのではないかというのが私の見解です。

　ただし，これを国民性の違いといってよいかどうかは怪しいところです。なぜなら日本が作ってきた仕組みは戦中戦後という特殊事情を背景としたものであり，その期間は国民性を形成するほど長いともいえないからです。むしろ歴史を振り返ると，日本では江戸時代享保年間すでに極めて進歩的な先物市場が，大阪堂島の米相場に存在していたことがわかります。日本人は市場経済になじまないと一方的に考えるのは，あまり根拠のない単なる印象にすぎないことか

19　1941年には興銀ほか11銀行による時局共同融資団が組成され，資金調達の整備にあたりました。これらが現在のメインバンク制の源流です。この間，株式市場による資金調達はほとんど機能していなかったといわれています。詳細は岡崎哲二『現代日本経済システムの源流』（日本経済新聞社，1993年）をご参照ください。

もしれません。

「ウチの株価は安すぎる」と経営者が言ったとしたら

現在は欧米の市場主義型資源配分がグローバルな規模で支配的となり、日本企業も世界市場をまたにかけて資金調達を行うことが可能となっています。だれもが参加することができ、だれもが苦労なく確認することができる市場の価格によって、世の中の貴重な資源を配分する、というのはそれほど間違った方法ではないような気がします。そう考えると株価はとても公平です。絶対に正しいとはいいませんが、これに勝る仕組みが今のところないとはいえます。しかも、株価は毎日公表されて、万人だれもが見ることができます。

ときどき上場企業の経営者が「ウチの株価は安すぎる」と新聞にコメントするようなことが今でもあります。私のような学者ふぜいが申し上げるのは僭越ですが、これはあまり品のよいコメントとはいえないと思います。制約条件の中で、少なくとも現在の情報に基づいて市場が出した答えですから、安すぎると感じたとしても謙虚に受け止める必要はありましょう。「安すぎる」とコメントする前に努力できることはいくつかあるように思います。市場でついている価格には企業経営者として一定の敬意と理解を示すのも悪い作法ではありません。

第9章 組織の経済学三銃士

「理論の批判は,理論によってしか可能ではない。そしてそれは,それまでの理論が『思考せずに済ませていたこと』を思考することによってのみ可能なのである。」

これは岩井克人先生の言葉です[20]。最初にこの言葉を読んだとき,私はあまりに感動して今もずっと自分の手帳に書きとめてあります。同じようなことを大学院時代にしつこく教えられた記憶もあります。

本章で紹介する「組織の経済学」と呼ばれる理論群は,まさに新古典派経済学が「思考せずに済ませていた」現実を思考して作り上げられた理論です。本章で取り上げるのは,企業は利潤最大化できないという現実に着目した「エージェンシー理論」,市場で取引するには無駄なコストがかかりすぎるという現実に着目した「取引費用理論」,ヒトはモノを完全には所有できないという現実に着目した「所有権理論」の三銃士です。

率直な言い方をすれば,いずれの理論も市場でついている価格は正しくないと主張します。だから,市場機能の自由に任せておいても効率的な資源配分は実現できない。要するに,市場は唯一絶対的な資源配分の場ではないというわけです。

これらの理論は,新古典派経済学が前提とした仮定を緩和することによって,世の中の現象を一歩現実に近づけて考えます。すると,これまで考えもしなかった不確実性を考慮して人間の行動を解明しなければならなくなります。そこで,企業の組織体制に着目したり,社会制度や法規範に注目したりするため「組織の経済学」とか「新制度派経済学」と呼ばれています。組織の経済学によって,企業の組織や戦略,統治のための経済制度など説明可能な範囲が一気に広がります。

この学問的ブレークスルーを果たした代表的な3つの理論について,その成り立ちからコーポレートファイナンス理論への応用可能性までをそれぞれ

---

20 『二十一世紀の資本主義論』岩井克人(筑摩書房,2006年)より。

> 順番に説明していきます。巷間いわれている企業価値概念への誤解を撃破するためにも本章は重要な位置づけとなります。この3つの理論は，本章以降もたびたび出てきますので基本的な考え方を押さえながら進みましょう。

1 エージェンシー理論

企業が利潤を最大化できない理由

　基本的競争モデルをもう一度思い出していただきたいのですが，登場人物は消費者と企業という2つの経済主体でした。消費者は効用最大化し，企業は利潤最大化するために完全合理的に行動するという仮定でした。ここでは企業の利潤最大化が実現しないという問題を取り上げます。

　新古典派経済学では，企業は何かをインプットされると何の苦労もなく当たり前のようにそれを最大化してアウトプットする，単一の経済主体として考えられてきました。しかし，企業の行動といっても，株主が出資して，経営者が経営して，取引先が原材料を売りにきて，従業員が商品を販売しにいって，顧客が買って……というように，前章でも説明したとおり，企業にはさまざまな人々がそれぞれ異なる目的を持って行動しています。

　そして，従業員は高い給料が欲しいけど経営者は安い給料で済ませたいし，顧客は安く買いたいけど営業マンは高く売りたいし，取引先は高く売りたいけど仕入担当者は安く買いたいし……と考え，おまけにさまざまな人々はそれぞれ異なる利害を持って行動しています。現実には企業が利潤を最大化するというような単純な世界ではありません。この複雑な状況を一体どうやって整理すべきか，そこが問題です。

　1976年にジェンセン（M.C. Jansen）とメクリング（W.H. Meckling）が発表した論文は，おそらく今でも世界で最も引用件数の多い経済学の論文の1つだと思います。彼らは**エージェンシー（agency）関係**というキーワードで複雑な企業の行動を整理してみせました。非常に複雑な論文なのですが，わかりやすく言うと，企業はさまざまな人が集まって行動しているが，そのような人々

はそれぞれ依頼する側と依頼される側で契約を締結しており，契約に基づいて行動している．企業はそのような**契約の束**（nexus of contracts）でできている，という内容です．

たとえば経営者は従業員に何らかの仕事を依頼する立場にあり，従業員は依頼した経営者に代わって実際に仕事を行うという立場にあると考えます．このとき，経営者を**依頼人**（プリンシパル：principal），従業員を**代理人**（エージェント：agent）と呼び，依頼人と代理人の関係を**プリンシパル＝エージェント関係**もしくはエージェンシー関係と呼びます[21]．

株主と経営者との間の関係を考えれば株主が依頼人です．株主が依頼人なら株主から依頼されて経営という仕事を行っている代理人が経営者です．このようなプリンシパル＝エージェント関係はわれわれの世の中には無数存在しています．医師は患者から治療を依頼されて実際に治療を行う代理人ですし，建築業者は顧客から依頼を受けて建物を建てる代理人です．

どういう問題が発生するのか？

エージェンシー理論の秀逸なところは，企業を単一の経済主体とみなさずに，株主と経営者を別個の経済主体とみなして，その行動を分析しようとした点です．別個の経済主体というところにまさしくこの理論が射た正鵠があります．すなわち別個の経済主体ですから，それぞれ別個に異なる利害を持っているという意味です．これによって表面的な企業の行動ではなく，企業の中の組織に注意を払わなければならないという新たな視点が生まれます．

そして，別個の経済主体であるということのもう1つの帰結は，情報の非対称性が存在するということです．情報の非対称性はすでに第8章で勉強したとおり，つまり情報が非対称であるためにそれぞれの経済主体は機会主義的行動に出て，アドバースセレクションやモラルハザードという問題を惹き起こすことになります．その問題を解決するためにシグナリングやスクリーニングとい

---

21 最近のコーポレートガバナンスの研究では，経営者と従業員を株主や債権者など複数依頼人の代理人と理解する考え方もあります．また，従業員が企業に対して特殊な能力を提供している（企業特殊的人的資本投資）と考えて，従業員を依頼人とする見方もあります．実際には企業内のエージェンシー関係は非常に複雑です．

う無駄なコストが発生します。しかも，このようなコストが株式会社という器の上で発生するわけですから，当然のことながら企業の価値にも影響を与えるということになります。

具体的なイメージが湧くように株主と経営者とのエージェンシー問題を考えてみましょう。株主は企業に資本を投下して，その資本が経営者によってあますところなく最大限に活用され，その結果，最大化された企業価値によって報われるという立場です。しかし，経営者は株主と異なる利益を追求していると考えます。この経営者の利益を**私的便益**（private benefit）というかなりストレートな言葉で表現します。

たとえば，経営者は平均以上のサラリーをとったり，豪華な社長室を作ったり，必要以上に大きな本社ビルを建てたり，必要もないのに移動用のジェット旅客機を買ったり，モデルクラブから美女を秘書に雇ったりと，自分の立場を利用して企業の資産やキャッシュを私的に流用するというのです。経営者としての手腕を誇示したいあまりに過大なプロジェクトに投資したり，やたらと企業の規模を大きくしたがったりと，無意味な拡大戦略によって過剰な投資をしてしまうともいいます。

このような経営者（エージェント）の行動は必ずしも株主（プリンシパル）の利益を拡大しません。経営者は，株主が望むような企業価値最大化のための行動を常には行わないということです。したがって，新古典派経済学が想定したように企業は利潤最大化できないとエージェンシー理論は主張します。

エージェンシー関係はコストを発生させる

株主と経営者の間にはおなじみの情報の非対称性が存在します。プリンシパルである株主は，エージェントである経営者の能力や行動について情報劣位の立場にあります。つまり，株主は投資する前に経営者が本当に企業価値最大化を実現できる人なのかどうかはわかりませんし，投資した後も経営者が全力で企業価値最大化のために働いているかどうかはわかりません。

一方，情報優位の立場にある経営者は，自分が本当に企業価値最大化を実現できる能力を持ち，行動をとっていることを株主に伝えなければクビになってしまいます。そこで，両者は情報の非対称性を克服するための対応をとる必要

が生じます。

ジェンセンとメクリングは、株主と経営者がエージェンシー問題を解消するためにとる行動によってコストが発生すると主張します。そのコストをエージェンシーコストと呼び、次のような3つに分類しました。

第一に、プリンシパルによる**モニタリングコスト（the monitoring expenditure by the principal）**。これは株主が経営者を監視するためにプリンシパル側から発生するコストです。たとえば企業の決算報告をチェックすること。これもエージェンシー問題がなければ株主にとってチェックする手間と時間をとる必要がありません。株主が企業の工場見学に行ったり、株主総会に参加したりすることもモニタリングコストです。

第二に、エージェントによる**ボンディング・コスト（the bonding expenditure by the agent）**。逆に経営者としては、自分はきちんと企業価値最大化のため努力していると身の潔白を株主に示したいはずです。そのためにエージェント側が発生させる自己拘束コストです。公認会計士を雇って決算書を監査するのはそのためと考えられます。公認会計士に支払う報酬というコストが発生します。

最後は、**残余コスト（the residual cost）**で、上記2つ以外のコストという

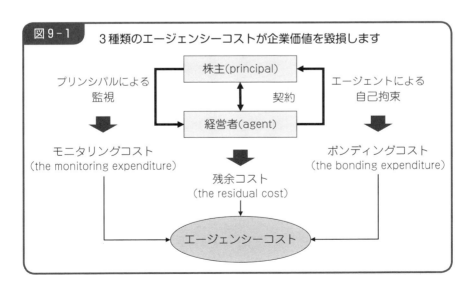

図9-1　3種類のエージェンシーコストが企業価値を毀損します

ことになります。モニタリングしてもボンディングしてもなお株主と経営者の意思決定の間には埋めることができない深い溝があり，それらをまとめて残余コストとしています。

株式市場でついている株価が正しいというのは，企業価値が最大化されていることが前提でした。ジェンセンとメクリングは，企業の経営には以上のようなエージェンシーコストがかかっているため企業価値最大化はできない，つまり株価は本来あるべき価格よりもエージェンシーコストの分だけ毀損されている，と考えたわけです。

コーポレートファイナンス理論への応用

エージェンシー理論は，コーポレートファイナンス理論を飛躍的に発展させます。コーポレートファイナンス理論の基本的な問いかけは，企業は資本をどれくらい正しく事業に投資して企業価値の最大化を実現できるのか，つまり企業はどれくらい効率的に行動できるのかというものです。

エージェンシー理論はこの問いを解くにあたって極めて重要な役割を果たします。なぜ企業はそのような行動を選択するのか，これまであまりよくわかっていなかったさまざまな企業行動をエージェンシー理論が解明していくことになります。

まず，企業はなぜ負債を持つのかということがエージェンシー理論によって説明することができます。企業が負債を負うと，毎年一定の利息を支払う必要がありますし，また，資金繰りを考えないと倒産する危険性も出てきます。そうなると経営者は美人の秘書を雇って喜んでいる場合ではありません。とたんに経営には緊張感が生まれます。株主にとって負債は，経営者に緊張感を持って経営にあたってもらうという意味で有効な手段です。一方の経営者にとっても負債を負うことは，美人秘書を雇っている余裕なんて私にはないんですよと株主に示すエビデンスとなります。

経営者が無駄な投資や過剰な投資を行わないよう規律づけになっているのが負債であると考えられます。つまり，負債は株主によるモニタリングコストと経営者によるボンディングコストを節約する役割を果たし，その分だけ毀損された企業価値を回復させる効果を持っていると説明することができます。エー

ジェンシー理論に従えば，企業が負債を持つことは悪いことではなく，むしろエージェンシーコストによって毀損された企業価値の回復に資すると考えられます。このことは後の章の資本構成理論のところでも詳しく触れます。

　企業の配当政策もエージェンシー理論によって説明可能です。配当を支払ったり，自己株取得を行ったりするためには，企業に内部留保されている現金を使う必要があります。現金を社外に流出させるわけですから，株主にとっては経営者に無駄遣いさせないための手段となり，経営者にとっては無駄遣いしませんよというメッセージになります。負債の話と同じ理屈で，エージェンシー理論に立脚すれば，配当支払いや自己株取得が株式市場で歓迎されるのはエージェンシーコストを節約して企業価値を向上させる可能性があるからです。配当政策とエージェンシー理論については後の章で詳しく説明します。

2 ｜ 取引費用理論

市場での取引には費用がかかる

　取引費用理論（transaction theory）は，1937年に発表されたコース（R.H. Coase）の論文[22]によって取り上げられ，その後ウィリアムソン（O.E. Williamson）の研究[23]によって発展します。取引費用理論も私にとってビンビン来る非常におもしろい話です。明確な因果関係がきちんと理論でつながっていくところがたまりません。研究というものは，先達の理論を批判し，その理論の上に自分のアイデアを積み重ねていくために，推理小説のようにきれいな論理がつながります。

　ということで，また原点の基本的競争モデルから話は始まります。新古典派経済学の真骨頂は，市場に任せておけば効率的な世界が実現する，市場こそ唯

22　コースの論文は日本語で読むことができます。『企業・市場・法』ロナルド・コース（東洋経済新報社，1992年）。私にはかなり読み応えのある本でしたが，必読の古典的名作です。後に出てくるコースの引用はこの著書によるものです。

23　ウィリアムソンの論文も日本語で読めます。『市場と企業組織』ウィリアムソン（日本評論社，1980年）や『エコノミックオーガニゼーション』ウィリアムソン（晃洋書房，1989年）などがあります。

一絶対的な資源配分の場であるという主張でグイグイ押してくるところにありました。主張を支えているのが，人間は完全合理的に行動するという仮定でした。これに対して情報の非対称性という観点から完全合理性の仮定を限定合理性に緩めると，市場価格は必ずしも効率的ではないという主張が成り立ちます。情報が非対称であるため人間は機会主義的行動をとってしまうからです。

　一方，取引費用理論は市場ではそもそも取引費用がかかりすぎると考えます。取引費用と言えば，たとえば株式を売買するにも証券会社に委託手数料を払わなくてはなりません。これも取引費用に含まれますが，ここでの取引費用の意味はもっと広く捉えます。コースは取引費用を次のように定義します。「交渉しようとする相手がだれであるか見つけようとすること，交渉をしたいこと，どのような条件で取引しようとしているのか人々に伝えること，成約に至るまでにさまざまな駆け引きを行うこと，契約を結ぶこと，契約の条項が守られているか確かめるための点検を行うこと等々の事柄」であると。いずれの費用も機会主義的行動をとる人間が相手だから発生する費用です。

　取引の相手が機会主義的行動に出て，市場ではだましたりだまされたりして不良品や粗悪品をつかまされる危険性があります。だまされないよう粗悪品かどうかを確かめて取引するのにも膨大な費用がかかります。このような費用が高すぎると人々は取引するのに市場を使わなくなる。だから市場は資源配分の場として機能しないというわけです。

市場取引の費用が高いと組織化する

　お正月に餅が食べたくなったとしましょう（コースが餅を食べたことがあるかどうか定かではありませんが）。普通の人はスーパーへ行って餅を買うことを考えます。スーパーで餅を買うことが市場取引です。だいたい500円くらいだとします。しかし，賞味期限や産地が偽装されているかもしれません。あるいは添加物などが入っていて安全性が低いかもしれません。

　私ならそんなこと気にしませんが，仮に心配性の人がいて，その餅が安全かどうか調べるのに，実は餅１個につき2,000円くらいの試薬が必要となったら，自分の家で米を栽培して自分で餅を作るという発想もアリです。場合によっては近所の人と協力して，町内会を組織して餅を大量に製造すれば，市場を利用

せずに安くて安全な餅を食べることができます。これは餅の取引が市場的システムから組織的システムに移行したということになります。

私はいくら餅つき大会が楽しいといわれても町内会を組織して餅を作るなど面倒でごめんこうむりたい性格です。町内会にはどんな人がいるかわかりません。私のように情報の非対称性の蓑に隠れて力仕事をサボろうとする人もいるでしょう。そういう人をうまくまとめて餅つき大会まで持っていくことにも費用がかかりそうです（だいたいそんなノンキなことしていたらお正月も終わってしまいます）。要するに、組織的システムにも実は市場的システムと同じように費用が発生します。

だからどうしたということなのですが、取引費用理論はこう説明します。市場には取引費用がかかるが、組織化にも取引費用がかかる。市場の取引費用の方が組織化の取引費用より安ければ人は市場で取引するが、組織化費用の方が安ければ市場は使わない。市場的システムか組織的システムかどちらの費用が安いかによってどちらかが選択されるため、必ずしも市場のみが唯一絶対的な資源配分の場とはならない、と。

ここでいう組織的システムというのは企業のことを意味しています。実は**企業**という場も**市場**と同じように資源を配分するシステムとみなしているわけです。コースはこのような理屈によって企業はなぜできたのかというミステリーを解明しました。すなわち、市場での取引費用が高くなると企業というものが出現することになります。

市場か企業かという選択

市場における取引費用と組織における取引費用について整理をしましょう。原始的には個人が市場で取引を行います。ところが、これまでお話してきたように市場での取引にはさまざまなコストが発生して、人々はそのコストを節約するために市場を使ってモノを調達することをやめます。市場を使わない代わりに、組織化してモノを調達します。だから企業という組織ができます（安全な餅を市場で買うと取引コストが高いので、自分自身で餅の製造会社を組織して餅を作るイメージ）。

最初は小さくて単純な組織でしたが、徐々に人が増えるに連れて上司や部下、

部や課ができて，お互いの駆け引きが始まり，今度はこれが取引費用となります。社内の人間関係で悩んだりするのも広い意味で取引費用です。経営者は従業員の適正を把握しなければなりませんし，従業員の働きを監視する必要も出てきます。市場取引と同じように組織内取引費用が徐々に大きくなります。

　企業は市場の取引費用と組織の取引費用を比べながら，企業によって組織の取引費用が市場の取引費用より高ければ市場から調達し，逆に組織の取引費用が低ければ組織内で内製する，というように行動することになります。このようにして企業の存在理由と企業の最適規模を説明したところがコースの偉大な貢献です。

取引費用が高くなる条件

　市場が唯一絶対的な資源配分の場ではないという取引費用理論の結論はエージェンシー理論と同様です。ただ，取引費用理論では組織が市場に取って代わる資源配分システムであると解釈し，取引費用が高いか低いかによって市場か組織かどちらかが選択されるとしているわけです。市場と組織が代替的な関係にあるという発見から，なぜ組織が存在するのか，組織の規模はどのようして決まるのか，というところまで答えてしまうのが取引費用理論です。

　コースの取引費用理論を継承し，発展させていったのがウィリアムソンです。ウィリアムソンは人間の機会主義的行動に着目して，取引の状況に応じて取引費用が増減することを発見します。機会主義的行動を抑止して取引費用を低減させるための統治制度が必要であることを主張し，さらには企業がなぜ垂直統合や水平的多角化を行うのかを説明しました。

　ウィリアムソンの研究の詳細は著作をあたっていただくとして，ここではウィリアムソンの大きな功績である3つの取引状況の分類についてご説明しましょう。ウィリアムソンは，取引が特殊な資産を対象としているとき（**資産特殊性：asset specificity**），取引が不確実で錯綜しているとき（**不確実性：uncertainty**），取引頻度が低いとき（**取引頻度：frequency**）に取引費用が高くなると説きました。

　たとえば自動車メーカーが部品メーカーに部品を発注するのは一般的な取引ですが，その部品がその自動車メーカーだけにしか使えないような特殊な部品

の場合，資産特殊性取引という分類になります。

部品メーカーは，その部品製造のための特殊な機械を導入しますが，いくら量産してもその特殊な部品は他の自動車メーカーに売ることはできません。自動車メーカーの立場としても，特殊な部品なので他の部品メーカーに発注することはできず，その部品メーカーの能力に依存することになります。

持ちつ持たれつでよいじゃないかという気もしますが，ウィリアムソンは，特殊性資産への投資によりお互いが弱みを握ることとなり，機会主義的行動が起きやすいため取引費用がとたんに上昇すると主張します。

お互いの弱みを握ることをウィリアムソンは「人質」と表現しています。自動車メーカーの立場からは，部品メーカーに対して「ウチが取引やめたらオタクはやっていけないんだから安くしてよ」と脅しをかけることができますし，逆に部品メーカーからは，自動車メーカーに対して「ウチしか作れない部品なんだから高く買ってよ」と脅すことができます。相互依存の関係にある特殊性資産では，このように交渉の取引費用がかえって高くつくことになります。

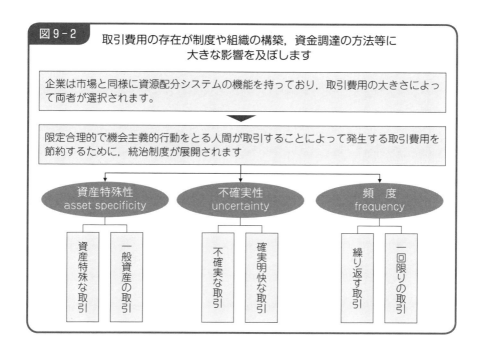

図9-2　取引費用の存在が制度や組織の構築，資金調達の方法等に大きな影響を及ぼします

ウィリアムソンによる2つ目の取引状況の特徴分類は不確実性です。取引相手の情報が得られないような不確実で錯綜した取引としています。今でいえばネットでの取引などが不確実性取引のよい例かもしれません。売り手は「どこのだれだかわからない人間から買うんだから安くしてよ」という買い手と交渉し，また買い手にとっては「買いたい人は他にもたくさんいるんだぜ」という売り手に対して交渉が必要です。

アマゾンなどで古書を買う場合など出品者（取引相手）の情報が「過去12ヶ月で98％の高い評価（12,345件の評価）」などと表示されていますが，このように過去の取引情報を収集して開示する手間は典型的な取引費用といえます。不確実性が高いと取引費用も高くなります。

3つ目は頻度。たとえ相手が限定合理的で機会主義的行動をとるとしても，何度も頻繁に取引しなければならない状況にあれば取引費用は節約されます。取引回数に応じて相手の情報を収集することができますし，取引を繰り返す必要があればいちいち交渉のたびに機会主義的行動をとることは無駄です。そのうち「まいどありっ！」という関係になっていきます。取引頻度の高さは取引費用を低下させ，取引頻度の低さは取引費用を上昇させます。

企業はなぜ多角化するのか

ウィリアムソンによれば，唯一絶対的な資源配分システムというものは世の中に存在しません。取引費用に応じて，市場が選ばれたり，組織が選ばれたりします。ウィリアムソンのアイデアによって，企業のアライアンス戦略を説明することができます。

自動車メーカーが部品メーカーに発注している部品が一般的な部品で資産特殊性が低い場合，もし部品メーカーが交渉を仕掛けてきて自動車メーカーにとって取引費用が高いと思えば，自動車メーカーは取引相手を容易に換えることができます。どの部品メーカーでも製造することができる一般的な部品なので，市場で他の供給者を見つけることが可能ですから，市場取引のほうが有利です。

しかし，取引相手である特定の部品メーカーしか作れないような資産特殊性が高い部品を納入している場合，駆け引きが起きると自動車メーカーは市場の

高い取引費用を支払う必要が出てきます。そこで，自動車メーカーは市場的システムではなく組織的システムを選択します。すなわち，その取引相手である部品メーカーを買収することによって組織内に取り込んだほうが効率的だと考えます。これが取引費用理論による垂直統合の理由です。

これまで企業の垂直統合は生産コストの低減がその理由と考えられていました。しかし，生産コストの節約が目的であるなら業務提携など長期取引契約によって実現可能です。わざわざ合併する理由がありません。ウィリアムソンの取引費用理論における資産特殊性取引の考え方によって，垂直統合という企業行動のミステリーがまた1つ解決されたことになります。

垂直統合だけではなく，企業の水平的多角化戦略も取引費用理論によって説明可能です。先ほどの自動車メーカーが，自社のみの特殊技術や高いブランドを持っているとしましょう。その技術を生かせば装甲車事業に参入することができるし，あるいは高いブランドを生かして小型車事業に参入することも可能であるとします。この場合，最初に考えられるのは単純にその技術やブランドを他社に売却して相応の利益を得るという選択肢です。これは市場取引です。

しかし，技術やブランドこそ特殊性資産ですから，市場では当然さまざまな駆け引きをしなければなりません。まず技術やブランドという複雑な評価を適正に行うことができる相手を探さなければなりません。そして，相手と交渉し，双方が納得できる条件を提示し，合意し，契約を結ぶまでには相当の取引費用が発生します。取引費用の発生によってなかなか正当な市場評価が得られないとすれば，市場で売却するのではなく，組織内で装甲車事業か小型車事業の新規事業を行うという選択をすることになります。結果として多角化戦略が展開されます。

一方，組織内で新規事業を立ち上げて多角化すると，今度は組織内の取引費用が発生します。だれを新規事業の担当者にするか。情報の非対称性があります。出世争いや資金投入をめぐって機会主義的行動が社内で炸裂するかもしれません。そんなこんなで意思決定に時間はかかるわ，無駄な費用は出て行くわで，組織内の取引費用はばかにならなくなります。そして他社に事業売却を行うという結果になります。

ウィリアムソンがどこまで想定していたかわかりませんが，ここ数年で起き

ている事業売却や事業のアウトソーシングなど，従来は組織内で行っていたことを市場を使ってどんどん"外出し"していくという企業の意思決定は取引費用理論で説明が可能です。

なぜ会議ではだれも発言しないのか

　取引費用は私たちの日常生活のいたるところに顔を出します。ずっと昔，私がまだ若手の投資銀行マンだった頃，多くの企業を担当していましたが，強烈なキャラが光るワンマン社長とのお付き合いはなかなか楽しくも勉強になる経験ばかりでした。ただ，そのような企業と社長を交えたミーティングをしますと，同席する管理職や社員の方々はみなさん社長の顔色を伺いながら行動します。担当者の私としては，社長の考えも重要ですが，現場に近い管理職や社員の方々のアイデアこそ貴重です。同社製品の強みや弱みは実際のところ営業現場ではどうなのか，顧客のニーズや業界トレンドは変化しているか，あるいは同社の経営計画を現場はどのように理解して実践されているのか，などといった情報が欲しいのですが，ワンマン体制下にあるミーティングでは本音が出ません。社長と現場社員の間にある情報の非対称を解消し，より効率的な経営をしていくほうが，それこそ資本コストの低減にもつながるはずですが，なかなかそうはいきません。

　社員にとっては，このワンマン体制の中で積極的に発言し，管理職を通して社長に進言するには，社内の多大な交渉プロセスを経る取引費用があまりにも高くつきます。社内の常識や仕組みを乗り越える精神的な疲労や万が一失敗した場合のリスクなど，すべてが取引費用です。これらの取引費用を考慮すれば，会社が多少非効率な経営を行っていても，社員にとってミーティングでは黙ってニコニコ話を聞きながら従っているほうが合理的という判断になります。

　ワンマン経営の担当企業を笑っている場合ではありません。自分の会社に戻ってくれば，まったく同じような仕組みで同じような会議が自分の会社の中で行われていることに気づきます。カネや出世や立場が絡むビジネスの世界だけに取引費用が大きくなるのは仕方ないと思っていましたが，場所が大学に移っても実はほとんど事態は変わりません。

　月に1回，私は教授会や学内の委員会などという会議に出なければならない

のですが，投資銀行から来た私にとっては，世の中にはまだこうやって非効率な時間を過ごす方法というものが絶滅せずに生き残っていたのかと感心させられます。大学の先生が考えたり，決めたりする必要があるとはとても思えないような議題から屈辱的な作業まで，教授会や学内委員会の内容は実にバラエティに富んでいます。こうして教育と研究という重要な仕事の時間が奪われていることに問題を感じている教員もいるとは思いますが，「こんなバカバカしいことやってないでみんなちゃんと教育と研究に専念しようよ」と声を上げる取引費用は教員にとっては高いため，黙って一日会議室に座っているほうが合理的な選択となります。

　私が大学に赴任した当初は，物珍しい出し物を見ているような気分で飽きなかったのですが，さすがに温厚な私も最近は時として反抗して見せます。すると意外に取引費用は低かったり，逆に予想もしなかった取引費用が発生してヘンなことになったりします。

　取引費用の存在によって組織の非効率は改善されることなく，やがては悲劇を生むはずです（大学の場合は往々にして喜劇だったりもします）。組織は進化することなく，いずれ淘汰の憂き目に会うと思いきや，しかし，意外としぶとく生き残っています。現にこうしていくらでも組織の例が挙げられる（きっと読者の皆さんも「ウチの組織もそうだな」と思われる）ということは，非効率な組織がそれでも存在し続けているわけですから，この点は取引費用理論だけでは説明できないミステリーといえるかもしれません。

なぜ旧日本陸軍は白兵突撃戦術を続けたのか

　私にとっては重要ですが，読者の皆さんからすれば大学の教授会ごときで起きる取引費用の問題など世の中にとって取るに足らないものだと思われるかもしれません。しかし，取引費用は日常のいたるところで発生するために，人間の生死や国の存亡にも影響するという分析もあります。菊澤研宗先生の『組織の不条理』は旧日本軍の戦闘行動を取引費用はじめ組織の経済学理論群によって分析し，旧日本軍が不条理な行動に陥った原因を明らかにしています[24]。

　たとえば菊澤先生の分析のひとつには，太平洋戦争におけるガダルカナル島戦で，近代兵器を駆使した米軍に対して銃剣突撃の白兵戦を三度繰り返して全

滅した旧日本陸軍の行動分析があります。「銃剣突撃は当時の日本陸軍にとって，日清・日露戦争以来長い年月と多大な費用をかけて練り上げられた伝統の戦術」[25]であり，この白兵戦を前提として「戦車は軽量中型が開発され，銃も手動式連発小銃が開発されてきた」といいます。さらに菊澤先生によれば「組織文化や教育訓練も白兵戦を基礎とした精神主義を貫き，戦略組織さえも歩兵中心の構造」でした。

このように多大な投資が長年行われて確立している陸軍伝統の白兵突撃戦術を途中で変更するには，反発する多くの利害関係者を説得し，過去の投資を無駄にするなど計り知れない膨大な取引費用がかかると想像できます。そのため，「たとえ白兵戦が非効率であったとしても，巨額の取引費用を負担するより，その戦術のわずかな可能性にかけるほうが合理的」であったとしています。

インパール作戦もジャワ島も沖縄戦も戦艦大和の出撃も，あらゆる深刻な作戦失敗が組織の経済学によって説明可能です。大学の教授会ごときで嘆いている場合ではありません。

個別効率性と全体効率性は一致しない

菊澤先生も強調されていることなのですが，重要なのは組織をこのように不条理な行動に導くのは，「人間の非合理性ではなく合理性にある」という点です。組織の経済学は，あくまで人間は効用最大化するが，ただしそのための行動は完全に合理的ではなく限定的に合理性があるということを前提にしています。ところが，個人にとっては黙って何もしないほうが合理的なのですが，全体の効率性にとっては不条理な結果を生んでしまいます。人間の行動が限定合理的であるために，個別効率性と全体効率性は一致しないということです。

そして，もう一点重要なことです。菊澤先生は「このような不条理な行動は決して非日常的な現象ではなく，条件さえ整えばどんな人間組織も陥る普遍的な現象であり，現在でもそしてまた将来においても発生しうる恐ろしい組織現

---

24 菊澤先生はこれ以外にも企業の行動やコーポレートガバナンスなど幅広い問題を組織の経済学によって次々と明らかにされています。私にとっては個人的にも胸のすく思いのする研究ばかりですが，特に『組織の不条理』（ダイヤモンド社，2000年）はじっくり読むことをお薦めします。

25 本節の引用はいずれも前出の『組織の不条理』より。

象なのである」と警鐘を鳴らしています。企業の組織を見ていても，大学の組織を見ていても，政治の組織を見ていても，あるいは学生たちを見ていても，私は菊澤先生ご指摘のとおり「恐ろしい」と感じることがよくあります。

これまで旧日本軍の失敗に関する研究は，戦場という異常な状況で発生した例外的な人間の非合理的行動に起因しているとされてきました。しかし，菊澤先生は「普遍的に起こる人間の合理的行動による現象」であると解釈されています。どこにでもいる人間の普通の行動が悲劇を生んだという点がとても「恐ろしい」と思います。

取引費用の存在は，このようにして企業の行動に作用して，企業価値に影響を与えるというのが本節の趣旨ですが，同時に取引費用理論は，組織の1人としての生き方にも示唆を投げかけているような気がします。組織の一員として仕事をしていると自分ではコントロールできないことだらけです。組織人の多くは取引費用を過大に感じ，その人たちは（意識するかしないかは別として）ただひたすら一心不乱に「長いものに巻かれる」行動に情熱を燃やします。組織は思考停止したままあらぬ方向に向かっていきますが，もはや自分1人の力ではどうすることもできません。

このようなコントロールできないことに対してストレスを感じているよりも，自分でコントロールできる部分がどこかを見抜いて，まずはコントロールできる範囲で自分が信じる仕事に邁進するしかありません。たとえその人が自己実現できたとしても組織の不条理な行動は止まらないということです。

取引費用理論。語れば議論の尽きないおもしろいテーマですが，いずれにしても取引費用が存在するため市場が必ずしも唯一絶対的な資源配分の場ではないという主張です。企業価値が常に最大化されて株式市場で観測されるとは限らない現実を説明するための重要なロジックとなります。エージェンシー理論と同様に企業の資本政策や配当政策といった企業行動の謎を解き明かす鍵となって，この後の章にも出てきますので楽しみにしておいてください。

3 | 所有権理論

所有権がないと市場取引は成立しない

　組織の経済学理論群の3番目に登場するのは**所有権理論**です。これも新古典派経済学の仮定である，市場が唯一絶対的な資源配分の場としての役割を果たすという主張に対する批判から派生しています。

　ところで，市場が資源配分の場として機能するためにはだれもが自由に市場に参加して自由に取引できることが前提です。これは**自由主義経済**という資本主義の重要な原則となっています。すなわち，だれもが自由に自分のモノを市場に持ってきて売ることができ，必要とするモノがあればだれもが市場で買って自分のモノにすることができるという原則です。

　当たり前ですが，「他人のモノ」を買えば「自分のモノ」になり，「自分のモノ」を売れば「他人のモノ」になります。となると，まず買ったモノが「自分のモノ」になるという権利が保障されていないとだれも市場で取引する人はいなくなります。そこで，世の中にあるモノにはすべて**所有権（property rights）**が存在するという制度が必要です。このことを**私有財産制度（private property）**と呼んでいます。

　われわれの住む社会では，原則としてすべての財は個人によって所有されており，かつ個人の所有権が法律によって保障されています。私有財産制度は，自由主義経済の原則と並んで資本主義の根幹を成すもう1つの重要な大原則です。この大原則によって市場取引が実現しています。

　所有権理論は，所有権の帰属という観点から問題を提起します。たとえば，私が文具店でお金を出してボールペンを買えばボールペンは私の私有財産として所有権を主張することができます。ところが，買ったボールペンを研究室に持って帰って書こうとしたら書けない，となれば当然買った文具店に返しにいきます。文具店の店主もボールペンに不具合があれば笑顔で取り換えてくれるのが普通です。

　これは私も店主も，私が主張している所有権はボールペンの形をした棒状のプラスチックにあるのではなく，書くという機能を含んでいることに合意して

いるからです。よほどのマニアでない限り，車も走らなければただの鉄の塊ですし，冷蔵庫も冷えなければ粗大ごみです。われわれが市場で取引しているのは，財そのものに対する物理的な所有権ではなく，財が持つ特性，機能，性質などに関する所有権です。

　このことを最初に言及したのは1967年に論文を発表したデムゼッツ（H. Demsetz）です。これによって話は俄然おもしろくなります。所有権理論の基本的な問題意識を要約すれば次のようになります。「市場で取引されているものは，新古典派経済学が想定しているような財そのものとは限らない。財にまつわる機能や性質が市場で取引されていると考えるべきだ。しかし，人間は限定合理的にしか行動できないため，財が持つ多様な機能や性質を十分に理解して生かすことはできない。したがって，すべての財の所有権をだれかに帰属させるには費用がかかる。だから市場での取引によって効率的な資源配分はできない」というものです。エージェンシー理論や取引費用理論と同様に市場取引の限界を主張する結論となります。

タバコの煙はだれのもの？

　私有財産制度を原則とした市場取引が目指したものは，需要と供給によって市場の価格が調整され，財を最も有効に活用できる人が財を所有し，効率性が達成される世界です。この世界では，人間が完全合理的に行動することが前提ですから，市場参加者は取引対象となる財を正確に把握し，自分にとって必要かどうかを瞬時に判断することができます。

　そして，必要と判断すれば市場で財を購入し，必要ではないと判断すれば市場で売却をして他人に所有権を移転させます。その財が自分にとって必要かどうかという判断や取引に伴う費用は一切生じることなく最終的には市場を通じてすべての人が財を効率的に所有している状態が生まれることになります。この状態を**内部化された状態**といいます。私有財産制度によって所有権を完全に誰かに帰属させることができれば，つまり内部化できれば市場が唯一絶対的な資源配分の場として機能します。

　しかし，人間が限定合理的で競争が不完全である現実世界を前提とすればこの風景は一変します。市場参加者は取引対象となる財の特性を正確には把握で

きないため完全に所有権を誰かに帰属させることはできません。財の特性は必ずしもそれを活用できる人に帰属されず，場合によっては何の関係もない別の人に帰属されてしまう可能性があります。その結果，市場は効率的な資源配分を行う場として機能しなくなります。この状態を**外部性**（externalities）といいます[26]。

講義のネタバレになってしまうのですが，私は教室でここまで話をするとやおら教卓に寄りかかって「やれやれ，ちょっと一服させてね」といいながらポケットからタバコを取り出して口にくわえます。学生たちは「えっ？」という声にならない声を出して教室がざわつきます。

私は平気な顔をしてジッポのライターをタバコに近づけ，今にも火をつけようとした瞬間に「なんちゃってね」。学生はそこで安心するのですが，講義がこのあたりのくだりまで進んでくると学生たちも「このオッサンならやりかねない」と私の性格も徐々に理解されてきます。

さて，私が実際にタバコに火をつけて一服したらなにが起きるか。その瞬間，私は一休みできるのですが，後々いろいろと面倒なコトが起きると思われます。とりあえずは火をつけるので煙が出ます。本当なら煙をくゆらせながら学生にこう聞きたいのです。「このタバコ，私がコンビニで買ってきたものなので間違いなく私のものだが，この煙は一体だれのものかな？」と。

仮に私のものだと学生が答えても，吐く煙まで私にはコントロールできません。その煙は最前列で熱心に私の講義を聴いているまじめな女子学生のおしゃれなセーターをタバコ臭くしてしまい，場合によっては彼女の健康にも被害を及ぼします。

タバコを買って利用することによって，私は一休みできるというプラス効果がある反面，タバコは学生の衣類を汚し，健康を害するというマイナスの効果を発生させます。しかもマイナス効果は私に帰属するのではなく，まったく何の関係もない学生に帰属されてしまいます。これが外部性です。外部性につい

---

26 Coase（1988）は外部性の定義を「誰かの意思決定が，その意思決定に関わってはない誰かに影響を与えること」としています。彼によれば，外部性という用語は「外部経済ないし外部不経済」という語句が置き換えられたもので Samuelson（1958）によって造語されたといいます。経済学の基本用語です。

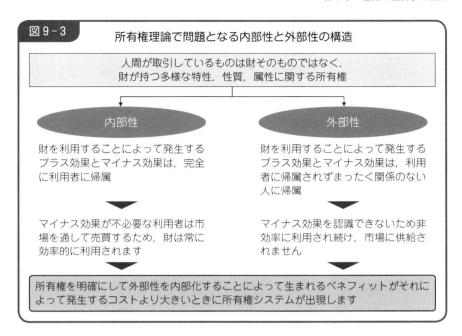

図9-3 所有権理論で問題となる内部性と外部性の構造

ては工場が出す煤煙や廃液による環境問題の経済性など幅広い研究が進められてきました。ここでは深く立ち入りませんが，1989年にポリンスキー（A.M. Polinsky）が唱えた公害問題の事例は，代表的なものとして今でも経済学の教科書で使われています。

実はあいまいなほうがよい？

 もしも完全競争市場が実現しているならば，私は自分に必要なタバコの機能としての吸った煙のみを市場で買って，吐いた煙は不必要なものなので市場に売ればよいということになります。タバコのプラスとマイナスの効果を両方とも完全にだれかに帰属させるということを意味します。これが先ほどの内部化です。もちろんそのようなことできるはずがありません。

 そこで問題は，所有権をだれかに明確に帰属させる，つまり内部化することが本当に効率的かどうかという点です。しかし，所有権を明確に決めて内部化するためには前節の取引費用がかかるケースがほとんどです。

たとえば工場の廃液によって川が汚れるという公害問題を考えると，川の水は工場のものか住民のものかという所有権の問題が起きます。そこで，工場と住民との間で交渉をすることになります。しかし，一般的には川の水の所有権を争う交渉ではなく，賠償問題になるのが普通です。もし工場も住民も完全合理的に行動できるなら取引費用なしに一瞬にして賠償金額が決定します。両者が瞬間的に汚染状況を調査して被害額を正しく見積もって問題は解決となりますが，実際には両者の間で交渉を行うための多大な費用がかかります。

先のデムゼッツは，このように所有権問題に端を発する交渉によってかかる取引費用に着目しました。そして，所有権を明確にすることによって得られるベネフィットのほうがコストより大きいと所有権の帰属が明確となり（外部性が内部化され），コストのほうがベネフィットより大きい場合には所有権を不明確なままにしたほうが効率的になると説明しました。この「あいまいにしておいたほうが安くつく」という所有権理論の結論にシビれます。領土問題が典型です。竹島や尖閣諸島問題。もはや政治的イデオロギーの問題になってしまいますので，ここではよい例ではありませんが，領有権を明確にしようとしたとたんに大変なコストが発生していることがわかります。

企業の所有権をどう考えるべきか？

私は所有権理論に依拠したコーポレートファイナンス分野の実証研究を行っていますが，その過程でいつも避けられないのが「会社はだれのものか」という株主の所有権に関する議論です。ひところ盛んに議論されましたが，実をいうと私はあまり生産性の高くない論争だと考えています。詳細は私の前著をお読みいただくとして，ここでは仮に企業が株主のものであるならば，株主は企業の一体なにを所有しているのかということを説明し，その所有権が企業価値という観点から妥当なものかどうかを考えてみたいと思います。

まず，会社はだれのものかと聞かれたら，それはやはり株主のものだというのが最も論理的にスッキリした答えです。これに対してステークホルダーのものだという考え方があります。しかし，株主のものではなくて経営者のものでなくてはならない理由や，従業員のものであって株主のものであってはならない理由はなかなかうまく成立しません。企業は所有者のために経営が行われて

いると考えるのが妥当だと思いますが，株主のために経営を行っている企業は同時に各ステークホルダーのために経営を行っているのであって，必ずしも株主と他のステークホルダーの両者が所有権において対比関係になっているわけではありません。

　私はステークホルダー説が間違っていると批判するつもりはありませんし，ステークホルダー全体のために企業が存在すると言葉にすることにも違和感は覚えませんが，ステークホルダー説は厳密な議論になりにくいと思います。企業はみんなものだといわれても次のアクションにつながりませんし，新たな議論に発展しません。

　そこで，次のように考えたいと思います。再び市場での取引についてです。そもそも所有権は，市場で取引を成立させるため私有財産制度の原則から必要となった概念でした。完全競争市場では，なにが自分にとって必要か不必要か，どれくらいの価格で売買すべきかという判断は各経済主体が瞬間的に行うことが原則ですから，どの財をどれくらいの価格で売買するかというリスクはそれぞれの経済主体本人に帰属されることになります。売買におけるリスクを帰属させる主体があらかじめ決められていなければ市場での取引自体が成立しません。

　この問題を解決するのが私有財産制度です。この制度によって財の所有権を法律で認め，その所有者に取引のリスクを帰属させる仕組みになっているわけです。先のデムゼッツの「財の特性に所有権がある」という定理からも，財が持つ不確実性いわば取引のリスクを負う人を財の所有者と定義していることが明らかです。つまり，「所有者」とは取引の「リスクを負う人」であるという取り決めが存在するため市場が成立していると考えられます。

　さて，企業も市場で取引される対象ですから取引リスクを帰属させる所有者が必要です。では企業のリスクはだれが負っているのでしょう。会社を清算する場合，最後に残ったものがあったら受け取れるというのが株主の残余請求権でした。つまり会社のリスクをとっているのは株主と考えられます。

　したがって，会社の所有者は株主です。「所有者＝リスクを負う人」➡「会社のリスクを負う人＝株主」➡「会社の所有者＝株主」という三段論法によってこの理屈が成り立っています。

株主は株式を保有していることが立場の背景ですから，株式を売却すれば会社から容易に退出できます。さらに他の株式を同時に何社も買って分散投資することができます。つまり，株主は他のステークホルダーに比べるとリスクの許容度が圧倒的に高いといえます。リスクの許容度が高い人にリスクをとってもらうことは経済合理性にもかなっています。だから株主に所有権を持たせればすべてが丸く収まります[27]。

　私は株主至上主義を唱えているのではまったくありません。株主に所有権があると考えることは他のステークホルダーの利害を無視したり，株主以外のステークホルダーを株主よりも下位に見たりしているということではありません。ステークホルダーという概念は，企業と関わる経済主体を利害によって分類し，経済活動におけるそれぞれの役割を表した単なる符号にすぎません。

　というのも，社員持ち株制度を導入している企業であれば社員は従業員でありながら株主でもあり，取引先持ち株会を導入していれば取引先であると同時に株主でもあります。誰が株主で，誰が経営者かという特定性にはほとんど意味がありません。冒頭でも申し上げたとおり，株式会社は人為的に作られた制度にすぎません。以上は，制度の仕組みとして「企業の所有者は株主である」理由です。

株主が所有しているもの

　では，株主が企業の所有者だとして，問題は「株主は一体企業のなにを所有しているのか」ということです。株式会社といっても物理的な実態がありませんから，まず思い浮かぶのは企業の資産です。もし株主が企業の資産を持っているとしたら何が起きるでしょう。

　そうなると，ファーストリテイリングの株主はユニクロの店頭に赴き，自分の好みの色とサイズに合った陳列棚のポロシャツを着てそのまま代金を支払わずに帰ることができます。店頭に並んだ売り物のポロシャツはファーストリテ

---

[27] この議論には参照すべき文献が数多くありますが，若杉敬明『入門ファイナンス』（中央経済社，2004年）は非常にわかりやすくて参考になります。若杉先生は「会社は株主のものという考え方はあくまでも経済的な観点からの実質的な思考によるもの」とおっしゃっています。この本もファイナンスの考え方が実にすっきりとコンパクトにまとめられた良書です。

イリングの流動資産として計上され，株主に開示されている企業の資産です。「私，株主ですから」と主張するそのような客がユニクロに列をなしたとしたら，たとえ「株主重視経営」を標榜する企業でも警察に通報しないわけにはいきません。

これは岩井克人先生の「会社の二階建て構造論」で用いられた例に倣っています[28]。岩井先生によれば「会社資産の所有者は，株主ではなく法人としての会社」であり，「株主とは，この会社の所有者」であると説明されています。つまり「株式会社とは，株主が法人として会社を所有し，その法人としての会社が会社資産を所有する」という構造になっているということです。この二重の所有関係を「会社の二階建て構造論」と呼んでいます。

岩井先生の理論は，グロスマン（Grossman），ハート（Hart），ムーア（Moore）などによって提唱された所有権の役割に矛盾しないと私は考えています。彼らは「所有権は財の所有者に財を自由に使用する決定権を持たせる役割がある」と主張しています（1986年と1990年に発表された論文）。つまり，株主は企業の資産を所有しているのではなく，資産に対する決定権を所有しているのであり，その決定権は株主総会を通じて判断の上，行使されるということになります。

企業を所有するということは，従業員を雇用し，解雇し，製品や価格や販売方法など会社としての政策を決定し，その利潤を自分に分配できるということを意味しています[29]。だからこそ「企業を所有している」という状態は，資産そのものの所有権ではなく，企業に帰属する資産の使用について決定を行う権利（残余コントロール権：residual rights of control）と企業に発生する純収益を受け取る権利（残余請求権：residual rights of claimant））という2つの

28 　岩井先生の論文は非常にやさしい日本語で読むことができます。「会社の二階建て構造論」はさまざまな著書に詳しく書かれていますが，『会社はだれのものか』（平凡社，2005年）や『会社はこれからどうなるのか』（平凡社，2009年）など必読の書は多数です。これぞ論理展開のお手本という本で，私は岩井先生の著書を毎回読むたびに自分のアタマがよくなったような心地よい錯覚に襲われてしまいます。『経済学の宇宙』（日本経済新聞出版社，2015年）は岩井理論の集大成で，私は読みながら涙が出るほど興奮しました。学生にとって必読の書です。

29 　先に紹介したMilgrom/Roberts（1992）は所有権についてこのように言及し，具体的には残余コントロール権と残余請求権の2つの問題が存在するとしています。

権利によって裏づけられているわけです。

　株主は企業の何をどのようにして所有しているのかという問いに対しては，企業の資産の使用方法を決定する権利と発生した利潤を分配する権利を所有し，その権利は株主総会を通じて行使されるという答えが用意されています。

株主が所有できないもの

　企業の所有権は株主にありますが，所有権とは企業の資産の使用方法を決定する権利，ならびに発生した利潤を分配する権利にすぎません。ところで，企業の資産といった場合，物的資産のみではなく，人的資産や知的資産などの目に見えない無形資産も含まれています。理論的には無形資産に対しても株主の決定権は同様に及ぶことになります。

　しかし，たとえば経営者の知識や従業員の技術といった知的資産の使用方法を株主が決定することは困難です。そもそも情報の非対称性がありますから，株主は現場に必要な知識や技術を評価することはできません。熟練工の従業員の能力を評価し，昇進させる判断を株主に任せることは逆に非効率を招きます。

　また，人が持っている知識や技術をその人から切り離して所有権を行使することも実際には不可能です。株主総会の決議によって経営者を更迭することはできますが，経営者が持つ能力や情報，ネットワークなどを分離して企業に残すことはできません。経営者は更迭されてもそれらの知的資産を企業から持ち去ることが可能です。さらに，従業員がチームを形成して仕事をするなど知識や技術は結合しながら変化し，応用されることが一般的です。そのような複雑な資産に対して株主が権利を主張してコントロールすることは株主自身も望まないはずです。

　つまり，株主が企業資産に対する決定権を持っているとしても，現実的には株主がその権利を行使して企業を完全にコントロールすることは不可能な場合が多いと考えられます。ただし，どのようなケースが可能で，どのようなケースが不可能かという取り決めが事前になされているわけではありません。そのため株主と経営者の間には所有権の行使をめぐってさまざまなコンフリクトや外部性が生じることになります。両者は交渉を行う必要がありますが，まず交渉にかかるコストが企業価値を棄損し，両者の交渉は必ずしも企業価値にとっ

て効率的な意思決定には帰結しないことが多いのが現実です。

　このように所有権理論を背景にして考えると，単純に「会社はだれのものか」という問いに答えられたところでなにかが解決するわけではないということがわかります。したがって，コーポレートガバナンスの問題も一筋縄ではいきません。ここでは問題提起のみにとどめておきますが，企業の所有権を株主に完全に帰属させ，株主の支配力を強化するという方向性が必ずしもコーポレートガバナンスの制度として効率的とはいえない，というのが私の研究における問題意識です。所有権理論のフレームワークは第12章の人的資本管理の議論で再び活用します。

4　新たなアプローチ

　本章では，組織の経済学について話を進めてきました。経済学は，世の中の限りある資源がどのように配分され，それを人間がどのように活用するかを考える学問です。この問いに対して新古典派経済学は完全合理性を仮定して競争市場が果たす役割に比重を置いたアプローチを行いました。コーポレートファイナンス理論は新古典派経済学の恩恵を受け，企業価値の考え方や株式市場が果たす役割を明らかにしてきました。ある意味，コーポレートファイナンス理論がひとつの学問体系として成立している背景といえます。

　一方，組織の経済学は新古典派経済学の厳しい仮定を1つひとつ緩めることによって，さらに実践的な視点から経済学が設定した問いに挑んできました。そして，経済学で用いられた理論を，従来経営学分野で探求されてきた問題に応用し，これまであまりよくわかっていなかった現象を説明することに大きな成功を収めています。

　組織や制度の役割に比重を置いたアプローチが組織の経済学の特徴でした。しかし，経済学の問いに対する探求はさらに進み，限られた資源を人間が活用する現象を説明するためには人間の心理，それも矛盾だらけの人間行動そのものに着目していかなければならないというのが現在の潮流だと思います。

　2002年にカーネマン（D. Kahneman）とトヴァルスキー（A. Tversky）がノーベル経済学賞を受賞したことをきっかけに一躍注目を集めているのが，ご

存知のとおり経済心理学や行動経済学です。この分野も日進月歩の発展を遂げており，この分野の理論を実証するための実験手法も驚くほど高度になっています。最近では医療技術を駆使した実験を行った論文なども見かけ，研究者の私にとってはスゴイ世界になってきているという興奮を覚えると同時に，従来のような半端な研究費ではとうてい太刀打ちできないのではないかという脅威も感じます。

　このような分野の研究がどこまでコーポレートファイナンス理論に貢献するのか，どのような位置づけとして扱われていくのか，依然として発展段階にあると思われます。極めて興味深い研究が数多く行われていますが，それだけに一方では，この分野の研究は玉石混交(ぎょくせきこんこう)だという慎重な見方があることも事実です。ただ，行動科学的アプローチはコーポレートファイナンスの分野にも応用され，真理の探求が進められているということのみ記してこの章を終わります。

第10章 なぜMM理論はすごいのか
～資本構成の理論

　これまで学んできた企業価値の仕組みと市場の限界という知識を使って、本章では企業の資本構成に関する理論を考えます。

　企業は債権者と株主から出資を受けて事業を行います。そこで、事業に必要なお金のうちどれくらいを債権者からの他人資本によってまかない、どれくらいを株主からの自己資本によってまかなうかというのが資本構成の問題です。

　無借金で事業を行うのか、はたまた半々くらいでやっていくのか、要するに企業は一体どれくらいの借金をすればよいのかという悩ましい選択です。企業の資金調達の方法に関する問題ですからコーポレートファイナンス理論においては非常に重要なテーマとして位置づけられています。

　なぜ悩ましいか。それは企業価値を拡大することが企業の目的ですから、企業価値を拡大するための最適な資本構成というものがあるはずだと考えてしまうためです。

　「借金は悪だ。やはり自前で事業を行っているほうが安全だ。」と考える経営者もいるでしょう。新聞でもときどき「無借金経営」などという言葉が出てきて肯定的に捉えているのを見かけます。逆に「借金ができるというのは信用力の証だ。企業の信用力を使って事業を拡大してこそ経営だ。」と考える経営者もいるでしょう。「まあ、中間をとって半分くらいを自己資本でまかなうあたりがちょうどよいだろう。」という大ざっぱな経営者がいるかどうかわかりませんが、しかし、いずれも「漠然と」そう思っているコメントにすぎません。本章を読めば資本構成が企業価値に与えるメカニズムを論理的にきちんと説明できるようになります。

　結論から先に述べますと、完全な資本市場を仮定した場合、資本構成は企業の価値に影響を与えません。コーポレートファイナンス理論ではとても重要な定理です。これは1958年に発表された論文で、モジリアーニ（F. Modiliani）とミラー（M.H. Miller）が発表し、大変な話題を呼びました。といっても私が生まれる前の話なので、そのように聞いているだけですが、もちろんノーベル経済学賞です。2人の頭文字をとって「MM理論」とか

「MM定理」と呼ばれています。

本章では，前半でMM理論について説明し，後半ではMM理論が説明できない現実をどのように説明すべきかについて，再び組織の経済学理論群を用いて明らかにしていきます。

1 | MMからのメッセージ

最近のよくある勘違い

まずは最近よくある勘違いについてお話をします。これは，新聞などマスコミはもちろんですが，事業会社の財務担当者や金融関係などプロと思われるビジネスパーソンの多くの方が勘違いしていることです。これまで勉強してきたコーポレートファイナンス理論がある程度わかっているからこそ犯してしまう間違いでもあります。

最近の新聞でよく見かける，社債を発行して自己株式を取得する財務戦略について図10-1で説明します。まず①のような無借金の企業があったとします。特に無借金である必要はありません。わかりやすいためです。この企業が②で社債を発行して負債を調達します。調達した現金が左側の資産に記載され左右がバランスしました。つぎに，この現金を使って市場から自分の会社の株式を

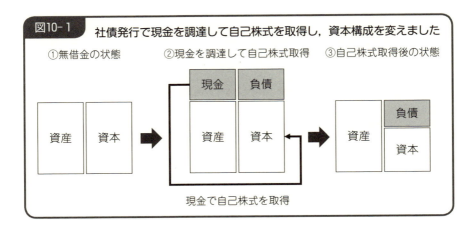

図10-1　社債発行で現金を調達して自己株式を取得し，資本構成を変えました

買い付けます。買い付けた株式は自己資本から控除されて，その分だけ自己資本が減少します。その結果，①の無借金だった状態から③のような資本構成に変化します。

　よくある勘違いは，この財務戦略のメリットを次のように解釈するところにあります。第6章までの復習にもなりますが，株主の資本コストは債権者の資本コストより高いことが普通です。株主は債権者よりリスクが高い分リターンを要求するから株主資本コストは高くなるのでした。企業価値が上がるためには予想されるキャッシュフローが高くなるか，資本コストが低くなるかいずれかです。

　図10-1の①の状態だとすべてが株主の資本ですから資本コストは高くなります。③の状態になれば負債が入ってきますので低い負債の資本コストの影響で全体の資本コスト（加重平均資本コスト：WACC）は下がります。したがって，分子のキャッシュフローが同じ金額であれば分母の資本コストが低下し，企業価値は高まるというものです。基本的には，負債の資本コストが株主の資本コストよりも低いため，負債を持つほうが企業価値を高めるには有利だという考え方に基づいています。以上，残念ながらすべて間違っています。

　①の状態のときに株主が企業に要求する資本コストと③の状態のときに要求する資本コストが同じであれば，上記の説明のようになることが期待できますが，現実にはそうではありません。正しくは次のとおりです。

　①の状態に比べて③の状態になると通常企業には倒産のリスクが発生します。株主が受け取るキャッシュフローの予想にリスクが生じることになるわけです。そこで，そのリスクの分だけ株主は高い資本コストを企業に要求します。したがって，株主資本コストは上昇することになります。さらに債権者の資本コストも上昇する可能性があります。①の状態の無借金企業にお金を貸すときの金利と自己資本比率が低い③の状態の企業にお金を貸すときの金利が異なることは容易に想像できるはずです。

　結局のところ③のように資本構成を変えたとしても，株主資本コストと負債の資本コストが上昇し，①と同じ水準にサヤ寄せされることになります。予想キャッシュフローが変わらなければ企業価値も変わりません。したがって図10-1のような資本構成の変化は企業価値に影響しません。

企業価値は企業が稼ぐキャッシュフローが増えない以上，高くならないというのが原則です。①の状態を③に変えたとしても企業が何の価値も生んでいないことは明白です。

MM理論第一命題の例証

私が図10-1を使って説明しようとしたのが**MM理論**です。MM理論の重要な結論は大きく２つあります。エッセンスを抜き出してわかりやすい表現にすれば，**第一に「企業価値は資本構成に影響されない」**ということ。これをMM理論の第一命題と呼びます。**第二に「株主資本コストは負債比率の上昇にしたがって高くなる」**ということ。これを第二命題と呼んでいます。コーポレートファイナンスを学ぶ上では，絶対に忘れてはならないとても重要な定理です。いずれも完全市場を仮定しています。

私がMMの論文を本気でまじめに読んだのはビジネスマン時代です。会社帰りの勉強の根城にしていた明治大学図書館の地下３階にある，冷房がガンガン効いた広大な書庫でMMの論文を探してコピーしました。今ではそのようなところで論文を探さなくてもネットで簡単に手に入れることができます。

当時から読んでも何のことだかさっぱりわかりませんでした。結論は明快ですし，さほど複雑な証明ではありませんが，解説するとかなり遠回りで話は長くなります。ここでは，バーク（J. Berk）とディマーゾ（P. De Marzo）の"Corporate Finance"（3rd edition）[30]の例証を参考にしてわかりやすい説明にアレンジしておきます。学生諸君は必ずMM論文に当たるとともに以下を読んでください。学生諸君以外の御用とお急ぎのある方は以下の例証は飛ばして１つ先の節にワープしていただいて結構です。

ある企業が800万円の事業投資を検討しています。この事業は景気に左右されますが，うまくいけば１年後に1,400万円が回収され，景気が悪くなっ

---

[30] この本は2011年に『コーポレートファイナンス入門編・応用編』ジョナサン・バーク/ピーター・ディマーゾ（ピアソン）として久保田敬一先生他によって訳されたおかげで，日本語で読むことができます。秀逸な教科書ですが，応用編まで読まないと配当政策など基本的テーマがカバーできないので読み応えはたっぷりです。

てうまくいかないとしても900万円は回収できるだろうと見込んでいます。計算を簡単にするために少し高いですが，無リスク利子率を5％とし，リスクプレミアムを10％とします。つまり合計15％が株主資本コストです。

この事業を行うにあたってすべてを株主資本でまかなうとした場合，事業の現在価値はいくらになるでしょうか。割引現在価値は予想されるキャッシュフローを株主資本コストの15％で割って求めます。予想されるキャッシュフローは期待値ですから，景気が良くなるか悪くなるかを半々の確率とすれば以下のようにキャッシュフローの期待値が計算されます。1,150万円と計算されました。

$$キャッシュフローの期待値：1,400 \times \frac{1}{2} + 900 \times \frac{1}{2} = 1,150（万円）\quad (10\text{-}1\text{式})$$

そこで割引現在価値つまりこの事業の時価は，上記1,150万円を株主資本コスト15％で割り引いて以下のとおり1,000万円です。

$$この事業の価値：\frac{1,150}{1+(0.05+0.10)} = 1,000（万円）\quad (10\text{-}2\text{式})$$

現在投資しようとしている金額が800万円ですから，この事業の現在価値1,000万円に比べると200万円の価値を生むことが期待できるということになります。どちらも現在の価値ですから比較することに意味があります。この事業投資は投資金額の800万円を差し引いた純額で200万円の価値があるということで，この200万円のことを**純現在価値（NPV：Net Present Value）**と呼びます。価値を生む事業に投資をすることで企業価値は高まります。だからこのような「正のNPV」を持つ事業機会を見つけて投資することが経営者の役割です。

さて，いずれにしてもこの事業の時価は1,000万円ですから，出資した株主にとって1,000万円の価値を持っています。うまくいけば1,400万円が入ってきますから，(1,400万円−1,000万円)÷1,000万円＝40％の儲けになります。

これが**期待収益率**になります。

うまくいかないと900万円にしかなりませんから，この場合の期待収益率は，(900万円−1,000万円)÷1,000万円＝−10％で10％の損です。40％の利益になるか10％の損になるかの確率は半々でした。したがって，この事業の期待収益率は以下のように計算できますね。

$$(40\%) \times \frac{1}{2} + (-10\%) \times \frac{1}{2} = 15\% \qquad (10\text{-}3式)$$

株主の期待収益率も15％です。株主はちゃんと資本コスト15％に見合った収益を期待していることがわかります。以上のことを図10-2のように表にまとめておきます。

図10-2　負債がない場合の株主のキャッシュフローと収益率

	現在	来年のキャッシュフロー		来年の収益率	
	価値	好況の場合	不況の場合	好況の場合	不況の場合
株主の立場	1,000万円	1,400万円	900万円	40％	−10％

ここで，債権者から1,000万円のうち500万円を借りて自己資本比率50％で事業を行ったらどうなるかを考えてみましょう。果たして事業価値に変化はあるでしょうか。

うまくいかなくても900万円は戻ってくる公算ですから債権者にはリスクがありません。無リスク利子率5％で500万円を負債調達します。債権者の立場にとってはリスクがない代わりに事業の成否は自分の取り分にはなんの関係もありません。事業がうまくいこうといくまいと，債務不履行が起きない限り1年後に債権者は5％の利息を乗せた525万円の返済を受けることになります。

ということは，この事業では好況の場合1年後に1,400万円が入ってきますから，1,400万円から債権者への返済525万円を差し引いた残り875万円が株主に入ります。そして，不況の場合は事業全体で900万円が入ってくるため，

図10-3　負債がある場合の債権者と株主のキャッシュフロー

	現在	来年のキャッシュフロー	
	価値	好況の場合	不況の場合
債権者の立場	500万円	525万円	525万円
株主の立場	x	875万円	375万円
事業の価値	1,000万円	1,400万円	900万円

そこから債権者への返済525万円を差し引いた残り375万円が1年後の株主の取り分です。このことを示したのが図10-3の表になります。

さて，株主の立場ですが，図10-3の表にあるxに入る数字はいくらでしょうか。もちろん，この事業の価値は先に計算したとおり最初から1,000万円でしたから，1,000万円から債権者が出資した残りの500万円が株主の価値でなければ辻褄が合わなくなります。したがってxの欄には500万円しか入りません。

ここでxを計算する際に勘違いしてしまうのは，株主の資本コストが15%だから1年後のキャッシュフロー875万円と375万円を15%の割引率で現在価値にしてしまうということです。計算してみましょう。好況と不況の生起確率はそれぞれ半々ですから，

$$\text{xの間違った計算方法：} \frac{875 \times \frac{1}{2} + 375 \times \frac{1}{2}}{1.15} = 543 \text{（万円）} \quad (10\text{-}4\text{式})$$

となってしまいます。最初からこの事業は，好況でうまくいけば1,400万円，不況でうまくいかないと900万円のキャッシュフローを生むという事業で，その価値が1,000万円であることはなにも変わっていません。負債があろうとなかろうと関係ありません。

では，なにが変わったのでしょうか。10-4式が間違っている理由は，負債を持つことによって株主資本のリスクが上昇したため，もはや株主資本コ

ストは15％ではないにもかかわらず，負債がないときと同じ資本コストで割り引いてしまったからです。リスクとリターンはコインの裏表です。リスクが増えた分だけ株主はそれに見合うリターンを求めます。ではこの場合，正しくは株主がどれくらいのリターンを求めているのか，簡単なのでついでにこれも計算してみましょう。

株主の現在の出資は500万円です。図10-3のようにうまくいけば来年875万円が入ってきます。この収益率を計算すると，(875－500)÷500＝75％です。うまくいかないと来年の受け取りは375万円になってしまいますから収益率は（375－500)÷500＝－25％となります。このことが半々の確率で起きるわけですから75％÷2＋(－25％)÷2を計算すれば25％です。以上のことを図10-4に整理しておきましょう。

図10-4の一番下の段をご覧ください。おみごと！ちゃんと企業全体の期待収益率は15％で，最初に設定した負債がない場合の資本コストと一致しています。

なぜ一致するのかというと，図10-4の下から2行目の右端，株主の立場としての収益率が25％になっているからです。実は負債を負ったことによって株主の期待収益率の振れ幅が大きくなっています。そのことを少し戻って図10-2の表を確認すると，負債がない場合は株主の期待収益率はよいときで40％，悪いと－10％でした。一方負債があるときの期待収益率は図10-4のように，よいときで75％，悪いときは－25％で，期待収益率の振れ幅が大きくなっています。この振れ幅が大きくなった分を株主はリスクとして資本コスト25％で要求したわけです。これできちんと辻褄が合いました。

図10-4　負債があってもなくても事業の価値は変わりません

	現在	来年のキャッシュフロー		来年の収益率		
	価値	好況の場合	不況の場合	好況の場合	不況の場合	期待収益率
債権者の立場	500万円	525万円	525万円	5％	5％	5％
株主の立場	500万円	875万円	375万円	75％	－25％	25％
事業の価値	1,000万円	1,400万円	900万円	40％	－10％	15％

以上のことをまとめておきます。

企業がすべてを自己資本によってこの事業を行った場合，株主は15％の期待収益率を要求します。しかし，半分を負債によって調達して自己資本50％で事業を行うと，確かに債権者からは５％という，株主より低い収益率を要求されることで企業の負担が減るように見えますが，同時に株主が受け取るキャッシュフローにリスクが発生します。そこで，株主は上昇したリスクの分を，より高い25％という期待収益率に乗せて要求することになります。

ここで注意していただきたいのは，債権者から借りたのは500万円で，最悪の場合でも900万円のキャッシュフローが入ってくるため，実際には債務不履行のリスクはないという点です。つまり，デフォルトリスクがない場合でも負債比率を上昇させることは株主資本コストを上昇させることになるというところが重要です。したがって，負債による資金調達コストが見た目では低いとしても株主資本コストを上昇させ，結局のところ負債がない場合と同じ資本コストに収斂する，つまり資本構成は企業価値に影響を与えません。

改めてMM理論の第一命題です。「完全市場においては，企業価値は資産が生み出す総キャッシュフローの市場価値に等しく，企業の資本構成とは無関係に決まる。」株価が正しいということは，企業が正のNPVを生む事業すべてに投資して企業価値を最大化しているという状態を意味します。つまりNPVはゼロです。このとき企業が負債に対して将来支払わなければならない金額（先の例では525万円）の割引現在価値が，いま調達する金額（500万円）と一致しています。したがって，負債をいくら持とうと利益も損失も発生しません。だから企業価値には影響を与えません。

MM理論の第二命題が示唆するもの

MM理論の第二命題は「負債のある企業の株主資本コストは，企業の市場価値で測った負債比率に従って上昇する」というものです。これについてもMMが用いた証明をわかりやすい形で説明しておきます。

遠い昔の話になりますが，第３章で学んだ「企業価値＝株主価値＋債権者価値」を思い出してください。株主価値の時価と債権者価値の時価を足したものが企業価値でした。株主価値をE，債権者価値をD，企業価値をAとします。

また自己資本100%の企業の企業価値を U とします。MM理論の第一命題から，次のような関係になります。

$$E+D=U=A \qquad (10\text{-}5\text{式})$$

企業価値 A は株主価値 E と債権者価値 D の合計です。MMの第一命題は，負債があってもなくても企業の総市場価値は企業の資産価値に等しいというわけですから，E と D を足した A も，自己資本100%の企業の企業価値 U と等しくなります。だから A も U とイコールで結べます。

ここで，負債を持っている企業における株主資本の期待収益率（R_E）と負債の期待収益率（R_D）で自己資本100%の企業の期待収益率（R_U）を表すと，次のような関係になります。こちら第3章のWACCの公式で学んだものと同じ理屈です。

$$\frac{E}{D+E} \times R_E + \frac{D}{D+E} \times R_D = R_U \qquad (10\text{-}6\text{式})$$

D と E を合計した総資産のうち E の部分から期待できる収益率は R_E で，D の部分から期待できる収益率は R_D ですから，上記のように加重平均をして R_U が出ました。

ここで，10-6式を R_E について解くと，負債なしの自己資本100%企業の株式の収益率を表すことができます。以下のようになります。

$$R_E = R_U + \frac{D}{E}(R_U - R_D) \qquad (10\text{-}7\text{式})$$

なんとおもしろい！ 10-7式は，「企業が負債を持つと，株主の収益率が負債によって影響を受ける」ということを示しています。つまり，負債を持っている企業における株主資本の期待収益率（左辺：R_E）は，負債のない企業の期待収益率（右辺第一項：R_U）に，右辺第二項の負債による追加的効果が加わったものだということを意味しています。しかも追加的効果は，

(1) $R_U > R_D$ のとき。すなわち株式の期待収益率が高いわけですから単純に「よい業績が期待できるとき」と理解されます。このときは負債が大きいほど自己資本の収益率を押し上げる効果を発揮します。負債で調達してレバレッジをかけろということです。

(2) $R_U < R_D$ のとき。逆に負債の利息よりも株式の期待収益率が低いことを意味していますから「業績が期待できないとき」です。そういうときに負債を負ってしまうとその分だけ自己資本の収益率を押し下げてしまうということになります。業績が期待できないなら借金をするなということです。

事業の収益性が高いのであれば負債を活用して事業を拡大し，自己資本の収益率を高めることができます。このことを「レバレッジ（leverage）をかける」などともいいます。レバレッジは「てこ（lever）」の原理という意味です。レバレッジの指標は10-7式のD/Eの部分で表されています。Dの負債が大きければ大きいほどレバレッジが高くなります。上記(1)と(2)は，レバレッジの効果が出るのは事業の収益性が高いときのみであることを意味しています。

また，10-6式は第3章で学んだWACCの理屈と同じです。言葉で表現すれば，企業が保有する資産のリスク（資本コスト）は他人資本と自己資本のリスクを加重平均したものと一致します。ただし，ここでは税金を無視しています。下記3-1式を参考のため再掲しておきます。

$$r = \frac{E}{D+E} \times r_E + \frac{D}{D+E} \times r_D \qquad \text{（再掲3-1式）}$$

MM理論がスゴイ理由

モジリアーニとミラーは，自分たちの理論を説明する際，好んでパイの大きさにたとえたと言われています。簡単にいえば，パイはいくつにでも分割できますが，分割したものを足し合わせれば元の同じパイの大きさに一致するというたとえだったようです。つまり，将来キャッシュフローの流列をいくらに切り分けようが，その切り分けた現在価値を足し合わせれば切り分ける前のキャッシュフローの現在価値に等しくなるという意味です。これを**価値加法性**

の原則あるいは**価値保存の原則**と呼びます。

　だから企業が資金調達のために発行する証券（社債や株式）をどのように切り分けても，すなわちバランスシートの右側をどのような比率に分けても，結局のところそれぞれの現在価値を足し合わせればバランスシート左側全体の現在価値に一致するということです。

　この章の数値例で説明したように，企業が資金調達の方法を変更した場合，切り分けられた社債や株式それぞれのリスクや期待収益率は変化しましたが，企業全体の資本コストは変化しないため予想キャッシュフローが変わらない限り企業価値は不変でした。

　MMのメッセージは単純です。要するに企業価値は資金調達の方法（バランスシート右側）によって決まるのではなく，投資する資産（バランスシート左側）の巧拙によって決まるということです。MMは「資金調達の仕方に悩む暇があったら，どの事業に投資すれば儲かるかということをもっと真剣に考えよ」といっているように聞こえます。私は極めて本質をついた経営へのメッセージだと思います。端的にいえば，価値を拡大する企業とは資金調達をどうするかということよりも「キャッシュを生む資産をいかにして持ち，キャッシュを生まない資産をいかにして持たないか」という経営判断が的確にできる企業です。

　私は，MMの定理そのものもさることながら，定理から得られる示唆とMMのアプローチ方法にすごさを感じます。1958年にMMが論文を発表するまで，研究者の間では企業価値を最大化するような資本構成がきっとあるはずだと考えられていました。そこへもってきてMMは完全市場を仮定した場合にはそんなものはないと言い切ったわけです。

　ここまで読んでも読者の皆さんは「完全市場ならそれって当たり前のことじゃないですか」とか「こんな単純な結論がなんでノーベル賞なんだろう」とキツネにつままれたような気分かもしれません。しかし，当時の研究者にとっては象に踏まれたくらいのインパクトだったと思われます。

　第8章の基本的競争モデルでもお話したように，科学理論というものは，まず一定の仮定を置いた上で演繹的に結論を導きます。たとえばガリレオによる落体の法則も，摩擦がないという仮定のもとで，物体が落下するときの時間は

物体の質量に依存しないという法則と物体が落下するときの距離は落下時間の2乗に比例するという法則を発見しました。これ，なんとなくMM理論の第一命題と第二命題に似ているような気がしませんか。

ガリレオが物体の落下速度を説明するためには空気摩擦が重要だと示唆したのと同じように，MMの炯眼(けいがん)は資本構成が企業価値に与える影響を説明するためには完全市場という仮定に注意を払うことが重要だと示唆しているわけです。

完全市場では資金調達における財務的な取引を行っても企業価値は不変だというMMの定理は，もし価値を創造するような財務的取引があるとしたら，それは何らかの市場の不完全性を利用したものだけだと言い換えることができます。このことは資本構成理論という範疇を超え，広く資本市場における証券価格とか企業価値という概念に重要な意味を与えるセンセーショナルなものだったといえます。

ちなみにですが，MMの「価値保存の法則」というネーミングは，そのアプローチがエネルギーや物質の不滅の法則と類似しているため，まさに物理学者がいう質量保存の法則とかエネルギー保存の法則などにちなんだといわれています[31]。

しかも，MMの論文を読めばわかりますが，資本構成が企業価値に与える影響を説明するための議論は今後どのように枝分かれしていって，枝がどのような方向に進み，そこではどのようなことが論点になるか，その後50年くらいの学会の動きをすべて予言したかのような書かれ方をしています。そしてまさにMMが予言したとおりの論点で資本構成の問題はこれまで議論されてきました。もちろん，ポイントは完全市場という仮定です。そこで，次の第2節でMM理論が実現しない代表的な議論を紹介します。

31　先の『コーポレートファイナンス入門編』ジョナサン・バーク/ピーター・ディマーゾ（ピアソン，2011年）を参照のこと。これによれば，実際にはMMより先に投資価値理論を提言したジョン・バー・ウィリアムズがこのことを書いたようです。

2 | MM理論が実現しない現実

税金が存在する現実

これからどのような説明が展開されるか,第9章までを勉強した読者の皆さんであればもはや察しがつくことでしょう。摩擦がある現実の世界では,経営者も財務担当者も資本構成には悩みますし,投資家や株主も投資先企業の資本構成を気にします。MMが課した仮定を緩めることによって,なぜ実際には資本構成に悩んだり,気にしたりするのか,企業と投資家の行動が少しずつ明らかになっていきます。

本節で注目するMMが課した資本市場における完全性の仮定は以下のようなものです。

1. 税金は存在しない。
2. 情報の非対称性は存在しない。
3. 株主と経営者の間で完全な契約を結ぶことができる。
4. 証券の売買における取引費用と証券の発行費用は存在しない。

完全な資本市場(perfect capital markets)では,規制や取引費用がなく投資家は自由に売買ができ,情報も完全に取得できるため,企業が証券を発行する意思決定も市場価格には影響を及ぼしません。しかし,現実にはこのような世界は存在しません。そこで,上記4つの仮定を1つずつ緩和しながら現実に近づけたときに何が起きるかをここからは考えてみることにします。

まず,税金が存在する現実についてです。いうまでもなく現実の世界では,企業は獲得した所得に対して税金を支払わなければなりません。収入から費用を引いた所得に課税されるのですが,負債に対する支払利息は費用として控除されます。したがって,企業は負債を持つと,負債にかかる支払利息の分だけ支払わなければならない法人税を減額することができます。これを**負債の節税効果**といいます。

負債の節税効果は第3章で説明したWACCの計算式によって明らかです。

$$WACC = \frac{E}{D+E} \times r_E + \frac{D}{D+E} \times r_D \times (1-t) \qquad \text{(再掲3-3式)}$$

3-3式によれば，負債Dの比率を大きくすればするほどWACCを低くすることができるため企業価値は拡大することになります。そこで，MMは最初の論文を発表した後で，負債の節税効果を考慮すると，企業価値を最大化する負債比率は100％の負債になると修正しました。

なかなか実証されないトレードオフ理論

もちろん，MMがいう100％負債比率は倒産リスクを考慮していません。企業が負債を増やせば節税効果は大きくなりますが，同時に倒産リスクも上昇します。このような関係を**トレードオフ理論**と呼びます。あちらを立てればこちらが立たずという関係がトレードオフです。果たして負債を持つ企業の価値は節税効果による影響を受けて上昇するのか，あるいは倒産リスクによる影響を受けて下落するのか，トレードオフ理論は以下の式で表します。

$$V = D + E = \overline{V} + PV(\text{負債の節税効果}) - PV(\text{財務破綻コスト}) \qquad \text{(10-8式)}$$

企業の価値Vは債権者価値Dと株主価値Eを足したものでした。そして，$\overline{V}$は負債がない場合の企業価値を示しています。

10-8式の意味は，企業価値とは負債がない場合の企業価値に負債による節税効果の現在価値PVを足して，そこから倒産コストの現在価値PVを引いたものと言い換えることができるというものです。

先の節でレバレッジの話をしましたが，収益性の高い企業はレバレッジをかけて自己資本の収益性を高めると同時に負債の節税効果を享受することができます。ということは，トレードオフ理論に従えば，収益性の高い企業ほど負債比率が高くなるはずです。収益性が高ければ節税効果も大きいことが推測されます。

しかし，実際にこれまでいろいろな実証研究が行われたのですが，今のところ実証の結果は総じてトレードオフ理論とは逆の関係で，収益性の高い企業の

負債比率は低くなる傾向が数多く示されています[32]。企業の財務行動においては，負債比率はトレードオフ理論とは別の要因で決まることのほうが多いのかもしれません。

エージェンシー問題が存在する現実

次は先の完全資本市場の仮定2と3の検討です。MM理論は情報の非対称性が存在せず，株主と経営者との間で完全な契約が結べるという摩擦のない世界を仮定しています。もちろん現実には情報の非対称性や不完備契約といった摩擦によってエージェンシー問題が発生します[33]。第9章に出てきたエージェンシー理論は企業がなぜ負債を持つかを節税効果とはまったく異なる観点から説明してくれます。

エージェンシー理論では，企業の経営者はプリンシパルである株主のエージェントにすぎないため，株主の価値拡大ではなく，経営者自らの利益の拡大を目的として行動してしまいます。

ジェンセン（M.C. Jensen）は1996年の論文で，株主と経営者の利害の間に乖離が生じる1つのパターンとして，経営者は利益を獲得できる企業を経営したいのではなく，規模の大きな企業を経営したいという傾向を持ってしまうと指摘しています。小さな会社より大きな会社を経営して社会的地位を高めたいと経営者が考えるなら，それは経営者の私的な便益を追及することになりますし，やたらと大きなプロジェクトにチャレンジしたいという無謀な個人的野心も常に株主価値に貢献しているとはいえません。

このように株主価値の拡大につながらないにもかかわらず，経営者が過剰な

---

32 ただし，おもしろいことにワルド（J. Wald）が1999年に発表した研究では，米，英，独，仏，日本を対象に実証したところ日本企業だけが例外で，収益性が高い企業ほど負債比率が高いことが実証されています。

33 契約が完備ではないというのは，株主と経営者との間で具体的にどの行動が企業価値最大化を目的とした行動で，どの行動がそうでないのかをいちいち合意した契約が実際には存在し得ないという意味です。だから「不完備」という表現を使います。仮に万が一「企業価値を最大化しない行動100項目」というものを両者が合意して書き上げたとしても，両者が限定合理的である以上は実際に経営者がとった行動がその「100項目」のどれに該当するかということを認定することは不可能です。「契約が完備である」というのは以上のような「100項目」を契約書に書いて，なおかつ株主と経営者がそれに基づいて行動することが可能である世界を仮定しています。この世界であればエージェンシー問題は起きません。

投資を行って無意味な拡大戦略に走ることを**帝国の建設（empire building）**と呼んでいます。これは多くの研究者がテーマとしてきた研究課題の1つであって，決してスターウォーズのサブタイトルではありません。

ジェンセンは，帝国を建設するため経営者は使用可能な資金を安易に大プロジェクトに投資してしまうという議論をしています。そして，負債が多いほどこのような無駄な投資が減少することを指摘しました。負債による利息の支払いが企業内に余剰する無駄なキャッシュフローを減らすことになるからです。したがって，企業が負債を負うと帝国の建設資金は圧迫され，経営者にとって「帝国建設している場合じゃない」状態に陥ります。その結果，経営者は不要な拡大投資を断念し，株主価値の向上に専念することになるというわけです。

ジェンセンのモデルは**フリーキャッシュフロー仮説（free-cash-flow hypothesis）**と呼ばれています。フリーキャッシュフロー仮説は多くの研究者によって実証され，負債の水準には過剰投資という企業活動の歪みを是正する効果があることが示されています。フリーキャッシュフロー仮説に従えば，企業が負債を持つことはエージェンシーコストを削減する効果となり，企業価値を高める役割を果たします。

せっせと帝国建設に励んでしまう経営者のことを「empire-building manager」などと呼びますが，では逆に，そのような傾向にあるといわれる経営者がなぜ自発的に負債を発行して，自らを戒めるような行為を行うのでしょうか。人が行為を行うのはインセンティブという目的が必ずあると考えることが経済学の原則です。この問いに対しても今のところ一致した見解があり，企業乗っ取りの脅威が経営者を自ら規律づけていると解釈されています。

株主の利益を無視した過剰投資ばかりを行うことは株主価値を毀損することとなり，やがて買収の憂き目に会って経営者は株主からクビを宣告される可能性があります。このような市場の規律が経営者行動を株主価値拡大に向かわせると多くの研究結果は主張しています。

取引費用が存在する現実

最後に，MM理論が課した完全資本市場の仮定4「証券の売買における取引費用と証券の発行費用は存在しない」は取引費用に関するものです。ウィリ

アムソンの取引費用理論をもう一度紐解いてみましょう。企業の資本構成と取引費用理論との間には一体どんな関係があるのでしょうか。

ウィリアムソンは，取引費用を削減するために，人間の機会主義的行動を抑制するさまざまな制度やガバナンスが発生すると説きました。ウィリアムソンによると，企業が資金を調達すれば，その見返りとして資金提供者からのガバナンスを受け入れることになりますが，その場合，他人資本と自己資本とでは様相が異なるといいます[34]。

他人資本と自己資本が発生させるガバナンスの特徴についてまず整理しておきます。負債を債権者から調達するとき，企業にとっては条件交渉など契約時点において多くの制約が存在します。そのかわり債権者は優先的な請求権を持っていますから，債務不履行さえなければ，いったん契約をすると平時における経営への介入はさほど厳しくはありません。

一方，株主から自己資本を調達する場合，契約上の制約はありませんが，株主は経営への参加権を持ちます。債権者に比べれば株主の介入の仕方はより包括的といえます。まさに流行のコーポレートガバナンスの問題です。

ウィリアムソンは債権者からの調達と株主からの調達を上記のように整理するのですが，ウィリアムソンの取引費用理論はなんといっても資産特殊性の取引費用が高いと主張するところが真骨頂です。ここから企業が負債を持つ理由が説明されます。すなわち，調達した資金で一般的資産を購入するのか，もしくは特殊性の高い資産を購入するのかがポイントになります。

まず，調達する資金の使途が「一般的資産を用いた事業」を行うことが目的である場合です。一般的資産というのは，仮に企業が債務不履行に陥った場合に，企業の保有資産を清算処理する段階で，市場での売却が容易な資産という意味です。他の企業が二次利用しやすい土地や建物や機械です。このケースは，債権者にとって清算時の資金回収における取引費用は少なくて済みますから，銀行と企業の間の取引費用は低くなります。したがって，負債調達の方が資金

34　ウィリアムソンの論文でこの整理をきちんと学びたければ日本語で読むことが可能です。「取引費用の経済学」というタイトルで『郵政研究所月報』の1996年5月号と6月号に連載されています。探すのにやや苦労した論文ですが，ウィリアムソン理論の強力なエッセンスを手っ取り早く感じることができます。先に紹介した菊澤研宗先生の『組織の経済学入門』（有斐閣）の中でも非常にわかりやすく解説されていますので参考にして下さい。

調達コストは低いといえます。

　しかし，この「一般的資産を用いた事業」において株主からの出資を仰ごうとする場合，リスク許容度が高い株主にとってはあえてこのような事業に出資する意義がありません。そのため自己資本の調達における取引費用は相対的に高くなります。

　次に，調達する資金の使途が「特殊性資産を用いた事業」を行うことに目的がある場合を対比して考えます。その企業しか使えないような特殊な機械やその事業にしか役立たないような汎用性の低い設備などが必要なビジネスです。このような資産は債務不履行時には売れたとしても二束三文，とても一般に売却することは難しいため，資金回収の取引費用は高くなります。当然，借入時における銀行と企業の間の取引費用は膨大となり，他人資本による資金調達コストは高いと考えられます。

　しかし，株主の立場は異なります。まず，株主はリスク許容度が高いため彼らにとってはむしろ特殊性資産を用いた事業の方に出資する意義があります。また，経営参加権を持つ株主は包括的に経営介入ができるため企業をある程度コントロールすることが可能です。こういうケースでは債権者よりも株主のほうが出資するインセンティブはより高い，要するに債権者からより株主から資金を集めるほうが容易であるということになります。したがって，株主から自己資本を調達するほうが資金調達コストは低くなります。

　整理すれば，調達した資金で購入する資産の特殊性が低いときには，企業は他人資本で調達し，資産の特殊性が高いときには，企業は自己資本で調達する，とまとめることができます。このことが資金調達コストを節約して企業価値の拡大につながります。すなわち，企業の資本構成は企業価値に無関係ではないという結論が得られるわけです。取引費用理論によって企業が負債を持つ理由も明らかになりました。

3 ｜ 理論は理論で批判する

　第9章の冒頭で岩井先生の言葉をご紹介したとおり「理論は理論で批判」しなければなりません。資本構成が企業価値に影響を与える可能性はあります。

しかし，そのことを WACC の計算上，負債の資本コストが低いからという理由で説明してしまうと，その説明は理論で理論を批判することにはなっていないため因果関係が破綻してしまいます。このような説明のしかたは論理的ではないということがご理解いただけたと思います。今のところ，資本構成が企業価値に影響するという理由は，エージェンシー理論やトレードオフ理論や取引費用理論によって説明するしかないということも本章で学んでいただきました。

ところで，MM のミラーは1989年の自らの論文で次のようなシビれる一節を述べています。「何が重要であるかを示すためには何が重要でないかを示さなければならない」と。資金調達の方法によって企業価値は変化する，という事実をいくら実証的に示したとしても，それは MM 理論が間違っているということにはなりません。どの資産にどれくらいの資金を投入してどうやって事業を推進するかという，事業を知り尽くした経営者が行う企業特有の意思決定やマネジメントが与える企業価値への影響は，おそらく資金調達の方法よりもはるかに大きいということがいえるのではないでしょうか。

研究者が厳密な議論を経て MM 理論を批判することには真理の追究という目的において大きな意義がありますが，実務において「MM は現実じゃないから使えない」と簡単に退けてしまうことはあまり賢明ではありません。財務戦略は企業経営において極めて重要な役割を果たします。しかし，MM の言うように財務戦略それ自体が企業価値を創造するのではないということは素直に受け入れる必要があります。

企業価値の拡大や創造という概念は資本構成を変えた程度で簡単に達成できるようなものではないと考えたほうが賢明です。

第11章 なぜ株主は配当が好きなのか ～ペイアウトの理論

　第10章は企業の資金調達に関する問題でした。企業は調達した資金で事業に投資し，キャッシュという成果を獲得します。これに対して今度は事業の成果を株主に還元するペイアウトの問題です。これが本章で取り扱うテーマとなります。

　経営成果としての現金を株主に還元するペイアウトには今のところ2つの方法があります。1つは現金を単純に「配当」として株主に支払う，もう1つは，その現金を使って市場に流通している株式を企業が買う「自己株式取得」という方法です。「自社株買い」とも呼ばれますが，会社法上の用語を使用して自己株式取得もしくは自己株取得と呼びましょう。

　企業が増配したり，減配したり，自己株取得したりするニュースは時として新聞紙上ににぎやかな話題を提供します。それは株主への還元を目的とするペイアウト政策は株主の価値になんらかの影響を与えるだろうと多くの人が考えているからです。ペイアウトされる金額もばかにならないため経営者もペイアウト政策には頭を悩ませます。金額の多寡だけではありません。経営成果をいかに配分するかという「政策」は，株主と経営者をつなぐ重要なインターフェースとして企業価値に影響することが想像されます。

　しかし，コーポレートファイナンス理論の研究においてペイアウト政策と株主価値の関係は大きなミステリーのままです。多くの配当を支払うと株主の価値が上がるかどうか，実際にはよくわかっていないというのが現状です。そもそも企業はなぜペイアウトするのかすらあまりよくわかっていません。数限りない多くの実証研究が行われてきましたが，結果はかなりバラバラで，現在わかっていることは「どうやらペイアウト政策は企業価値になんらかの影響を与えるようだ」という程度です。このような企業価値とペイアウト政策のある種アンビバレントな関係性を，アカデミアの世界では長らく「配当のパズル」と称し，因果論理の複雑さを表現してきました。

　本章では，配当と自己株取得の概要を押さえた上で，ペイアウト政策がどのように企業価値に影響するのか，そのメカニズムを説いた代表的な理論について学びます。例によって，最初は完全資本市場を仮定したMM理論から話は始まります。

1 配当と自己株式取得

配当とはなにか

企業がキャッシュを獲得した場合,どのような使い道があるのかを示したのが図11-1です。キャッシュを獲得した企業の経営者は,まず企業内にキャッシュを留保するのか,企業外に分配するのかという2つの選択に迫られます。

留保の選択を行った場合は,そのキャッシュを即座に事業に**再投資**することになりますが,再投資されないキャッシュはそのまま**内部留保**として現金が増えることになります。一方,分配する場合も選択肢は2つで,それが**配当**と**自己株式取得**です。企業価値と**ペイアウト政策**の関係は以上の選択肢すべてにかかわる問題となります。

会計的な説明をすると,留保されたキャッシュは貸借対照表上では**利益剰余金**として表記されます。企業の利益が増えれば利益剰余金が増え,配当や自己株取得をすると減り,残ったものが毎年積み立てられて**繰越利益剰余金**として資本が増えていきます。普通はこの利益剰余金から配当金を支払うことになります[35]。

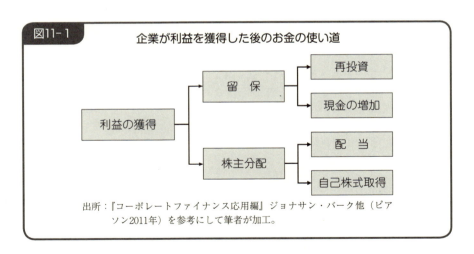

図11-1 企業が利益を獲得した後のお金の使い道

出所:『コーポレートファイナンス応用編』ジョナサン・バーク他(ピアソン2011年)を参考にして筆者が加工。

---

[35] 厳密にいえば,利益剰余金以外に任意積立金の取崩しやその他資本剰余金からも配当を行うことが可能です。詳しくは会計の教科書で確認してください。

会社法的な説明をしておきますと，会社法では配当を「会社の財産を分配する行為」（会社法453条）と定義しており，「営利を目的とする株式会社の本質的要素」（会社法105条1項1号）であって「株主の有限責任の裏づけ」（会社法105条32項）であるといっています。ペイアウト政策というものが企業経営において極めて重要な意思決定であることがわかります。

そこで会社法は**分配可能額**というものをきちんと決めており，その範囲内で企業は株主が保有する株式数に応じて配当を行うことが許されています。株主にとっては配当総額がいくらかというより1株に対していくら支払われたかが重要なので配当は「1株当たり」で認識されることが一般的です。

以前，商法の時代の配当は1年に1回の**利益配当**と**中間配当**という最大でも年2回と決まっていましたが，2006年の改正以来現行会社法ではいつでも何度でも配当することができるようになりました。改正当初は**四半期配当**の導入など柔軟な配当支払いが注目されましたが，一般的には浸透していないのが現実です。

また，配当はあくまで利益の処分ですから株主にお伺いを立てるのが原則です。しかし，これも会社法の改正によって，取締役の任期が1年であるなどの一定の条件を満たせば，株主総会を経ずに取締役会で決議することが可能になっています。実質的には取締役会が配当の意思決定を行ってもよいというのが会社法の考え方です。

配当政策の悩み方

配当の意思決定にはさまざまな要素が絡んできます。そもそも配当に支払える現金が現在どれくらいあるのか，株主は獲得した利益のどれくらいを配当として望んでいるのかという現実もさることながら，来年は事業にどれくらいの現金が必要になるか，今後の業績のトレンドはどうなるかといった短期と長期の将来見通しも必要です。さらに配当の支払いによって自己資本が減少するわけですから第10章で学んだ資本構成にも影響を与えます。配当が企業価値に影響を与えるかどうかは別としても経営者の頭を悩ませます。

経営者が配当政策を考えるとすればその方針はほぼ2つに分かれるようです。1つはなにがあっても毎年毎期決まって同じ金額を支払う**安定配当**方針，もう

1つは利益に応じて配当を変動させる**配当性向**方針です。

配当性向は配当の支払金額を当期純利益で割って計算します。利益のうちどれくらいが配当として支払われたかを示す指標です。配当性向を一定に保てば利益に応じて配当の金額は変動することになります。日本企業は安定配当で米国企業は変動配当などと対比されることがありますが、かなり怪しい都市伝説です。後で詳しくお話しますが、実際に多くの研究で、米国でも経営者は配当を安定させたいと考えていることがわかっています。むしろ米国のほうが減配に対する株主の見方は厳しいと考えるのが妥当だと思います。

さて、上記の安定配当方針と配当性向方針以外があるとすれば「行き当たりばったりのドタ勘」方針ということになりますが、私は実はこちらのほうがむしろ誠実なのではないかと思っています。なぜなら、先ほどお話したように、本来、配当の意思決定には多くの要素が複雑に絡むはずなのに、配当額を一定にしたり、配当性向を一定にしたりするというのはそのような複雑な要素を「もう考えるのやめた」ということに等しいからです。

「配当性向30％が方針なので配当はこうなります。以上！」というよりも、経営者はそのときの状況に応じてなにを悩んでどう考えて決めたかをその都度きちんと株主に説明したほうがよいのではないかと思います。いろいろな要素を組み入れて、いろいろと考えて、理論整合的に株主に説明するということは経営者にとって貴重な経験ですし、株主にとっても実に重要な情報になるはずです。経営者が配当の意思決定プロセスを語ることは経営そのものを語るといっても過言ではないように思います。だいたい「配当性向30％」といった場合もなにを根拠に決めたのか、30％が高いのか低いのか、よくわからないケースがほとんどです。

自己株式取得とはなにか

配当に比べると自己株取得の悩みはそこまでではありません。なにしろ自己株式はいつでも好きなときに好きなだけ買うことができます（もちろん配当と同じように分配可能額という制限があります）。「配当もいつでもいくらでも支払えるといったじゃないか」と言われるかもしれません。もちろん配当は本来そのように柔軟であるべきだと考えることは可能ですが、法的にそれが可能に

なったとしても配当は長い歴史をかけて制度化され，現実には継続的に支払われるという通念がすでに形成されたペイアウト方法です。自己株取得は，去年はやったけど今年はやらないということも比較的自由ですが，配当はなかなかそういうわけにいきません。このことは米国でも同じで，配当に比べて自己株取得は「将来も同様に行うことが約束されない1回限りの株主配分」とみなされている柔軟なペイアウト政策[36]と理解できます。

自己株取得は，企業がいったん発行して市場で流通している自社の株式を，その企業自身が買い付けることをいいます。日本では長らく禁止されてきましたが，2001年10月の法改正で解禁されました。企業はお金があれば自社の株式をかなり自由に買うことができます。

買い付けた後は，消却してもよし，第三者に売却するもよし，新株予約権付社債やストックオプションなど新株予約権の行使者に交付したり，あるいは合併や株式交換したりする際に交付するなどいろいろな選択をすることが許されています。自己株式を取得すると，その分が自己資本から控除され，資本が減少することになります。したがって，自己株取得も資本構成を変化させます。

自己株取得は，株主が持っている株式を企業が現金を出して引き取るわけですから株主分配としては配当の効果とほとんど変わらない行為です。したがって，自己株式の取得も原則として株主総会で決議されます。1年の間にどれくらいの総額で取得するかを株主総会で決めておいて実行することになります[37]。ただし，配当と同じで，一定の要件を満たした企業では取締役会決議のみで自己株取得を決議することが可能です。自己株取得の制度ができたことで，企業は配当と自己株取得を組み合わせた機動的なペイアウトをすることが可能になりました。

しかし，一方で，どれくらいを配当にして，どれくらいの自己株式をいつ取得するか，取得した自己株式はどうするか，とペイアウトに関する企業の悩みは尽きないことになります。

---

[36] 『コーポレート・ファイナンス戦略と応用』A. ダモダラン（東洋経済新報社，2003年）より抜粋。この本も配当についてはかなり力の入った教科書です。参照してください。

[37] 正確には，①取得する株式の種類，数，②取得と引換えに交付する金銭等の内容，総額，③取得する期間（1年を超えない）という三点が株主総会で決議されます。

2 | MMからのメッセージ再び

配当はいつだれに支払われるのか

　そのようにしてみんなが悩んでいるペイアウトについてもMMにかかってしまえば一刀両断。MMは1961年の論文で，配当政策と企業価値とは関係がないと言ってのけて理論的な証明をしてみせました。**配当無関連命題**と呼ばれています。企業が配当を支払っても支払わなくても株主の価値は変わらない。増配しても減配しても株主にはなんの経済的影響も及ぼさない。これがMMの結論です。

　配当無関連命題を説明する前に，配当を受け取るまでの簡単なプロセスを紹介しておきます。言うまでもないことですが，配当は株主だけが受け取れるものです。しかし，上場企業のように日々株式が売買されると株主が常に入れ替わることになりますから，どの時点での株主に配当を支払うか決めておかなければなりません。

　そこで**基準日**というものを設けて，配当を受け取る権利のある株主を特定することになります。たとえば3月決算の企業ですと普通は3月31日を基準日にします。配当を受け取るためにはこの日の時点で株主である必要があります。基準日は株主の権利を行使する人を確定する日ですから，ここでの株主が株主総会でも議決権を行使することになります[38]。

　ところが，3月31日に株式市場で株式を買ってもすぐに株主になれるわけではありません。日本の場合，株式を買い付けるとその日を含めて4営業日までに買い付け代金を支払うのですが，株式を買い付けた日から株主として登録されるまでに営業日で4日間かかることになっています。したがって，すべてが営業日だとすると（土日をはさまないとすると）3月31日の4営業日前の3月28日に証券会社に注文を出して株式を買わなければなりません。

　つまり，3月28日までに買った株主だけがその期の配当をもらい，3月29

---

[38] ただし，新会社法の規定では，会社の判断で基準日以降に株主になった人も権利行使ができるようになっています。基準日以降に買収や組織再編があったり，新規株式の募集などがあったりした場合の新規株主に配慮したものです。

以降に買った株主にはその期の配当を受け取る権利がありません。そこで、この場合、3月28日のことを**権利付最終日**と呼んでいます。権利付最終日を越えると配当を受け取る権利のない株式が売買されるわけですから、そのことが株価にも反映されます。

権利付最終日の翌日3月29日のことを**権利落ち日**といって、この日の株価は1株当たり配当金の分だけ株価が下がることになります。1株50円の配当を支払う企業の株価が3月28日に500円していれば、翌29日の権利落ち日には他の条件が変わらないとすれば株価は450円となります。仮に29日の株価が480円だったとしたら、それは前日比20円安いのではなく、30円高いと解釈することになります（実際には新聞など株価表示には権利落ち日の株価の前日比は記載されないのが一般的です）。

参考までに、株主総会は基準日から3ヶ月以内に開催することになっているため、3月決算が多い日本では6月下旬に多くの企業が株主総会を開催します。株主総会が終わった後、だいたい忘れた頃に株主の銀行口座に配当が振り込まれます。

配当無関連命題の例証

さて、配当支払いの実務がわかったところでMMの話です。結論は明快なのですが、書かれた論文自体は複雑です。ここでは簡単な図と例を用いてMMが行った証明を解説しておきます。

図11-2をご覧ください。事業資産の時価が900億円の企業です。現金100億円を内部留保しているとします。負債はなく100％自己資本と仮定しますと、この企業の企業価値（＝株主価値）は時価900億円の資産と現金100億円を合計した1,000億円となります。発行済株式数は1億株ですから1,000億円÷1億株で株価は1,000円です。

図11-2のバランスシートに似たそれぞれの箱の絵の左側は簿価ではなく時価（市場価格）であることに注意してください。あなたはこの企業が行っている事業の収益性が高いと考えて1株買うことにしました。株価は1,000円ですから1,000円を出して株主になりました。

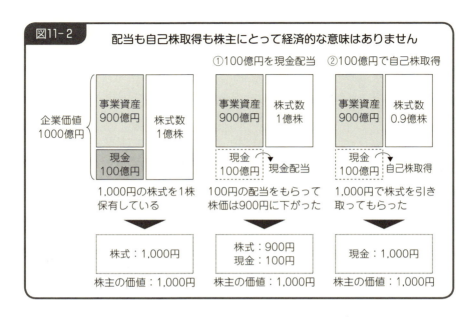

	株式	配当	現金	合計の価値
株主の立場	1株（1,000円）	0	0	1,000円

　今，持っている財産の合計は時価1,000円の株式が1株ですから1,000円です。さて，高い収益性を持っている企業ですから，企業の立場としては保有している現金100億円を今後の事業のために残しておくか，もしくは株主に配当として今のうちに払ってしまうか，いずれかの選択が可能です。残しておくという選択をすれば配当は無しです。もちろん株価は1,000円のままでなにも起こりません。

　100億円すべてを配当にしたという図11-2の①のケースを考えます。この企業が発行している1億株の株式それぞれに100円の配当が支払われます。そのかわり企業から現金100億円が出ていきますから企業価値は900億円に減少します。発行済株式数は変わらず1億株なので株価も900円に下がります。これが先に説明した権利落ち日の株価です。株主であるあなたの懐には900円の株が1株と配当で得た現金100円の合計1,000円が入っているはずです。配当を支払ってもあなたの懐は同じです。

	株式	配当	現金	合計の価値
株主の立場	1株（900円）	100円	0	1,000円

次に，図11-2の②のように100億円を使って，配当ではなく自己株取得をすることも可能です。あなたは自分が持っている株式1株を企業に1,000円で引き取ってもらうことになります。その結果，懐に残ったのは現金1,000円です。やはり自己株取得をしてもあなたの懐はなにも変わりません。

	株式	配当	現金	合計の価値
株主の立場	0	0	1,000円	1,000円

100億円の現金をそのまま企業が内部留保として残しても，100億円すべて配当として支払っても，100億円で自己株を取得しても，株主にとっての価値はまったく変化しません。ペイアウトには経済的な意味がないことがわかります。

1株当たり利益が上がったから株価が上がるという勘違い

以上がMMの配当無関連命題の例証です。これが理解できてもなんだかキツネにつままれたような気分かもしれませんし，理解できなかったとしたら蚊に喰われたほどの痛みすら感じないかもしれません。

理解できなかった方のために，これまでのことをさらに端的に表現すれば，企業が保有している現金はそもそも企業のものではなくて株主のものです。株主にとっては自分の現金を企業に置いておくか，自分の手元に置くかという違いにすぎません。企業が配当を支払ったとしたら，それは自分のお金を右のポケットから左のポケットに移したことと同じなのです。

しかし，おそらくこのような反論があるでしょう。「自己株取得の場合は発行済株式数が減ったのだから，その分だけ株主の取り分は増えているはずだ。少なくとも1株当たり利益は上昇している。したがって自己株取得を発表した時点で株価は上昇していなければならない。発行済株式数という供給量が減ったのだから需要と供給の関係からも株価を上げる効果がある」と。

これは現在でも頻繁に見受けられる典型的な勘違いです。確かに自己株取得は株式という市場への供給を減少させることになります。そして，株数が減っ

た分だけ株主の取り分は増えましたから1株当たり利益も上昇します。しかし，取り分は増えても実は元のパイである企業の価値は低下しているわけです。なぜなら自己株式の取得に費やした100億円という資産が企業から流出したからです。

　供給が減って取り分が増えたという株主価値への効果は，企業が自己株を取得するために自分の資産を減らしたという効果と相殺されてチャラ，株価は変化しないというのが正しい理解です。どうやらプロの金融マンでもついつい1株当たり利益というまやかしによって謬見を唱えてしまう人が多いようです。

　1株当たり利益に関する誤解という点で他にもよくあるのは「増資をしたら発行済株式数が増えて希薄化するので株価が下がる」というものです。これも間違いです。ついでですから説明しておきましょう。

希薄化して株価が下がるという勘違い

　先ほどの図11-2の企業が100億円の配当を支払った後で，積極的に事業投資しようというビジネスチャンスに恵まれたので，さらに100億円を新株発行によって調達する，というケースを考えます。株式市場ではこういうときに希薄化するので株が売られるとよくいわれます。さきほどの自己株取得とは逆で，増資がもたらす新株発行によって企業の発行済株式総数が増えるため1株当たり利益が低下するなど株主の権利内容が薄まってしまうことを**株式の希薄化**もしくは**株式の希釈化**といいます。この現象が株価の低下をもたらすというわけです。果たしてそうでしょうか。

　図11-3の③のケースです。現在の株価は900円です。100億円を調達するには100億円÷900円で1,111万株を発行する必要があります。その結果，企業は新たに100億円の資産を得ると同時に，発行済株式数は1億1,111万株に増えます（図11-3では1.1億株と表記しています）。このとき株価はいくらになるでしょうか。事業資産の時価900億円に，調達した100億円を加えた1,000億円を発行済み株式数の1億1,111万株で割ったものが株価です。計算すると900円。株価にはなにも変化は起こりません。

　この企業が調達した100億円の資産が増えたことによってその現金分だけ企業価値が増加し，同時に発行済株式数も増加しているわけですから1株当たり

第11章 なぜ株主は配当が好きなのか〜ペイアウトの理論

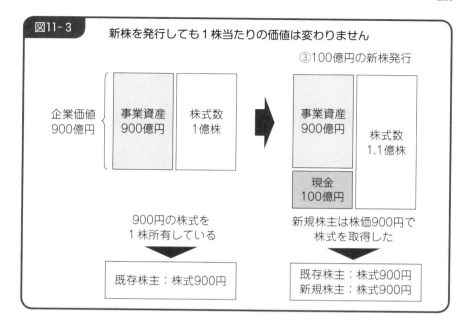

図11-3　新株を発行しても1株当たりの価値は変わりません

の株価は変化しません。市場でついている株価900円は，調達した資金100億円が資本コストに見合うキャッシュを生み出すことを前提にしている現在価値です。この価格で新株を発行するかぎりは，増資によって既存の株主が利益を得たり，損をしたりすることはありません。100億円の資金調達（資産の増加）が希薄化分を完全に相殺することになります。

しかし，特に事業会社の財務担当者の方や投資銀行にお勤めの方からは，それでも反論があるはずです。「それは計算上のことであって，実際には新株発行のアナウンスをすると希薄化を警戒した投資家が株を売るので株価が下がるということをおまえは知らないのか」と。もちろん存じ上げております。ただ，理屈を申し上げますが，それは希薄化が原因ではないのです。

理論には理論で反論しなければなりません。仮に新株発行による資金調達によって株価が下落することに合理性がある，つまり下落した株価が正しい価値を表しているとすれば，株価が下落した理由は希薄化ではありません。それは調達した資金で事業を行ってもその企業が資本コストに見合うキャッシュを生み出すことができない，つまり企業価値を毀損してしまうと市場が評価してい

る，そのように解釈しなければなりません。したがって，その資金調達自体を見直さなければならないということを意味しています。もし，その企業の資本コストに見合ったキャッシュを生む可能性がある事業のための資金調達であれば，これまで説明してきたとおり株価が下がることはありません。もちろん以上は完全市場を仮定した話です。

「MM は現実の世界では使えないから」と言い放ってしまうと，現象を正しい理論で説明できなくなります。現象をまちがった理屈で解釈してしまうと次に打つ手を誤ります。これが，学生と実務者がコーポレートファイナンス理論を勉強すべき理由です。私の経験ですが，「コーポレートファイナンス理論ではそうだけど現実はネ」と言う人に限って理論を正しく理解できていないというケースが多いように思います。そこで，次の節では MM 理論で説明できないペイアウトと企業価値に関する現象をどのように説明すべきか整理します。

3 │ 配当が無関連ではない現実

税金が存在するなら無配が最適配当政策？

第10章で説明した MM 理論の仮定はここでも変わりません。配当無関連命題は以下のような理想世界の上に成り立つ理論です。

1. 税金は存在しない。
2. 情報の非対称性は存在しない。
3. 株主と経営者の間で完全な契約を結ぶことができる。
4. 証券の売買における取引費用と証券の発行費用は存在しない。

完全な資本市場が存在するという現実にはあり得ない仮定でした。この現実にはあり得ない仮定を出発点に議論することは，スーパースローで野球の解説を聞くのと似ています。現実ではあり得ないスピードの映像にしてピッチャーの指の放し方やボールの回転のしかたを観察することができます。バッティングに興味がある人はピッチャーの動きは普通の速度に直して，バットのインパクトの瞬間だけをスーパースローで観察することもできます。スピードを少し

ずつ操作しながら重要な箇所だけを浮き彫りにすれば，ボールがバットの芯に当たっていない事実やバットの振りが出遅れてボールの回転にヘッドスピードがついていっていない事実などが判明します。

　MMが課した仮定を少しずつ操作しながら緩めていくことによって現実に近づけていきましょう。そうすると重要な点が浮き彫りになります。つまり，MMはペイアウトと企業価値は関係ないといいながら，実はペイアウトが企業価値に影響を与える条件をきちんと提示していることがわかります。この節では，現実にはペイアウト政策が企業価値に影響を与えうる可能性を唱えたさまざまな理論を紹介していきます。

　たとえば，税金という仮定を緩めて，税金がある現実を考えると配当は企業価値を毀損するという結果が得られます。配当が支払われると株主はその都度税金を支払わなければなりません。企業の価値が株主を通じて国庫に移動してしまいますので企業価値は減少します。したがって，税金を考慮すると無配が最適配当政策ということになります。

　しかし，配当に対する課税率は投資家の立場によって異なります。配当課税（インカムゲイン課税）と株式の売買にかかる課税（キャピタルゲイン課税）のいずれが高いかによって投資家は異なる行動をとることが想定されます。年金基金や財団法人などの資金を運用する投資家は非課税ですから配当を歓迎するかもしれません。実際，機関投資家の株主が多い企業は配当を多く支払い，個人投資家の多い企業は配当を少なく支払っているというモデル検証も報告されています。この場合，配当ではなく自己株取得のほうが株主にはありがたいということにもなります。

　一方，税金を考慮してもやはり企業価値と配当は関係ないという考え方もあります。自由市場であれば，配当を歓迎する投資家は配当の多い企業の株主となり，配当を歓迎しない投資家は配当の少ない企業の株主になるため，結局のところ均衡状態が生じて企業価値には影響しないという説明です。これを配当の**顧客効果モデル**（clientele model）と呼んでいます。

　配当と税金の問題に関してはいずれにしても検証が難しく，明確な結論が得られていない分野ですが，投資家と企業が配当を考慮しながら動いていることは示されており，税金が配当政策に影響を与えていることは間違いないようです。

リントナーモデル：経営者は安定配当がお好き

引き続き配当無関連命題の仮定を拡張するペイアウトモデルを紹介していくのですが、実は企業は配当をあまり変動させないという観察事実の発見からモデルを作り上げたリントナー（J. Lintner）の研究を見てみます。

これは1956年に発表されたペイアウト研究の超古典的存在です。リントナーは28社の企業を対象にしたインタビュー調査を行い、企業の配当政策の意思決定に関しておおむね次のような結論を得ました。これが非常におもしろいので内容を紹介しておきます。

(1) **企業は配当の安定化に最大の関心を抱いている。**

日本は固定的な配当で、米国は利益に応じた柔軟な配当というイメージがあるようですが、どこの国でも経営者は配当をなるべく平準化させたいと考えているようです。リントナーは安定配当を行う企業が優秀な企業であると経営者は信じていると言っています。

(2) **企業が配当を変更する理由は利益動向にある。**

経営者は配当として支払うべきキャッシュがあるかどうかよりも利益動向が重要だと考えているようです。特にリントナーは、大幅な利益の拡大があった場合でもその分をすぐに増配するのではなく、配当は徐々に時間をかけて調整される傾向にあること、また、減配を極端に嫌うという経営者の行動をとらえました。

このことは企業がある程度目標とする配当の目安を決めていることを表しており、参考までにリントナーが調査対象とした28社の配当性向のメディアン（中央値）は50％でした。

(3) **経営者はまず先に配当政策を決定する。**

内部の資金をどの事業に投資するかということよりも、まずは先に配当をいくら支払うかを決めてからそれ以外の意思決定を行うということです。もし配当を支払い過ぎて事業に投資するお金がなくなったら企業は外部から資金を調達するとしています。配当は単に当期の業績の成果に応じて配分されているのではなさそうだということを示唆する結論です。

以上のような発見事実をもとにリントナーはモデルを作りました。ここではリントナーモデルの詳細な説明は省略しますが，ペイアウトを増やすと株価が上昇し，減らすと株価が下落するというのもリントナーの研究で主張されたことです。その後，ファーマ（E. Fama）とバビアク（H. Babiak）など数多くの研究がリントナーモデルの説明力の高さを実証しています。

　安定配当の合理性を説明するとすれば，すでに本書で学んだ取引費用理論も動員できます。市場取引の費用が高いとすれば，投資家にとっては市場で売買して取引費用を支払うよりも，企業が支払う配当に甘んじてその企業の株式を保有し続けたほうが合理的です。

　ここでいう取引費用は株式の売買に伴う委託手数料だけではなく，どの銘柄を売買するかを考える手間や売買価格が公正かどうかを確認するための手間などさまざまな取引費用が考えられます。このような取引費用と配当を比べてどちらが高いかという判断によって投資家が動くことになりますが，固定的な配当を支払い続けて株主層を安定させるという合理的な効果が配当にはあるかもしれません。

シグナリングモデル：配当に込められたメッセージ

　完全資本市場の仮定において重要だったのは情報の非対称性でした。情報が非対称であるとすると，俄然配当を支払う意味が出てきます。企業の情報に関して優位な立場にあるのは経営者で，情報劣位の立場が投資家と株主でした。そこで，経営者は配当を操作することによってなんらかの情報を市場に伝えるシグナリング行動に出ることが考えられます。配当には経営者からのメッセージがこめられており，そのメッセージが株価を動かすという可能性があります。

　市場が予想している以上の配当を企業が支払うことを，経営者が将来の利益に対して自信を持っている証と考えるならば，増配は株価を押し上げる要因になります。ただし，第9章でお話したとおり，シグナリングにはコストを支払うことが条件ですし，そのコストを上回るリターンが期待できるというインセンティブがなければ説明がつきません。シグナリングに関する研究も膨大な数に上るのですが，配当におけるシグナリングとはなにかを説明するには，おそらくバタチャリア（S. Bhattacharya）の1979年の論文がわかりやすいと思い

ます。

　配当はなんらかのメッセージとなって株価を動かすのだろうというのは多くの人が直感的に理解していることですが，バタチャリアの論文はそのことを極めて説得力のある論理構成で説明しています。これは二期間モデルといっていささか複雑な話なのですが，ここではエッセンスのみを取り出して説明します。

　まず，業績のよい企業の経営者は業績の悪い企業の経営者ときちんと区別されたいというインセンティブを持ちます。また，経営者は既存の株主によってその地位が確保されているわけですから，経営者は既存の株主の利益を考えることにインセンティブがあるわけです。

　そこで，経営者はまず増配を公約することで次に投資する事業の収益性の高さをアピールしたいと考えます。そうして株価を上げることができれば，他の企業と一線を画すことができますし，既存の株主を潤すことが可能です。また，本当に収益性が高いのであれば，その事業からの利益で配当を支払うことができます。

　しかし，本当は収益性の低い事業しか持っていない経営者は増配という偽りのシグナルを発すると，実際に事業からの利益で配当がまかなえないため，後になって外部から資金調達しなければなりません。そのときの調達コストはばかにならないため，収益性の低い経営者は配当によってシグナルを送ることはできません。

　したがって，本当に収益性の高い事業を持っている経営者のみが配当を使ってシグナルを送ることができるということになります。つまり，増配が将来利益への自信というシグナルとして機能するわけです。バタチャリアのモデルは，配当や自己株取得のアナウンスメントが株価を上昇させるという観察事実を的確に説明したという点で意義深い研究とされています。

　自己株取得も配当のシグナリングと同じような理屈で説明できます。ただ，配当と自己株取得が完全に代替的な関係かどうかについては，まだ論争が尽きない点でもあります。リントナーモデルがいうように経営者が安定配当を行う意識を持っているとすれば，自己株取得よりも増配のほうが強いコミットメントと解釈することも可能です。配当は一度増配したらなかなか減配できませんが，自己株取得は一度きりでやめてもよいという解釈ができるからです。

安定的に見込めるキャッシュは配当にして，一時的にキャッシュが余ったときに自己株式を取得するという使い分けが，現在は一般的に考えられている方法ではないかと思います。

成熟性仮説：成熟はリスクの低下

企業が成熟すると配当を増やすというのも配当に関する重要な観察事実です。米国で配当を支払っているのはほとんどが成熟期に達した大企業だというデータも報告されています。一般的に企業が成熟するということは新たな事業に投資して成長する機会がなくなる代わりに，既存の事業から安定的なキャッシュが入ってくる状態を意味します。そうなると社内にキャッシュが積み上がる状況が容易に想像できると思います。

ただし，単に成熟してキャッシュが余剰するから配当を増やすというだけでは説明になりません。**成熟性仮説**（maturity hypothesis）の代表的な論文は2002年のグルーロン（G. Grullon）らの研究です。成熟性仮説では，成熟することによって企業のリスクが低下するという点がポイントになります。

成長企業の反対が成熟企業と考えれば話はわかりやすくなるでしょう。成熟企業はもはや有効な事業への投資機会がなくなり，成長性が低下した企業です。それだけに，成熟企業の大きな特徴は事業のリスクが低下するところにあります。保有している資産が大きくなるとともに，資産は安定した事業に使われるわけですから資産の中身自体のリスクも低下することになります。新たな事業投資を行うという成長機会も減ってきます。その結果，企業全体のリスクが低下しますが，そのかわり収益性も低下します。

増配はリスクの低下として肯定的に解釈すべきか，収益性の低下として否定的に解釈すべきかによって株価への影響が分かれます。グルーロンらによる説明は，リスクの低下の効果が収益性の低下の効果を上回り，株価は上昇するというものです。彼らはリスクの低下に加えて，後で説明するエージェンシーコストの低下や企業が無駄な投資を行うという過剰投資の危険性もなくなることが株価を上昇させる要因になるとしています。

最近，日本企業では利益の100%を配当に出す贅沢な配当政策を発表するケースも出てきました。このことが株主還元として株式市場で歓迎されている

かどうかを判断するにはもう少し丁寧な分析が必要ですが，成熟性仮説の観点からは必ずしも企業経営として喜ばしいことばかりでは決してないと思われます。

フリーキャッシュフロー仮説：エージェンシー問題の解決策

　税金の問題，情報の非対称性の問題と来れば次はエージェンシー問題です。第10章で説明したジェンセンの**フリーキャッシュフロー仮説**がそのままペイアウトの議論にも当てはまります。

　少し復習をしておきましょう。エージェンシー理論は企業が単一の経済主体として行動しているとはみなしません。株主と経営者も異なる利害を持つ別個の経済主体です。経営者は，プリンシパルである株主から経営という業務の委託を契約によって受けたエージェントです。そして，この2人の間で結ばれている契約は完備ではないために，経営者は契約にない行動をとり，私的便益を追及して必ずしも企業価値最大化に専念できないというのがエージェンシー関係の構図でした。このようなエージェンシー関係からは，経営者を企業価値拡大に向かわせるためのさまざまな手間であるエージェンシーコストというものが発生し，そのコストが企業価値を毀損することになります。

　不要な拡大投資やお金の無駄遣いをついついしてしまう性癖の経営者を企業価値拡大に向かわせるためには，企業内に無駄なキャッシュを滞留させず，社外流出させればよいだろうというのがジェンセンのフリーキャッシュフロー仮説における基本的なアイデアです。

　このアイデアに基づけば，配当を支払うということは企業内のフリーキャッシュフローを減少させてエージェンシーコストを低減する効果があるために企業価値の拡大につながると理解されます。したがって，企業内に滞留している無駄なキャッシュを社外に流出させるペイアウトは企業価値にとってポジティブな影響を与えることになります。

　少し留意が必要なのは，ここでのフリーキャッシュフローは会計でいうそれとは少し異なるという点です。企業が正のNPVを生む事業にすべて投資してもなお余っているお金がフリーキャッシュフローです。企業価値を最大化する余地がまだ残されているお金を株主に戻せといっているのではありません。

フリーキャッシュフロー仮説は非常にシンプルでわかりやすく，説得力もある理論です。それだけにアカデミアの世界に大きな影響を及ぼし，この仮説をデータで実証することをテーマとした研究は数知れません。しかし，実証研究においては，フリーキャッシュフロー仮説を支持する安定的な結果が常に出ているとは必ずしもいえない状況です。まあ，そうなんだろうけど，確証までには至っていない，というところでしょうか。このあたりは常にミステリーが残され，「パズル」といわれ続けているペイアウト研究の懐の深さといえます。

株主と債権者のトレードオフ：株主は債権者の価値を奪う？

エージェンシー理論の視点は，企業に関わる経済主体の異なる利害が経営にどのような影響を及ぼすかを見るところにあります。これまでは主に株主と経営者の利害対立がペイアウト政策に及ぼす影響を見てきました。株主と利害を対立させるもう１人の重要なキーマン，債権者をここで登場させるとまた一段とおもしろい議論になります。過剰なペイアウトを行うと債権者が怒り出すというメカニズムを説明して本章を終わろうと思います。

企業の業績に対する株主と債権者のペイオフは明らかに異なります。ここでいうペイオフは預金保険機構制度の話ではなく，日本語で「損得勘定」くらいに理解してください。株主と債権者のペイオフの違い，すなわち両者の間で企業価値がどのように配分されるかを示したのが図11-4です。

株主も債権者も企業の業績が悪化して，最悪倒産するという憂き目に会ったとしても出資した以上の損害を被ることがないというのが原則です。しかし，企業の業績が株価に反映すると考えれば，業績がよくなればよくなるほど株主の価値は拡大します。いわば経営者の乾坤一擲の投資にかけているのが株主です。一方，債権者は企業の業績がいくらよくなっても受け取る金額は貸したお金の利息以上のものはありません。

となると，株主は企業が相応のリスクを十分にとって業績の拡大にチャレンジしてもらいたいと考えるし，債権者はなるべくリスクを減らして危ない橋を渡ってもらいたくないと考えるはずです。企業の業績が上向いている局面であれば，株主はもっと負債を大きくして事業を拡大するべきだと考えます。しかし，これは債権者にとっておもしろい話ではありません。なにしろ債権者がリ

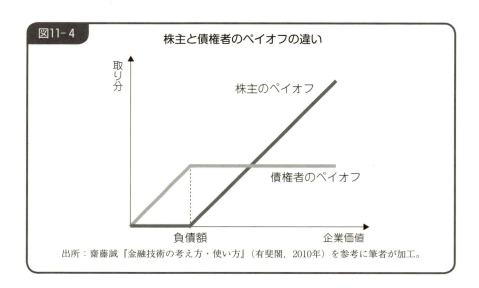

出所:齋藤誠『金融技術の考え方・使い方』(有斐閣, 2010年) を参考に筆者が加工。

スクをとって貸している資金で企業は事業を行っているのに，その事業で儲けた追加的な利益は株主にどんどん移転されてしまうことになるからです。

もう1つ，企業が負債を持つと株主にとってよいことがあります。自分がモニタリングをしなくても債権者がモニタリングをしてくれますから，その分のモニタリングコストが節約されることになります。先の資本構成理論でもお話ししたように，負債を持つことによって経営者を規律づけできるというメリットは，倒産リスクという深刻な事態を発生させない限り株主のものです。フリーキャッシュフロー仮説による負債の効果は以上のような視点からも説明が可能です。

さらに，ペイアウトは株主と債権者の不仲をより悪化させる材料になることがあります。なぜなら企業は債権者から負債を調達して，そのお金で株主のために配当と自己株取得を行うことが可能だからです。こうなると債権者の価値をどんどん株主に移転させるという仕組みが実現します。負債の大きな企業が過剰な配当を支払うということは，このような価値の移転を意味する場合があります。株主が本来債権者に配分されるべき資金を奪うことはやろうと思えばできなくはないということです。

もちろん，MMは以上のような事態が起こらないことを仮定しているので

すが，株主と債権者の利害対立が企業価値に影響を与えるという研究は盛んに行われています。

現実の世界でも往々にして株主はペイアウトの拡大や負債を活用した事業の拡大を企業に要求します。説明してきたとおりで，このような対策が企業価値を高めるということは当然あるのですが，なんでもかんでも「企業価値拡大のため」という株主側の一辺倒の大義名分には慎重な考察を行う必要があります。

最近では日本企業の配当支払額が年々増加していることを理由に「株主重視の流れが強まっている」，「企業統治指針が導入されたことが大きい」[39]とコーポレートガバナンスの問題にまで及んで肯定的な評価を行う傾向にあるようです。しかし，本章で述べてきたように企業がペイアウトを行う動機はさまざまで，配当が増えたからといって両手放しで喜べるほどその理論も単純なものではありません。**配当のパズル**には慎重な観察と分析が今後も必要です。

39　2016年6月3日日本経済新聞朝刊より引用。

第12章 なぜ企業には人が必要なのか
～人的資産の理論

　エージェンシー理論は，株式会社という舞台の上でさまざまな経済主体が利害を対立させながらうごめく様子をスナップショットとして抜き出しました。その結果，なぜ企業が資本構成を変更したり，ペイアウトを行ったりするのかという企業の行動をより詳細に説明することに成功しました。エージェンシー理論はコーポレートファイナンスの学問分野に大きな貢献を果たし，企業行動の解明にまた一歩飛躍的な足跡を残すに至る偉大な裨益(ひえき)となっています。

　しかし，私はどうしてもエージェンシー理論の考え方が好きになれません。特にフリーキャッシュフロー仮説のように，企業内に無駄なお金を滞留させると，株主がうっかり目を離したすきに経営者が自分のために勝手に遣ってしまうという極端な仮定は容易に納得できません。もちろんそういう経営者もいるでしょう。そもそも名利に恬淡な人は経営者にならないのかもしれませんし，人間の弱さはそういうところに現れるのかもしれません。ただ，私が実務の世界で見てきた企業の多くが，そこまでシンプルな欲望によって安易に経営されているということが実感として湧いてきません。

　市場価格の限界を探るという目的をベースにしてきた私のこれまでの研究は，一方でエージェンシー理論に対する批判という問題意識がモチベーションとなっています。本章では，経営者の裁量を抑制することによって企業価値を高めるというエージェンシー理論に対して，経営者や従業員の人的資産に着目した場合，まったく異なる結果を展開することができるという理論を紹介します。コーポレートファイナンスの学問体系に極めて大きな影響を与えてきたエージェンシー理論への批判が本章のテーマです。

1 マイヤーズの外部株主モデル

エージェンシー理論に対する問題意識

　エージェンシー理論から導かれる企業価値拡大の帰結は，結局のところプリンシパルである株主の利益を最大化するために，極力エージェントである経営者の裁量を奪うということになります。エージェンシー理論に基づくジェンセンのフリーキャッシュフロー仮説は，経営者の手元にある余剰資金をペイアウトなりの手段を使ってキャッシュアウトすれば，経営者への規律付け効果となってエージェンシーコストの削減につながるため企業価値を拡大すると主張します。

　しかし，現実には企業が生み出すキャッシュフローは経営者が固有の能力を発揮し，従業員が企業に特化した努力を続けた結果です。もし，経営者の裁量を奪わなければ企業価値が低下するという理由によって，企業が生み出すキャッシュフローのすべてを毎期株主に配分したとしたら経営者や従業員は一体何をモチベーションとして努力しているのかという疑問が湧きます。ビジネスすることに燃えている経営者や従業員の立場にしてみれば，なんとなく生命力を奪われるような話です。この点についてエージェンシー理論は積極的な説明ができていません。

　これは，エージェンシー理論が前提としている企業の成り立ちに問題があると私は思っています。つまり，企業は外部からの資本調達によってのみ成り立ち，その巨大資本を大規模な生産設備に投資して大量生産を行う，といったいわば前近代的な産業資本主義型の企業がこの理論には初期設定されている点です。確かにこのような特色の企業では，物理的設備の規模拡大を図ったり，固定資産や金融資産に介在する利害関係者のコンフリクトを解消したりすることが重要です。

　資金があって工場さえ作れればとりあえずモノは売れるという時代ではなく，現代では技術や情報といった経営者と従業員に付随した人的資産が勝負の決め手となる産業がほとんどを占めています。現状，企業価値を考える上では人的資産など目に見えない資産（インタンジブルズ：intangibles）への着目が欠か

せません。そこで，コーポレートファイナンス理論の分野ではこの問題意識に対してどのような理屈が準備できるのかを考えてみたいと思います。

株主と経営者が企業に投下する2つの個人資産

上記の問題意識を検討する上で私が最も大きな影響を受けたのが，2000年に発表されたマイヤーズ（S. Myers）の「Outside Equity」という題の論文です。私が勝手に**外部株主モデル**という日本語をつけています。この考え方が非常におもしろいので図とともに紹介しておきます。

図12-1は私がマイヤーズの論文のイメージを作図したものです。マイヤーズが想定する株式会社の仕組み自体がこれまでとは異なります。マイヤーズは，株主も経営者も双方がそれぞれの個人資産を株式会社に投下し，お互いがそこから創出されるリターンの獲得を期待していると説明します。株主はもちろん資本という個人資産を投下するのですが，経営者からも経営能力といった無形の人的資産が投入され，株式会社はこれら双方の個人資産の投資によって形成されていると主張します。

双方が投資を行った結果，やがて株式会社はキャッシュフローを生むことになるのですが，株主と経営者のインプットは元々それぞれ当事者の所有物であり，自分達が会社に投入した資産に対するリターンを期待しています。つまる

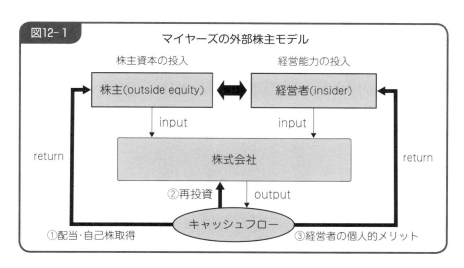

ところ，企業のキャッシュフローは，以下の3方向に分配されます。
① 配当と自己株取得による株主への払戻し
② 事業への再投資
③ 経営者の私的便益

エージェンシー理論は「③経営者の私的便益」のルートが企業価値を毀損するといったのですが，マイヤーズ理論の新しいところはこの③のルートがむしろ企業価値にとっては有効だと主張した点です。そして，ここがまたおもしろいのですが，この分配方法は株主と経営者の交渉力によって決定されるというのがマイヤーズの考え方です。

株主の交渉力は株式の保有比率が源となります。株主は，保有比率を背景に経営者へのモニタリングを効かせることによってその交渉力を発揮することができますが，あまりに過剰なモニタリングを行うと経営者のモチベーションを低下させてしまいます。経営者の能力で持っている企業は，経営者にその能力をかなり自由な形で発揮してもらわないと企業価値の向上は望めなくなります。

株主は究極的には投資を引き揚げることによって，企業の資産を経営者から剥奪する権利を有しています。一方，経営者は自分達が企業を去ることによって企業特殊化した人的資産を企業から持ち去ることができます。本来その企業の競争優位となっている人的資産がいなくなれば株主は困ることになります。

つまり，株主も経営者も両者が投資している資本の重要性からすれば対等の立場で交渉することが可能だというわけです。したがって，「③経営者の私的便益」のルートをある程度認めておいたほうがよいということになります。

配当は固定的であってしかるべき？

以上のように，株主は資金を引き揚げ，経営者は企業を去るという，お互いが相手の利害にとって好ましくない状態を作ることができます。しかし，通常はお互いそのトリガーを引くことはしません。私はこのことを**恐怖の均衡**と呼んでいます。

マイヤーズは，このような株主と経営者の「恐怖の均衡」を保つ有効な手段が固定的配当政策であると主張します。すなわち，経営者が株主資本コストに見合った配当総額を毎期安定して支払い続ける限り，株主の期待も安定的にな

ります。株主は現経営陣による企業活動の継続を認めて，経営への過剰な介入を行わなくなります。仮に，企業が新規の資金調達を必要としたときも，株主資本コストに見合う配当が支払われ続けると期待される限り株主は増資に応じます。

　他方，経営者は，継続的に安定した配当を支払い続ける限り株主の介入を防ぐことができ，企業特殊的な人的資産を投入して経営効率を高め，その結果として私的便益を確保することになります。配当は自ずと固定的となりますが，そうした固定的配当政策を継続できる限り，経営者の企業特殊的な人的資産投入を行うインセンティブが保持され，株主はそうした経営者のインセンティブを活用しながら株主資本コストに見合った投資収益を確保することになります。

　フリーキャッシュフロー仮説は，企業価値をこれ以上高めないキャッシュはすべて株主に戻さないと経営者はそれを無駄に使って企業価値を毀損すると主張しますが，マイヤーズの外部株主モデルは，資本コストに見合った最低限の働きをしているのであれば，余ったキャッシュは私的便益だろうがなんだろうが経営者が自由に使えばよい。むしろ経営者にそうさせてやることが結局は企業価値にプラスの影響を与えるはずだと主張するわけです。

　日本でもさまざまな業界に"キャラの立った"経営者がいらっしゃいます。こういうキャラ立ち経営者は，株主の力で締めつけるのではなく，場合によっては多少の私的便益も享受していただき，思う存分にキャラを発揮しまくってもらうほうが株主の利益になる，というのは現実的でリーズナブルなアイデアだと私は思います。もちろん必ずしもキャラだけではなく経営者としての高い能力を持っているということが条件です。

経営者の交渉力は人的資産

　エージェンシー関係というものを考えてみれば，なぜ株主が特定の経営者にエージェントとして経営を委託するのかということそのものがそもそも重要な問題であるはずです。株式市場で取引を行っている株主にはどの企業の株主になるかという点で多くの選択肢が与えられています。将来キャッシュフローを生み出す事業が存在し，その事業を担うことができる有能な経営者がいて，その経営者にリスクマネーを投じる株主が現れます。株主は経営者の経営能力を

認めるからこそ自らリスクを賭して株主という役回りを演じるわけです。

したがって、本来エージェンシー関係においては、経営者の能力が最大限に引き出されるインセンティブをいかに経営者に与えるかを考えることが優先されるべきです。そして、経営者の能力が高いと思えば、エージェンシー理論の主張とは反対に、むしろ経営者の裁量を狭めることよりもその能力を存分に発揮する自由度を与えることの方が企業価値の最大化にとって合理的であるはずです。

仮に株主が経営者の能力を過剰に評価して投資先を誤ったとしても株主には途中退出のオプションが与えられていますし、市場を通して他の企業にも同時に投資するというリスク分散も可能です。さらに経営者を交代させることすら不可能ではありません。経済システム上、株主がリスク許容者として機能し、株主はそのエージェントである経営者の裁量に委ねるリスクを取ることで経営者に経営能力を発揮する場を与えているというのが私の考え方です。

権利行使の配分メカニズム

私は、第9章の第3節で所有権理論に関連して、企業を所有しているのは株主であるが、企業の所有権を株主に完全に帰属させ、株主の支配力を高めるということが必ずしも効率的ではない場合があると述べました。おわかりのようにこの主張の背景にマイヤーズの外部株主モデルが存在します。

昨今、コーポレートガバナンスは大きな話題となっています。コーポレートガバナンスの問題も突き詰めれば、株主が企業の所有者であることを前提として、エージェンシーコストをいかに削減できる仕組みを作るかという話に集約されます。

制度として整備されることも重要ですが、株主の所有権を企業の何に対していつどの程度行使すべきかという問題は、個別企業の事情によって大きく異なります。この**権利行使の配分メカニズム**とも呼べるものがコーポレートガバナンスを考える上での実質的な要素であり、企業の業績と保有する資産の競争優位性によって場合分けが必要です。

所有権や資産のコントロール権を含めた企業経営に対する支配的な意思決定権を一般的に**支配権**と呼ぶことにすれば、たとえば業績が悪化した場合に経営

者に支配権を配分する，つまり経営者の裁量を拡大することは企業価値拡大にとって妥当ではないでしょう。

しかし，業績のよい企業や潜在的能力の高い経営者が同じような制度下で裁量を狭められるようなことになってしまうと逆効果になります。また，物理的な資産に対して株主の支配権が及ぶことはいたし方ないものの，専門性の高い事業に投下される人的資産において株主がいたずらに支配権を行使することも合理的ではないと思います。

制度の精緻化はほどほどで，後は個別企業の事情に応じて運用が任せられる余地を残しておいたほうがよいように思います。おそらくマイヤーズはそんなことを教訓にしていないと思いますが，「能力のある人にはとことん自由にできる環境を与えてやる。だめだったらまた次を考える。」と私は自分勝手にマイヤーズの教訓として理解しています（この教訓は私の性格からしても"わが意を得たり"といった感覚です）。

蛇足ですが，参考までに私はこの問題意識から「純粋な投資を主たる目的とする外部株主は，経営者の裁量に委ねることのメリットを評価し，必ずしもフリーキャッシュフロー仮説で主張されるような余剰資金の株主への総還元を要求しない」との議論を展開し，実証研究を残しています。この研究を「経営能力評価仮説」と呼んでいます[40]。

2 | 会社の二階建て構造論

ヒトとしての組織とモノとしての組織

エージェンシー理論はコーポレートファイナンスを学ぶ上でとても重要なテーマですが，もう少し批判されてもよい理屈ではないかとも思います。エージェンシー理論さえあればだいたいなんでも説明ができる便利なアイデアですが，よくよく考えてみるとなんだか現実的ではないという気がします。

---

40 『配当政策とコーポレートガバナンス～株主所有権の限界』宮川壽夫（中央経済社，2013年）をご参照ください。

マイヤーズとほぼ同時期に私が影響を受けたのが岩井克人先生のエージェンシー理論への批判に関する論文です[41]。エージェンシー理論を理解する上でも重要なので，ここで紹介しておきますが，是非原著を読んでいただきたいと思います。マイヤーズのロジックとはまったく異なりますが，岩井先生も最終的には人的資産の重要性を説いています。

　岩井理論も企業の成り立ちに関する独自の考え方を前提としています。すなわち，株式会社とは株主が法人としての会社を所有し，その法人としての会社が会社資産を所有するという「会社の二階建て構造論」が前提です。ここで法人という擬人化された表現は，法律上ヒトとして扱われるモノという，ヒトとモノの二面性を持っていることを意味しています。株主に所有されているのはモノとしての法人で，資産を所有しているのはヒトとしての法人ということになります。だから株主は会社の所有者ではあるが，会社の資産を直接保有しているのではない，という点で本書のスタンスと一致しています。

エージェンシー理論の誤謬

　岩井先生によれば「本来モノでしかない会社が，法律の上だけでなく，現実の社会で経営されるためには，会社の代わりに意思決定を行い，契約を締結し，資産を管理し，従業員に指示を与える生身の人間が必要」で，それが経営者です。法律上も経営者がいないと会社は存在できないことになっています。このことは「株主の意向とはまったく無関係」だと岩井理論は説きます。「株主がどう考えようと会社は経営者を持たなければならないのだから経営者は株主の代理人などではない」と主張します。

　では，経営者とは一体ナニモノか。それは会社と「信任関係（fiduciary relationship）」にある人間だという点が岩井理論のポイントです。信任関係とは「信任受託者が信任預託者に対して忠実義務を負うことによって維持されてい

41　論文は1999年に発表された "Persons, things and corporations: the corporate personality controversy and comparative corporate governance" という題の論文ですが，これをもとにした多くの日本語の文献があります。先にもご紹介した『二十一世紀の資本主義論』岩井克人（筑摩書房，2006年），『会社はこれからどうなるのか』岩井克人（平凡社，2009年）など非常にわかりやすく書かれています。是非こちらをあたってください。

る」関係です。そして，忠実義務とは「一方の人間が他方の人間の利益や目的のみに忠実に一定の仕事をする義務」と定義され，法律によって強制されている義務としています（この義務を怠ると背任罪になるなど）。

　重要なのは，信任関係は対等な契約関係とはまったく異なる関係だという点です。たとえば，救命病棟に運ばれてきた救急患者と医師や，赤ん坊が受け継いだ財産を管理する後見人のように，一方の人間はなにもなすすべがないために事実上の信頼関係のみで他方の人間に委ねることによって成り立っている関係です。

　ヒトとしてなすすべがない会社のために信任関係を結んで経営を行っているのが経営者ということになります。岩井理論は，エージェンシー理論を「会社と経営者の信任関係」を「株主と経営者の契約関係」と混同してしまった誤謬だと断じます。もしも，なすすべがない会社のために信任関係を結んでいる経営者が会社と契約関係にあるとするなら，それは法律の大原則で無効とされる「自己契約」ということになってしまうといいます。契約とは双方が自己利益を追求するために自由に締結し，損失が生じたら双方で自己責任を負うという対等な立場にある者同士の間の関係です。会社と経営者との関係はそうはなっていないということです。

　当時の私は岩井理論を読みながら背中がぞくぞくするほど興奮しました。岩井先生もおっしゃっていますが，この信任関係は経済学が葬り去った「倫理性の要求」で成り立っています。本書でお話してきたように経済学が想定してきた人間は倫理性とはかけ離れて，ひたすら自己利益を追求する経済主体と仮定されてきました。岩井先生は「資本主義的な経済活動の中で最も中心的な役割を果たしている会社」に対して「経済学が葬り去ったはずの倫理を再び掘り起こした」と自ら述べています。

　エージェンシー理論の誤謬は，本来，倫理的かつ法的義務を負っているはずの経営者を自己利益追及の経済主体と置き換えてしまったため，「株主が賛成さえすれば経営者の会社に対する忠実義務が免除される可能性が，株主主権の名の下に開かれてしまった」というのが岩井理論の主張です。

人的資産は個性的な企業にしか宿らない？

　さらに岩井先生の主張によれば，経営者と従業員のアイデアや才能や技術力など人的資産が競争優位になるポスト産業資本主義の世界では，このような人的資産の事実上の所有者は株主ではなく，ヒトとしての機能を持つ会社であるという結論が導かれます。

　ヒトとしての会社が組織特殊的な人的資産を所有し，その資産から生まれた利益を自らのモノとして内部に留保し，会社組織の存続と成長のために再投資していくことが正当化されるとしています。これが実現するための前提は，会社と経営者との信任関係の存在であって，少なくとも株主の支配権ではありません。

　本書の所有権理論の章やマイヤーズも指摘しているように，岩井流にいうところのポスト産業資本主義の企業においては，経営者の経験や経営ノウハウ，従業員の技術力や開発力，ネットワーク等々ヒトから切り離すことができない人的資産が企業価値創造の源泉となります。しかも，このような人的資産はヒトにつく能力なので第三者がコントロールすることができず，そもそもこれをいかに企業内にとどめておけるかということも問題です。では，ポスト産業資本主義の時代において企業価値を高めるために企業はどうあるべきでしょうか。

　この問いに対して，岩井理論は個性的な組織を作り上げることが重要だと答えます。個性的な組織とは，他社にはない固有の人的資産によって競争優位を生めるような能力を持っている企業という意味です。

　このような企業に投資される人的資産の価値は高くなるため従業員の組織に対するコミットメントが高まります。従業員にしてみれば，個性的な組織にいるほうが自分の価値は高く評価されます。その結果，組織内部にある情報やノウハウを従業員が外部に持ち出す，もしくは自分自身が組織を去るというインセンティブは低下します。成功する企業は安定的に人的資産を蓄積・開発することでますます成功し，反対に，個性的な組織を作れずに従業員のコミットメントを得ることができない企業はますますダメになるということを意味します。

　これは企業にとってもなかなかキビシイ世界です。岩井先生は，「組織特殊的な人的資産によって編み上げられていく企業組織は文化（culture）としか

いいようのない個性を持つようになる」と言っています。人的資産の重要性は多くの人が漠然と気づいているテーマですが，本章で紹介したような理屈を把握しておきましょう。

　企業にとってキビシイ世界ですが，研究者にとってもキビシイ世界です。なぜなら人的資産の定義が複雑化すればするほど実証をする上での計測が困難になっていくからです。本章で述べたように，人的資産は自然にヒトについたもので，そのヒトと切り離すことができず，第三者がコントロールできません。コントロールできないものは数値化できませんし，数値化できないものはコントロール不可能です。

　最近，ブランド力や特許などの無形資産の評価も注目されていますが，これらは企業から切り離して売却したり，ヒトが所有したりできるため，本章で述べた企業特殊的な人的資産とは性格が異なります。無形資産とはいうものの，本章の考え方からすればむしろ物理的資産に近い性格です。ここで述べてきた人的資産は単なる無形資産とは別物と考えるべきでしょう。

第13章 なぜ企業に戦略が必要なのか ～企業戦略の理論

　いよいよ最終章です。最後に再びしつこく企業価値の定義を振り返ると「企業が将来獲得すると予想されるキャッシュフローを資本コストで割り引いた現在価値」でした。この定義において，実務で企業価値を評価する場合に最も重要なポイントはキャッシュフローの予測です。そしてキャッシュフローの予測に大きな影響を与える要素は，その企業のトップライン（売上高）が今後どのようなトレンドを描いていくかというシナリオだと思います。

　そのシナリオは通常マクロからミクロへと落とし込んでいきます。たとえば，まず今後の経済環境はどのように推移していくのか。その中で当該企業が属する産業の環境はどのように変化し，なにが売上トレンドに影響を与えることになるのか。そして全体の市場規模は拡大に向かうのか縮小に向かうのか。その市場にはどのようなプレイヤーが存在して，どのような競合関係を作り上げていくのか。顧客はなにを求め，ライバルはどのような対応をとり，その結果，当該企業のシェアはどう変化すると予想されるのか。その予想の上で当該企業はどのような強みを発揮して，なにを弱みとして露呈するのか，といった具合です。

　何度も言ってきたように，企業価値の評価は公式に当てはめて計算することが本質ではありません。私は企業価値評価の醍醐味は評価対象企業の戦略シナリオを吟味するところにあると思っています。したがって，戦略論に触れる必要があります。といっても戦略論は私の専門とはいえませんので，私の実務での経験によって補いながら，企業価値評価において企業の戦略を吟味するための大局的なフレームワークを検討したいと思います。

　ただ，本書で重要なことはフレームワークの紹介ではなく考え方です。しかも，きちんとした学術的な理論を背景とした考え方でなければなりません。例によって理屈っぽい話から始まります。戦略論を考えるにしても，もちろん完全市場の仮定から出発をします。ここから出発しないと，なぜ戦略というものが必要なのか，そもそも戦略とはなにを目的として作るものなのかが説明できないからです。

1 | 完全競争と独占企業

完全競争市場で企業は価値を拡大できない

まず，**完全競争市場**という仮定において企業はどんなにあがいても正のNPV（net present value）を生むことはできないという話から始めます。そこで，完全競争市場の条件を再びマンキューの教科書に戻って確認しましょう。マンキューの教科書によれば完全競争市場の条件は以下の3つです。これは第8章の図8-3で説明しました。

(1) **市場に多数の売り手と多数の買い手が存在する**
(2) **さまざまな売り手によって供給される財がほぼ同じである**
(3) **企業は自由に市場への参入と市場からの退出ができる**

これらの条件が満たされた結果，市場での価格は需要と供給の均衡で決まります。したがって，売り手と買い手は自分たちが一方的に価格を決めることはできず，常に市場価格を受け容れざるを得ないため**価格受容者（プライステイカー）**と呼ばれることも第8章で説明したとおりです。

この完全競争市場という世界をあらためて考え直すと企業にとっておそろしいことになります。なぜなら企業は価格も数量も自分で決めることができず，市場で決められた価格で市場に要求される数量だけを販売しているわけですから，どんなにがんばっても最初から売上（数量×価格）が決まっていることになります。となると自分の企業だけが利益を成長させるなどということはできません。つまり，完全競争市場において企業は超過的な利潤を獲得することができないのです。

もし，なにかの理由で1つの企業だけが超過的な利潤を獲得していたら，上記(3)の条件にあるとおり，その利潤を求めて同じ事業に他の企業がワンサカ参入してきます。しかも(2)の条件によって，どの企業も同じクオリティの商品をワンサカ製造してワンサカ販売できるわけですから，どの企業の商品にも差がなくなります。差がなくなるということは価格を下げるしかないということを意味します。なにしろ(3)の条件のとおり，市場には売り手と買い手がワンサカ

存在しているわけですから，みんなが同じ行動をとって，やがてその企業の利潤がちょうど消えるところで価格が落ち着くことになります。以上はミクロ経済学の基本です。

では，完全競争市場における企業価値はどうなるでしょうか。ミクロ経済学でいうところの利潤とは総収入から総費用を引いたものです。そして，このときの総費用とは企業にとってのすべての機会費用を含んでいます。すなわち株主の資本コストも含んでいるということになります。利潤がゼロということは以前に勉強した正味純現在価値（NPV：net present value）がゼロであることを意味しています。

$$NPV＝プロジェクトの現在価値－初期投資額$$

NPVがゼロということは，事業が将来生むキャッシュフローを資本コストで割り引いた現在価値がちょうどその事業に投資する金額と一致しているという意味です。企業は正のNPVを生む事業に投資を行うことによって企業価値を拡大し成長していくものですが，完全競争市場においては，企業はこれ以上の価値を創造しない，1社だけが付加的な価値を拡大しているという状態はあり得ない，ということになります。このことをちょっと頭の中に入れていただいた上で次に進んでください。

競争企業に対して独占企業とはなにか

ところで，マンキューのミクロ経済学の教科書をあと30ページほどめくっていくと，この完全競争と正反対にある**独占**という状態を勉強することができます。独占とは，ある企業がその製品・サービスを市場に提供できる唯一の生産者であり，その企業の製品・サービスが代替品を持たない（その製品・サービスに取って代わるものが世の中に存在しない）状態をいいます。

完全競争市場では売り手と買い手が価格受容者（プライステイカー）でしたが，それとは対照的に独占市場における企業は**価格設定者（プライスメイカー）**と呼ばれ，市場価格に自らが影響を及ぼす力を持っています。その力のことを**市場支配力**といいます。完全競争市場を仮定した企業を**競争企業**，独占市場を

仮定した企業を**独占企業**と簡単に呼ぶことにしましょう。

　市場支配力を持つ独占企業になったら、そりゃもーやりたい放題！と思うかもしれませんが、そういうわけにはいきません。現実にも商品の販売価格が青天井で高騰していくことはありません。あまりに高い価格で販売すると顧客の購入量が減少するため、独占企業といえども無限大の利潤を稼ぐことは不可能です。ただ、独占企業と競争企業とでは価格と費用の関係が変わります。

　企業戦略に関する章のはずなのになんでミクロ経済学の話が続くのかと不審に感じるかもしれませんが、あと少しだけお付き合いください。競争企業と独占企業の理屈を知ることが、実は戦略論を根底から理解する早道なのです。

　さて、独占市場では、他の企業が参入してきても勝負にならない、そもそも他の企業が競争できないために、独占企業1社のみがその製品を提供することができる「市場で唯一の売り手」になります。なぜそのような企業が現れるかについては、3つほど理由があり、第一にその企業のみがその製品を生産するために必須な資源を保有しているという**独占資源**、第二に政府がその企業のみにその製品の販売に対する排他的な権利を与えているという**政府規制**、第三に1つの企業しかその製品を生産しないという状況になると規模の経済性が働き、大規模な生産を行う企業の生産費用が少なくなります。結果、その企業のみが有利になり自然独占が起きるという**生産プロセス**が背景となって独占状態が生じます。

　規模の経済性が働くと企業の費用がどうなるかを示したのが図13-1です。独占企業の費用は生産量が増えるに連れて逓減します。つまり、モノを作れば作るほどコスト競争力が高まっていきます。

　完全競争市場でお話したように、こういうオイシイ状態になると、それを求めて他の企業がワンサカと同じことをやろうとするのですが、他の企業がこの独占企業と同じ低水準の費用を享受するためには、一気に大規模設備を作って一気に生産量を増やさなければなりません。よほど特殊な事業であればできるかもしれませんが、大規模な固定費が必要な産業においては不可能です。このように、事業規模が大きいと平均総費用が低下して企業の競争優位となるメカニズムのことを「規模の経済性」と呼んでいます。

　さらに競争企業と独占企業の価格と生産量の違いを示したのが図13-2です。

第13章　なぜ企業に戦略が必要なのか〜企業戦略の理論

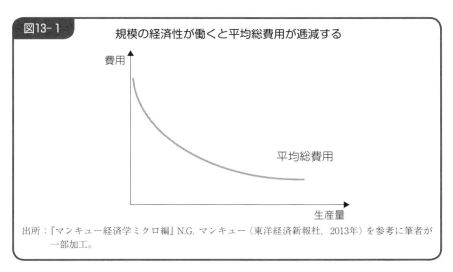

図13-1　規模の経済性が働くと平均総費用が逓減する

出所：『マンキュー経済学ミクロ編』N.G. マンキュー（東洋経済新報社，2013年）を参考に筆者が一部加工。

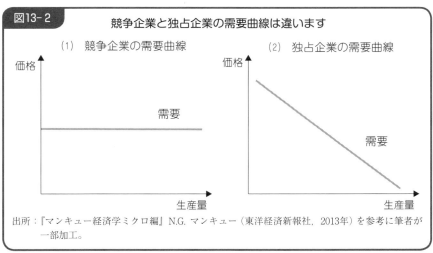

図13-2　競争企業と独占企業の需要曲線は違います

(1) 競争企業の需要曲線　　(2) 独占企業の需要曲線

出所：『マンキュー経済学ミクロ編』N.G. マンキュー（東洋経済新報社，2013年）を参考に筆者が一部加工。

独占企業が競争企業と決定的に異なるのは市場支配力を持っていることです。競争企業はプライステイカーなので自分で価格を決めることができませんが，独占企業はプライスメイカーとして需要に応じて自分で価格を決めることができます。したがって，縦軸に価格，横軸に生産量をとって**需要曲線**を見ると図13-2のように，競争企業は水平の需要曲線に直面しますが，独占企業が直面

する需要曲線はその市場全体の需要曲線になります。この曲線は右下がりなので独占企業は生産量を減らすことによって価格をつり上げることができるわけです。

ここから独占企業がいかにして利潤を獲得するかという話になるのですが,やや本筋から離れてしまうので詳細については補論で説明します。まずは独占企業と競争企業という2つの極端な状態がミクロ経済学的には想定されるということを押さえた上で先を急ぎましょう。

2 | 独占企業と競争企業の間に企業戦略のヒントあり

現実には存在しない独占企業と競争企業

さて,問題はここからです。これまでお話してきた**完全独占企業**も**完全競争企業**も現実には存在しません。現実の企業は,これら完全独占企業と完全競争企業の間に存在しています。よく例に挙げられるのですが,パソコンのOS業界における米マイクロソフトは独占企業に近い場所にいて,逆に米国のエアライン業界は競争が激しく競争企業の極みに近い場所にいると理解できます。

ここに企業戦略論の根本的な"問い"があります。すなわち「世の中の企業は,完全独占の状態と完全競争の状態という両極の間のいずれかに位置している。ある企業は完全独占に近く,ある企業は完全競争に近い。完全独占に近づいた企業は利潤を拡大し,完全競争に近づいてしまった企業は利潤を獲得できない。利潤を拡大できる企業は,なるべく完全競争の極みから離れて,なるべく完全独占の極みに近づこうとしているに違いない。そこを分ける企業行動とは一体なんなのか。」です。

そして,この"問い"に対する答えは以下のとおりです。すなわち「完全独占に近づくということは,業界でただ1社だけの状態を作ることにある。つまりは人がやらないことをやればいいんだ。」です。

以上は私がわかりやすく表現したものですが,もちろん私などの発想ではまったくありません。これは**産業組織論**というミクロ経済学分野の研究成果から発想されたものです。産業組織論をごく簡単にいえば,(1)企業間の競合環境

の決め手となる市場の構造を探り，(2)その中で各企業がどのような意思決定を行うかという市場の行動を分析し，(3)経済政策がどの程度実現されているかという市場の成果を判断する，という因果関係に基づいた理論的・実証的研究分野です。

このような分析方法を以上3つのプロセスである**市場構造**（market structure），**市場行動**（market conduct），**市場成果**（market performance）の頭文字をとって**S–C–P 理論**と呼ばれています。実は，経営学の戦略論分野とは一見なんの関係もないと思われるS–C–P理論から派生したのが，ポーター（M. Porter）の競争戦略論です。

産業組織論の代表選手としてはベイン（J. Bain）やケイヴズ（R. Caves）を挙げることができます。ケイヴズの本を読むと特に市場構造において，**売り手の集中**，**参入障壁**，**製品差別化**の重要性が説かれています[42]。つまり，世の中には利益率の高い産業もあれば，低い産業もあり，いろいろな産業があって，利益率が高いか低いかは売り手の集中，参入障壁，製品差別化という要因で決まっているというわけです。

理論上は，市場支配力を持つ完全独占企業が生産量を調整して利潤を最大化する価格というものが存在します（章末の補論にある図13–7のB点に当ります）。しかし，実際には商品の販売価格は利潤最大化する理想の価格より下で決まっており，理想の価格に近い企業もあれば，理想の価格よりずっと下の企業もあるわけで，それが企業の利益率の差になります。

ケイヴズは産業を20のグループに分類し，たとえば第一グループの産業は農場トラクター，蒸留酒，シガレット，自動車，高級万年筆などで，最低平均費用より10％高い価格を設定しているなどという非常におもしろい分析を披露しています。しかも，このような参入障壁は，今年は低いが来年は高くなるといったものではなく，高い参入障壁を作るとずっと安定して高いといっています。

---

42 少し古いですが，産業組織論の代表的なケイブスの教科書は日本語で読めます。『産業組織論』（東洋経済新報社，1968年）を参照してください。この本の中でケイブスは，実際には売り手の集中，参入障壁，製品差別化以外にも多くの要素があるが，それ以外の要素の影響は現時点でまだ明確ではないといっています。

このベインやケイヴズのS-C-P理論を経営学に持ってきてフレームワークとして完成させたのが，かの有名な**マイケル・ポーターの5 forces**です。ポーターの発想もベインと同じです。世の中には利益率の高い産業と低い産業がある。これを分けるものは5つしかない。すなわち，

① 潜在的な新規参入企業
② 競合関係
③ 顧客の交渉力
④ 売り手の交渉力
⑤ 代替製品の存在

である。これら「5つの力」が，その産業から利益を奪っていく，というわけです。そこで，これら5つの力が及ばない戦略的なポジションを探してそこに行けば「勝てる」ことになります。

さきほど独占企業と競争企業の分析から私が言ったことを繰り返すと「完全独占に近づくということは，業界でただ1社だけの状態を作ることにある。つまりは人がやらないことをやればいいんだ。」でした。この「人がやらないことをやる」という点に対してポーターは「人がいない場所を取る！」というアイデアを提供したわけです。

これは花見の場所取りの奥義ではありませんが，少しそれと似ているかもしれません。だれもが集まる大きな桜の木の下の人気スポットはまず最初に避ける，もしくはだれも来ない早い時間から並ぶ，あるいは人気の場所ではなくだれも知らない場所を探す，というように競争優位を実現する戦略とはとにかく「人がやることはやらない」，「人がやらないことをやる」こと。これが独占企業と競争企業の分析から得られる結論です。

ポジショニングかリソースか？

本章は企業価値を評価する上で，個別企業の**戦略シナリオ**を観察することが重要だという問題意識で始まりました。とりあえず，ここで戦略シナリオとは「自社がコントロール不可能な外部の機会と脅威に対して，自社がコントロール可能な固有の強みと弱みで応じながら企業価値を拡大していく一貫的なプロ

セス」としておきます。

　企業戦略といった場合，世の中には実にさまざまな種類の戦略があるように思えます。事実，戦略論の研究の歴史は長く，その成果は膨大で，これらを1つずつ入念に吟味して現実に当てはめることは実務としても不可能です。

　しかし，やや大胆にまとめてしまいますと，おびただしい数の戦略論のアイデアがありますが，要するに企業の競争優位を評価する視点は大きく分けると2つしかない，ということができます[43]。もちろん競争優位の前提はこれまでお話してきたように，競争市場から離れて独占市場に近づくために人がやらないことをやっている企業かどうかです。そのための方法論は第一に「人がいない場所を取る」か，第二に「人が持たないものを持つ」か，の2つだけです。

　前者がポーターを代表とするもので**ポジショニング・ビュー（positioning view）**，後者がバーニー（J. Barney）を代表とするもので**リソース・ベースト・ビュー（RBV：resource based view）**です。

　ポジショニング・ビューは，競争市場の中で他社が入り込めないような特定の位置取りを得ることによって独占状態に近づき，超過的な利潤を獲得しているという法則に基づきます。主に企業の外部環境に視点を向けます。これに対してRBVは主に企業の内部にある経営資源に目を向けます。他社が保有したり模倣したりできない自社のみが持つ固有の能力を発揮する企業が，超過的な利潤を獲得しているという法則に基づいています。

　この2つのどちらが優れているのかという研究も，実際には戦略論の分野にはあるのですが，企業評価の道しるべとして2つがあると考えたほうがわれわれにとっては使いやすくなります。この道しるべをたどって企業を観察すれば，先に定義した戦略シナリオにある外部環境と内部の強みと弱みが手順よく網羅されます。

43　この分け方は私が実務で学んできた方法でもあります。戦略の分類方法も実はいろいろと研究されています。おそらく最も有名なのは『戦略サファリ』ミンツバーグ他（東洋経済新報社，1999年）です。10の分類を行っていますが，この本を読めば世の中にある戦略が網羅され非常にきれいにまとまって見えます。もうひとつ私としては『経営戦略の思考法』沼上幹（日本経済新聞出版社，2009年）を強くお薦めします。沼上先生は5分類に位置づけた経営戦略観を説かれていますが，この本は非常によくできた本で「なるほど！」と何度も頷かせてくれます。

本書で強調してきたことの1つは科学的な分析アプローチという考え方です。複雑な現象を説明するためには，現実的でなくても一定の仮定を設定し，単純化して考える。その上でなにが重要でなにが重要でないかを見極めながら，より現実に近づくために徐々に仮定を緩めながらものごとを観察する，というものです。企業価値の考え方も資本構成理論もペイアウト理論もすべて同様のアプローチによって本質的な理解を目指してきました。

　戦略論も結局のところ，競争市場と独占市場という仮想的な状況を設定し，その仮定を緩めることによって発展してきたことがわかります。本書で2つの戦略論を詳細に説明することは不可能なので，最低でもポーターとバーニーは読んでいただくとして，市場との関わりを中心に2つの戦略論アプローチについて紹介しておきます。

3 ｜ ポーターVSバーニー

人がいない場所を取る：ポジショニング・ビュー

　ポーターのポジショニング・ビューの発想は，企業が競争市場から逃れて独占状態に近づくためには他社が入ってこられないような壁を作れるかどうかというところから始まったといえます。S-C-P理論の元祖ベインも最初に着目したのは参入障壁でしたし，ケイヴズも参入障壁，製品差別化，売り手の集中の重要性を発見しました。これらはまさに先に示した完全競争市場の仮定，

(1) 市場に多数の売り手と多数の買い手が存在する
(2) さまざまな売り手によって供給される財がほぼ同じである

という2つを緩和するというアイデアです。ケイヴズの本を読むとそこにはほぼポーターの5 forcesの原型があります。彼は，参入障壁，製品差別化，売り手の集中によって上記の2つの仮定を覆すような産業とそうでない産業があって，前者が儲かり後者が儲からないと考えたわけです。

　そのうち産業という括りではなく，企業グループという独自の市場を設定した場合はどうか，あるいは企業レベルで参入障壁を築いて多数の売り手を排除

し，差別化を行うことが可能か，という具合に進化し，最終的にポーターが経営学分野で戦略レベルに落とし込んだのが5 forces です。

だから5 forces では，「(1)潜在的な新規参入企業」と「(5)代替製品の存在」という参入障壁に関する力が挙げられており，またそもそも業界にライバルがひしめき合っているかどうかという「(2)競合関係」の力が挙げられています。これらはまさに上記2つの完全競争市場の仮定と重なります。そして「(3)顧客の交渉力」が強いということは顧客が自社から他社へ乗換えしやすい事業や商品を意味し，当然利益率を抑える要因となります。そして，「(4)売り手の交渉力」は原材料を仕入れる業者（サプライヤー）のことで，「(3)顧客の交渉力」の逆を想像してください。原材料の納入業者の数が少なくて，原材料が特殊で，しかも代替品がない場合はこちらの立場が弱くなり，収益を圧迫する要因となります。

差別化かコストリーダーシップか

私がポーターの競争戦略論をおもしろいと感じるのは，きちんとした説得力のある因果律がその背景に存在していて，ポジショニングという首尾一貫したポリシーで貫かれている点です。その点が，たとえばSWOTとかPPMといった戦略立案ツールとは一線を画すところではないかと思います。グラント（R. Grant）もその代表的著書[44]の中で「戦略的評価の深浅を決めるのは分析の厳密さと深さであって，強みか弱みか，機会か脅威かといった表面的な分類には意味がない」としてSWOT分析の欠点を最初の章で強調しています。

ポーターは，さらに自社の業界内の位置づけを検討するためのフレームワークとして**ジェネリック戦略**を提示しています。これを企業価値評価に応用して説明するために再び競争市場と企業価値の話に戻ります。図13-3をご覧ください。ここでは企業が獲得するフリーキャッシュフロー（FCF：Free-Cash-Flow）という観点から考えます。

---

[44] 『グラント現代戦略分析』ロバート・グラント（中央経済社，2008年）を参照のこと。これは海外のビジネススクールでよく読まれている戦略論の決定版のような代表的教科書です。ここで説明できなかった5 forces の詳細な分析手法も載っています。辞書のような装丁ですが，読みやすく，一家に一冊置いておくことをお薦めします。

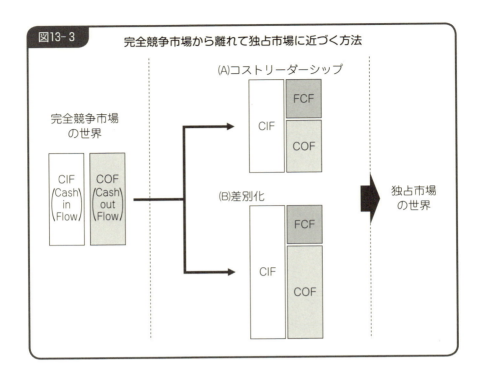

図13-3 完全競争市場から離れて独占市場に近づく方法

　企業価値はFCFが成長することによって拡大します。FCFの獲得と成長は，いかにして**出ていくキャッシュ（COF：Cash-Out-Flow）**を小さくして，**入ってくるキャッシュ（CIF：Cash-In-Flow）**を大きくするかで決まります。完全競争市場においては企業のすべての機会費用を含んだ超過利潤がゼロになるわけですから，CIFとCOFがいずれ一致するところまで競争が繰り返され，FCFはゼロになります。

　しかし，この状態から離れて独占状態に近づくことができれば他社よりも大きな価値を生むことができます。CIFはいわば顧客が自社の製品やサービスに支払うお金です。それに対してCOFは製品やサービスを製造して販売するコストと考えることができます。

　この視点に立つと，企業価値を創造する方法は2つです。1つは図13-3の**(A)コストリーダーシップ**戦略で，顧客が自社に支払うお金（CIF）が他社と同じであるなら，より少ないコスト（COF）で製造・販売してお金をいただく。

もう1つは図13-3の(B)**差別化戦略**で，他社と同じコストがかかるなら，より高い価値を顧客に支払ってもらう，ということです。

(A)は自社が投資するコストの優位性を追及し，価値を創造する戦略です。これができるポジションを獲得すれば，利益率を高めて他社を圧倒する，あるいはシェアを高めて業界をコントロールすることが考えられます。

(B)は投資のコスト面では他社より高くても，何らかの理由で顧客が自社に支払う価値をそれ以上に高くする戦略です。このポジションでは他社と差別化できる製品やサービスを提供する，あるいは顧客のほうが自社を他社と差別化するポジションにいることで利益率を高めることが考えられます。

もちろん実際の戦略分析はもっと複雑ですが，ポーターはこの2つの包括的な分類を提唱しています。また，これに加えて顧客市場のセグメントを幅広く取るか，特定セグメントに集中するかという，コスト優位と差別化優位をどのようなセグメントを対象に展開するかの軸が加わります。

ポーターの競争戦略論が日本企業の経営に衝撃を与えたことは事実でしょう。私はポーターがこれだけ日本でもてはやされたことにはそれなりの理由がある

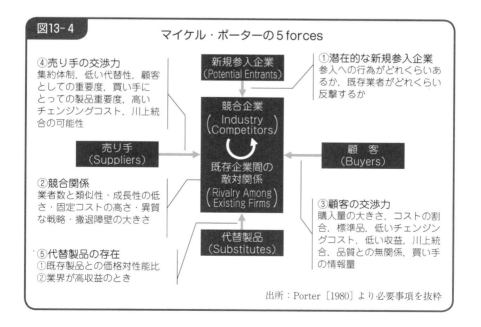

ように思います。

　第一に，経営は他社がやることの追随ではない，他社がやらないことをやる以外に勝つ道はないということをはっきりと明言したこと。そして第二に，コスト優位と差別化優位は相反するトレードオフの戦略なのだから，そのどちらかを選択しなければならないと迫ったことです。

　ポーターの本を読むと何度もしつこいくらいに**トレードオフ**という言葉が出てきます。あれもやる，これもやる，とにかくできることはなんでも努力してみる，というある意味日本人のメンタリティーとは真っ向から対立するアンチテーゼに，かえって日本人経営者には"刺さる"ものがあったのではないかと思います。

人が持たないものを持つ：RBV（リソース・ベースト・ビュー）

　「人がいない場所を取る」ポジショニング・ビューに対して「人が持たないものを持つ」という観点から企業を見るのがバーニーのRBVです。RBVもポーターのポジショニング・ビュー同様に完全競争市場の仮定を緩和することから始まります。

　最初に企業の**経営資源（リソース）**が重要だと主張したのはペンローズ（E. Penrose）だといわれています[45]。ペンローズは企業の成長理論を研究する上で，企業が市場における需要と供給を見ながら利潤最大化の生産レベルを決定するという仮定を批判しました。彼女は企業を以下のように定義します。第一に「非常に多くの個人やグループによる行動をリンクさせたり調整したりする管理のフレームワーク」であり，第二に「生産資源の集合体」として理解されなければならないということです。このあたりは，企業は多様な経済主体が集まってできていると説くエージェンシー理論のジェンセンとメクリングに類似したアプローチを感じます。

　ペンローズ以降も経営資源に関する研究は盛んに行われますが，RBVを1つの理論的体系としてまとめ上げた決定版が，なんといっても1991年に発表されたバーニーの論文です[46]。強調したい点は，企業が優秀な製品を作るにして

45　これは1958年に出版された著書ですが，現在では日本語で読むことができます。『企業成長の理論』（ダイヤモンド社，2010年）。

も，優位なポジションを得るにしても企業固有の経営資源が必要であり，その経営資源は市場が不完全であるためにだれもが容易に手に入れることができず，したがってそれを手にした企業のみが超過的な利潤を獲得する，という完全競争市場の仮定を批判することから発想されている点です。

経営資源というと人材や技術力など，どちらかといえば日本企業が得意の強みとして安易に挙げがちな要素です。しかし，そのような経営資源は市場で買うことができないため絶対に他社が手に入れられないものでなければなりません。また，他社がマネすることすらできないものをその企業が独占できているという状態が必要です。さらにはその経営資源が企業の超過的な利潤に直結する経済的価値のあるものなのかどうか，そのことが本当に確認されないと企業の強みとはいえません。バーニーはそのことを１つのフレームワークとして提唱しました。

経営資源と呼ばれるためには

もちろん詳細は先のバーニーの教科書を読んでいただくとして，ここは"ながれ"で経営資源にはどのような種類があって，なにが条件となるかという点を中心にRBVの分析フレームワークを整理しておきます。

まず，前提となっているのは**経営資産の異質性（resource heterogeneity）**と**経営資源の固着性（resource immobility）**という２つの考え方です。前者は生産資源の集合体である企業は，個別企業ごとに異なる生産資源を持っているという意味で，後者はその生産資源は企業の間を自由に行き来することができず，個別の企業が保有し続けるものであるという意味です。

同じように球を投げるピッチャーでも160キロの速球を投げる大谷くんは，正確なコントロールを持つ黒田さんとは異なる筋肉を持っています（異質性（heterogeneity））。しかも大谷くんは翌日の先発投手に「はい，これどうぞ」といって160キロを投げられる筋肉を渡すことはできません（固着性（immobility））。リソースとはこういうものであって，企業は一度このリソースを手に

---

46 本節におけるRBVの説明は『企業戦略論（上）基本編』J.B.バーニー（ダイヤモンド社，2005年）を参考にしています。これは上巻，下巻とも必ず読まなくてはならない本です。RBVだけではなくポジショニング・ビューはもちろん戦略論を幅広く網羅できる良書です。

入れると長期的に競争優位性を持続することができます。

では、そのリソースは企業のどういうところに宿るのかというカテゴリーが以下のような4つに分類されています。

① **財務的資本**（financial capital）
② **物的資本**（physical capital）
③ **人的資本**（human capital）
④ **組織的資本**（organizational capital）

こういう話ではなんとなく人材をイメージしてしまいますが、人材だけではありません。保有資金そのものや資金の調達能力、工場や設備や機械はもちろん、加えてその立地、さらには個人だけでなく個人の集合体そのものや組織内の管理やネットワークなども経営資源といえます。ただし、これらが大谷くんの速球や黒田さんのコントロールくらいに価値があるかどうかが問題です。

そこで、異質性と固着性という抽象論ではなく、具体的になにをもって経営資源と呼べるかどうかというフレームワークが存在します。これも4項目ですが、具体的に以下のような質問をされたときに答えられる必要があります。

① **経済価値**（value）
それを持つことで外部環境の機会や脅威に適応できるか？
② **希少性**（rarity）
それは他社が持とうとしても持てないものなのか？
③ **模倣困難性**（inimitability）
他社がまねできるか？まねる場合は他社にコスト上の不利があるか？
④ **組織**（organization）
それを保有する意味があるか？組織として管理が整い方針があるか？

以上4項目の頭文字をとって **VRIO のフレームワーク** と呼ばれています。それぞれの詳細な評価方法についてはバーニーを読んでいただくとしても、この程度の説明だけでも非常にわかりやすくシンプルなフレームワークだと思います。それだけに RBV の考え方は世界的な潮流となって学会においても実務の世界でも極めて大きな影響を与えました。大きな影響を与えた論文というのは

批判の対象になるのが宿命です。アカデミアの世界では、今なお RBV に対するさまざまな批判的見解が炸裂していますが、同時に実証的な研究も進められています。

差異からしか価値は生まれない

岩井克人先生は先にご紹介した著書の中で「資本主義とは、利潤を永続的に追求していく経済活動」のことであり、「利潤は差異性からしか生まれない」と説かれています。そして、企業は「みずからを他の企業から差異化することによってしか利潤を生み出すことができない」としています。本章で述べてきた結論として、私は岩井先生の言葉を「差異性からしか企業価値は拡大しない」と言い換えたいと思います。

ポーターもバーニーも突き詰めれば、いかにして他社と同じにならないか、いかにして自社を他社に似せないか、つまりは「他社とかぶらない」ことが戦略の要諦だと主張したことが理解できます。しかもどちらも完全競争市場という経済学の仮定からこの結論を導き出しました。結局のところ「人がやらないことをやらないと価値がない」という人生訓のようなものが経済学的なディシ

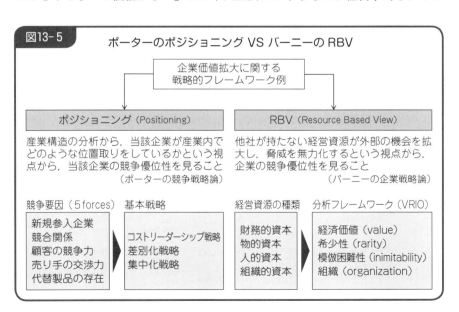

プリンから導出されたところに，私としては非常におもしろさを感じます。

　また，おもしろいのは改めて**競争**という言葉の使い方です。戦略の要諦が差異の創出にあるとすれば，それは競争状態を作らないこと，競争のない場所に行くこと，要するに「競争しない戦略」が競争の戦略です。100メートルの距離を正確に測って，スタートラインとゴールラインを決めて，ピストルの音で一斉同時にスタートする，という公平な状況で争うことは企業戦略ではないということです。

　こういうと陸上競技関係者には絶対に怒られると思いますが，そうやって生身の人間が毎日がんばって練習したところで日本人ならせいぜい10秒切るか切らないかあたりのタイムに収斂して，後はコンマ数秒程度の差にしかならない，これがまさに競争市場です。

　そこへ「とりあえずウサイン・ボルトの9秒58を4，5秒縮めるにはどうすればよいか」という発想からまず始めるのが企業経営かもしれません。そのためには1日の練習時間を増やしてがんばる，のではなく，自分のコースだけ50メートルにするとかタケコプターを使うといった「競争にならない」状態を作る発想が平気でできるのが独占状態に近づく企業の条件かもしれません。もちろん合法的に実現することが条件です。

　天馬空を行くがごとく着想し，だれもやらないエッジが立ちまくった行動に大マジメで取り組んだ偉人の成功伝は数知れません。実現するかどうかは別としても，そういうスピリッツを企業経営が維持することはポーターやバーニーの戦略論との理論整合性が高いということは言えそうです。

　視点はまた変わりますが，生物の進化を考えてみましょう。世の中の資源が限られている場合には，むやみに競って奪い合うのではなく，お互い生きる場所や必要なものを棲み分けることによって共に生きていくのは生物の世界では当たり前です。水の中に住んだり，土にもぐったり，木の上で生活したりして「かぶらない」ポジションを維持し，草食になったり，肉食になったりして必要な資源を「かぶらない」ように分け合うから生態系が維持されます。

　企業も共生を目指すならやたらと競争して利益を奪い合うよりも，各社が独自のポジションとリソースにこだわればお互い生存を目指すことができるという示唆をポーターやバーニーから得られるのかもしれません。

だから企業は生きるために死ぬ気で独自の戦略を考えなければなりません。しかも資本コストはそれぞれの「生き方」に合ったものが設定されるわけですから自社の資本コストを超えることのみを考えればいいということになります。

実務でどこまで応用できるのか？

危うく忘れかけるところでしたが，本章の目的は企業価値を評価する上で，将来のキャッシュフローを予測するため個別企業の戦略シナリオを観察する重要性を説明することでした。

ポーターの考えは，各産業には全体の利益を奪っていく5つの力が存在しており，それを認識した上で5つの力を無力化するようなポジションを探して，コストか差別化かというトレードオフを選択するというものでした。また，バーニーは自社の努力ではコントロールできない外部環境に適応するためには，他社が持たない経営資源を持つことが競争優位の源泉だと説きました。

ポーターのポジショニングとバーニーのRBVのどちらが優れているのかという議論は私の専門外という言い訳でそこには深入りしませんが，よく「有名な理論だけど実務ではあんまり使わないよね」とか「実際の現場では落とし込みにくいフレームワークだよね」あるいは「5 forcesで利益が出にくい業界だと言われたところでどうしようもないでしょう」という話を聞くことがあります。私は結局25年近く実務という世界にいましたが，このようなお決まりの「理論が実務で使えない」とボヤく実務者の根拠が実はあまりよく理解できていません。

私は，このような理論的フレームワークを公式だと勘違いしている実務者の方が多いのではないかと思います。すなわち，ポーターの5 forcesに従ってなんらかの変数を代入していけばイコールで結べる正しい解答が出てくると期待したり，バーニーのVRIOに従って分析すれば経営資源かどうかがイッパツで判明すると期待したりすることは最初から難しいと思います。

これらのフレームワークをパワーポイントできれいに作図したとしても，次になにをすべきかというアクションリストがそこから出てくるほうが不思議です。簡単に答えが出てきたとしたらだれもができるわけですから，それこそ本章で学んだ完全競争の状態になっているはずです。

もちろん5つの競争要因にもVRIOにも詳細なチェック項目がきちんと存在していますが，一度でも企業の分析をしたり，戦略を考える部署にいたりした経験のある実務者の方にとっては，考えてみれば5 forcesもVRIOの項目もびっくりするような目新しいものではないように思います。わざわざ公式に入れるほどのことではありません。自分の会社や他人の会社を知る上で，どこからなにを仕入れて，なにをどう売っている企業なのか，顧客がなにを求めていて，他社はなにをしようとしているのか，その商品は他社も作れるものなのか，といった程度の整理は普通にしているはずですが，以上はいずれも5 forcesの項目にすぎません。

　私の実務での拙い経験などご披露する価値はないのですが，私は企業の経営者にお話を伺う際には「貴社が儲かる仕組みを教えてください」と聞くようにしています。「なにをやっている会社ですか」ではなく「儲かる仕組み」です。つまり超過的利潤が獲得できている合理的根拠を意味します。

　企業を分析するといってもあまりにファクターが多く，どこからどのように整理を始めればよいかわかりません。しかし，ポジショニング・ビューとRBVという2つの視点があって，それぞれに要素が整理されていて，さらに詳細な項目があれば少なくとも「儲かる仕組み」を探るための思考には道筋が備わります。

　さらに，本書でお話してきたように，企業の将来キャッシュフローを予測する過程においても同様に重要です。「貴社が儲かる仕組み」という現状分析だけではなく「今後も貴社が儲かり続ける仕組み」という観点からは，産業の構造がどのような方向に変化し，顧客のニーズやライフスタイルがどう変わり，どういう技術革新が予想できるのか，それに対して当該社の経営資源は相変わらず有効な強みとなりうるのか，等々といった要素を展望することは将来キャッシュフローの予測には必須ですし，そもそも経営者としてすでに頭の中に入っていなければならないことばかりではないかと思います。

　ポーターもバーニーも科学者ですから「世の中に多くの企業があって，その中には収益性の高い企業もあれば低い企業もあるが，それはなぜだろう」という科学的な問いに対する研究成果が彼らの理論です。フレームワークになっているにしても，それ自体をそっくりそのまま実務の現場に持ってきて落とし込

めるかどうかという普遍性を議論することには意味がないように思います。むしろ彼らの学問的な研究成果を実務にどのようにして活用するかは，現場にいる実務者のアイデアや経験やスキルにかかっているというのが実務出身の研究者である私の見解です。

5 forces も VRIO も紙に書いてみたけどなにも出てこなかったとか，書いている途中でピンとひらめくものが出てきたというようなものであって，必ずしも左辺と右辺がイコールで結べる公式ではありません。5 forces と VRIO は実務における思考の道しるべとしては筋のよい有効なフレームワークであると，私は思っています。

アカデミアによる研究成果が実務で生きるかどうかを議論するよりも，その知見を実務で生かせるかどうかは実務者の腕の見せどころです。そのためには，まず理論を正確に理解できること，現象を正確かつ客観的に観察できることが必要です。そして，走りながら考えるだけではなく，ときどきは一旦止まってじっくり思考することが重要だと思います。

これから実務に携わろうとして勉強している学生諸君，実際に実務に携わっていらっしゃるビジネスパーソンの方々にとって本書がわずかながらなにかのヒントになればこの上ない喜びです。

 独占企業はいかにして儲けるか

本文では独占企業の需要曲線が右下がりになるというところまでお話をしました。市場全体の需要曲線が右下がりであるために独占企業は生産量を減らすことによって価格をつり上げることができます。

このことは，言い方を換えると独占企業も高い価格でいくらでも販売して無限大に儲けることができないということも示しています。独占企業といえどもこの需要曲線上でしか生産量と価格を選ぶことができません。そのため，独占企業が販売量を増やすときには価格を引き下げなければなりません。

そのとき独占企業の収入がどうなるかが重要です。生産を1単位増やしたときに受け取る収入の増加分を限界収入といいます。独占企業は販売量を増やすたびに価格を引き下げなければなりませんが，そのつど販売量は伸びるために総収入は増えていきます。一方，価格の低下は総収入を減少させる効果を持ちます。となると，独占企業にとって追加的に生産を増やすときに得られる限界

収入は追加１単位の販売価格よりも必ず低くなります（図13-6）。

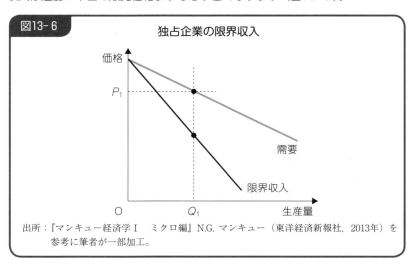

図13-6　独占企業の限界収入

出所：『マンキュー経済学Ⅰ　ミクロ編』N.G. マンキュー（東洋経済新報社, 2013年）を参考に筆者が一部加工。

つぎに，独占企業がいかにして利潤を獲得するかを示したのが図13-7です。複雑な絵になってしまいましたが，ミクロ経済学ではおなじみの絵です[47]。決して難しい話ではありません。

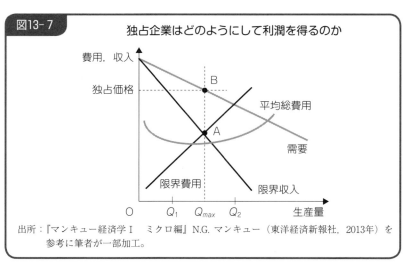

図13-7　独占企業はどのようにして利潤を得るのか

出所：『マンキュー経済学Ⅰ　ミクロ編』N.G. マンキュー（東洋経済新報社, 2013年）を参考に筆者が一部加工。

47　図13-6から図13-8まではいずれも『マンキュー経済学Ⅰ　ミクロ編』（東洋経済新報社，2013年）から抜粋しています。非常にていねいな説明がされていて読みやすい教科書です。

需要曲線が右下がり，平均総費用曲線がU字型をしています。そして，先ほどの限界収入も右下がりになります。一方，限界費用は生産量を1単位増やすと総費用がいくら増えるかを示した曲線で，右上がりになります。生産量を増やすために人を雇わなければならないので費用が増えていくと考えればよいでしょう。また，独占企業の場合は供給曲線が存在しません。プライスメイカーである独占企業は価格と同時に供給も自分で決定するからです。

図13-7の横軸の生産量をご覧ください。この企業が生産量 Q_1 のような低い水準で操業しているとき，限界費用は限界収入よりも低くなっています。つまり，生産量を1単位増やすときに増える費用が，生産量を1単位増やすときに得られる収入より小さいわけです。このとき，企業は生産量を増やすことによって利潤が拡大しますから，もっと生産して儲けようということになります。

一方，生産量 Q_2 のような高い水準で操業しているとき，限界費用が限界収入よりも高くなっていることに気づきます。このときは，生産量を減らせば削減される限界費用は収入を上回ります。そこで，生産を削減すれば儲かることになります。

そして，ちょうど限界収入と限界費用が等しくなる Q_{max} に到達するまで企業は生産水準を調整するわけです。ここが独占企業の利潤を最大化する生産量です。生産量が決まれば，後はいくらで売るかですが，それは図のA点から上に伸ばした需要曲線との交点Bになります。需要曲線は消費者が支払える価格と販売量の関係を示していますから独占企業はこの需要曲線に交わるまで価格を上げることができます。ここが独占価格です。

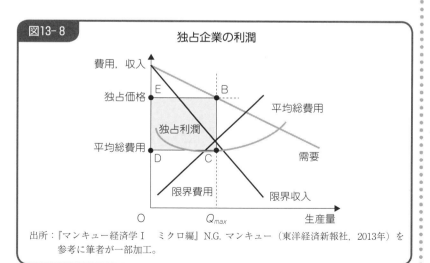

図13-8　独占企業の利潤

出所：『マンキュー経済学Ⅰ　ミクロ編』N.G. マンキュー（東洋経済新報社，2013年）を参考に筆者が一部加工。

そして，そのときの費用は生産量 Q_{max} のときの平均総費用 C 点になりますから，図13-8の長方形 BCDE が独占企業の利潤として計算されます。

　本文で説明したように，B 点で価格が決まれば企業は最大の利潤を獲得することになりますが，実際の企業の販売価格は B 点より下で決まっています。ただし，B 点に近い価格で販売できる企業もあれば，B 点よりずっと下の企業もあるわけで，それが利益率の差になり，利潤の差が長方形 BCDE の面積の差となって現れます。

　競争企業と独占企業の資本コストが同じだとすれば，独占状態に近い企業は上記のような過程によって自分だけが企業価値を拡大することができます。

おわりに

企業価値は最大化されない

「企業価値の最大化を目指す」とか「フェアバリューを目指す」といった表現を上場企業のウェブサイトやIR資料でよく見かけます。投資銀行のピッチ資料でも見かけることがあります。「最大化」とか「フェアバリュー」という言葉には，抽象的でもなんとなくポジティブな響きがあるためスローガンとするにはちょうど「座りがよい」表現かもしれません。

しかし，本書をお読みいただいた皆さんにはそろそろ察しがついていることと思いますが，現実世界では企業価値の最大化は実現しません。完全市場を前提とし，税金もなく，情報の非対称性もなく，取引費用もないという仮定の上で実現する均衡状態が最大化された企業価値であり，フェアバリューです。

完全市場という非現実的な仮定のもとで企業価値は常に最大化されています。しかし，現実においては，情報の非対称性やエージェンシーコストの存在によって企業価値は最大化されることはありません。したがって，完全市場を仮定しないならば，資本構成やペイアウトなどが情報の非対称性やエージェンシーコストを克服する効果を持つと考えられることから，企業価値に影響することになります。このことをすでに本書で学んでいただきました。

アカデミアの世界と実務者の世界の違い

確かに資本構成やペイアウトが現実には企業価値に微妙な影響を与えていることはアカデミアの世界では大発見です。膨大なデータを収集し，精緻な分析を行った上で科学的なエビデンスが検出されれば貴重な研究成果となります。このような研究成果を実務に応用することは実に重要なことです。

日本企業のあまりに歪な資本構成やペイアウト政策は修正の余地があるでしょうし，ガバナンスの体制を整えることも積極的なIR活動によって市場とのコミュニケーションを図ることも重要です。

しかし，経営の現場で最優先されるべきは，いかにして本業から生まれる将

来キャッシュフローを成長させるかという課題にあるはずです。企業価値最大化は非現実的であっても，企業価値を拡大することや創造することは可能です。「企業価値の最大化」と「企業価値の拡大」は本来まったく異なる次元で使われる表現です。

　企業価値は将来のキャッシュフローの成長と資本コストを上回る投資収益力によって拡大し，それ以外で拡大することはありません。そして，キャッシュフローが成長し，投資収益率が高まるためには，「企業がやっていること」に他社とのなんらかの明確な差別化が存在し，競争優位が確立されている必要があります。本書を最後までお読みいただいた学生諸君と実務者の方々には，この企業価値の根本理念をもう一度よく肝に銘じていただきたいと思います。

　根本理念が目の前に存在するにもかかわらず，実務では配当の大幅増額や大量の自社株買いやガバナンス体制など「ポジティブで外から見えやすいが，本業とはあまり関係のない」政策変数が先行し，「ROE 〇〇％目標」といったやたらと形式的で表面的なテーマが前面に出てしまいがちです。そのことがコーポレートファイナンス理論に対する誤解につながっているのではないかと感じます。

　バナナや納豆やにがりがダイエットに効くと聞いて毎日食べたとしても，私のように飲みに行くたびに毎回ラーメンでシメるなどという食生活を送っていたのではダイエットなど望むべくもありません。確認していませんが，仮ににがりの成分がダイエット効果に対して統計的に有意だとしても，ダイエットしたければまずは規則正しい食事と運動を心がける必要があります。

　ダイエットと企業価値を一緒に並べてはいけませんが，企業価値拡大の手立てとして，どうも最近の実務での話題は「力の入れどころ」を間違えているような気がしてなりません。企業価値は文字どおり企業全体のことを考える必要があります。資本構成やペイアウトやガバナンスそれ自体を単独で見て評価できることには限界があるはずですし，企業価値を拡大するという目的においてはおそらく二の次，三の次の手段です。

　企業価値拡大の源泉は，いかにして他社との差別化と本業の競争優位を実現するかという思考に経営者と従業員のありったけの知的リソースを投入するところにあります。財務戦略もガバナンスも IR 活動も企業経営において間違い

なく重要なテーマです。しかし、これらを行う動機づけに「企業価値最大化」という美辞が安易に直結連想されて、正確な理論に対する思考停止が起きているとしたら問題だと思います。

　自己株を取得して、社外取締役を入れて、積極的な情報開示を行うことで企業価値が拡大するなら、コーポレートファイナンス理論は不要ですし、経営者と従業員の能力や努力なしに株式会社の目的が達成されてしまいます。

今後も神秘の解明を目指して

　太古の昔から人はモノを交換し、貨幣を発見して市場を作って売買してきました。人はどのようにしてモノを評価し、売買の対価を決めるのか、コーポレートファイナンス理論は人間の行動を分析してきた理論であって、当然まず先に人間の行動があったはずです。コーポレートファイナンス理論が「市場原理主義」を先導しているわけではありませんし、「短期志向」を助長することもできません。

　企業がどのような事業に投資を行ってどのようにしてキャッシュを獲得しているのか（キャッシュフロー）、その仕組みが将来はどのように変化すると考えられるのか（将来の予測）、その変化にはどのような不確実性がもたらされると考えられるのか（資本コストの設定）という企業価値拡大の過程におけるコーポレートファイナンス理論の思考回路は、企業経営に対して極めて「まともなこと」を言っています。

　しかも、その企業が選択する戦略と実行の過程は実に見えにくく評価が難しい要素に包まれています。これが見えやすかったら他社も模倣しますから例によって完全競争に近づきます。そういう微妙で検知の難しい要素が企業価値を創造する源泉になっているというところが、まさに神秘ですが、理論は実にエレガントで美しく、油断とスキを許さないようにできています。

　本書を通してこのようなコーポレートファイナンス理論の魅力を少しでも感じていただき、企業価値の神秘の森をなんなら私と一緒に彷徨ってみようじゃないかというイキのいい学生諸君、熱烈歓迎いたします。

　最後までお読みいただき大変ありがとうございました。

索　引

英数

CAPM 理論（Capital Asset Pricing Model） …………………………… 56
DCF（Discounted Cash Flow Model） ……………………………… 67, 87
DDM（Discounted Dividends Model） …………………………… 63, 82, 83
EBIT（Earnings Before Interest and Taxes） ………………… 74, 75, 106
EBITDA ……………………………………… 106
EV（Enterprise Value） ………… 28, 104
EV/EBITDA 倍率 …………………… 104
GDP（国内総生産） ……………………… 7
IR（Investor Relations）活動 …… 88, 128
MM 理論 …………………………………… 164
NOPLAT（Net Operating Profits less Adjusted Taxes） ………………… 75
NPV（Net Present Value） ……… 165
PBR（Price Book-value Ratio） …… 98, 102
PER（Price Earnings Ratio） ……… 91, 102
PPM …………………………………………… 225
RBV（resource based view） …… 223
RIM（Residual Income Model） …… 78, 100
ROE（Return On Equity） …… 79, 84, 100, 101
S-C-P 理論 …………………………… 221
SWOT ……………………………………… 225
TOPIX（東証株価指数） ……………… 49
VRIO ………………………………………… 230
WACC（Weighted Average Cost of Capital） ……… 32, 68, 163, 170, 174

あ行

アドバースセレクション（adverse selection：逆選択） …… 122, 124, 129, 135
アナウンスメント ……………………… 196
アライアンス戦略 ……………………… 144
安定配当 ………………………… 183, 194
委託 ………………………………………… 207
委託手数料 ……………………………… 195
位置取り ………………………………… 223
一般的資産 ……………………………… 178
依頼人（プリンシパル：principal） ……………………… 135, 176, 198
インカムゲイン ………………… 89, 193
インセンティブ …… 129, 177, 195, 207, 212
インタンジブルズ ……………………… 204
インプット ……………………………… 205
売掛金 ……………………………………… 73
売り手の交渉力 ………………………… 222
売り手の集中 ………………… 221, 224
運転資本 …………………………………… 73
運転資本増加額 ………………………… 73
永久債 ……………………………… 41, 65
営業日 ……………………………………… 186
営業利益 ………………………… 74, 75, 106
エージェンシー（agency）関係 …… 134
エージェンシー問題 …………………… 176
エージェンシー理論 …… 198, 204, 228
エージェント ………………… 135, 176, 198
エンタープライズ DCF 法 ……… 68, 87
エンタープライズバリュー ……… 28, 104

か行

買掛金 ……………………………………… 73
回帰 ………………………………………… 50
回帰直線 …………………………………… 50
会計 …………………………… 74, 182, 198
解散価値 …………………………………… 99
会社法 ……………………………………… 183

索　引

回収期間 …………………………………… 107
開発力 ……………………………………… 212
外部株主モデル ………………………… 205, 208
外部環境 …………………………………… 223
外部性（externalities）………………… 152
価格 …………………………………… 111, 216
価格受容者（プライステイカー：
　price taker）…………… 115, 216, 217, 219
価格設定者（プライスメイカー）… 217, 219
価格メカニズム ……………………………… 111
加重平均 …………………………………… 171
加重平均資本コスト …… 32, 68, 163, 170, 174
過剰投資 ……………………………… 177, 197
価値 ………………………………………… 116
価値加法性の原則 ………………………… 171
価値保存の原則 …………………………… 172
合併 ………………………………………… 185
株価 ……………… 92, 94, 98, 105, 187, 197, 199
株価収益率 …………………………… 91, 102
株価純資産倍率 ……………………… 98, 102
株式 ……………………………………… 4, 187
株式会社 ……………………………… 4, 156, 205
株式交換 …………………………………… 185
株式時価総額（market value）……… 12, 104
株式市場 …… 99, 101, 110, 112, 116, 117, 207
株式の希薄化（希釈化）………………… 190
株主 …………………… 4, 26, 99, 118, 121, 136,
　　　　　　　　　　　163, 178, 184, 199, 205
株主価値
　……… 28, 30, 64, 67, 95, 100, 101, 104, 169
株主還元 …………………………………… 197
株主至上主義 ……………………………… 156
株主資本 …………………………………… 165
株主資本コスト
　………… 27, 48, 57, 80, 83, 95, 163, 206
株主重視 …………………………………… 201
株主総会 ……………………… 158, 183, 185, 187
環境問題 …………………………………… 153

監視 ………………………………………… 126
完全競争 …………………………………… 220
完全競争企業 ……………………………… 220
完全競争市場（perfectly competitive
　market）………… 115, 120, 153, 155, 216
完全合理性（rationality）…………… 114, 140
完全合理的 …………… 114, 117, 140, 148, 154
完全独占 …………………………………… 220
完全独占企業 ……………………………… 220
完全な資本市場
　（perfect capital markets）…………… 174
機会 ………………………………………… 225
機会主義的行動（opportunistic behavior）
　………………………… 122, 129, 135, 140, 178
機会費用 ……………………………… 217, 226
機関投資家 ……………………………… 8, 193
企業 …………………………………… 114, 141, 229
企業価値 …………… 8, 28, 30, 104, 110, 116,
　　　　　　　　　　　163, 179, 193, 204, 217
企業価値最大化 …………………… 136, 198
企業価値創造 ……………………………… 212
企業価値の拡大 ……………………………… 9
企業価値評価モデル ……………………… 88
企業戦略 …………………………………… 223
企業統治 …………………………………… 201
企業特殊的 ………………………………… 207
議決権 ……………………………………… 186
技術 …………………………………… 145, 204
技術力 ………………………………… 212, 229
基準日 ……………………………………… 186
希少性（rarity）………………………… 230
期待収益率 ………………… 56, 166, 169, 170
期待値 ……………………………………… 165
希薄化 ……………………………………… 190
規模の経済性 ……………………………… 218
基本的競争モデル（basic competitive
　model）……………… 113, 119, 134, 139
キャッシュフロー（cash flow）

243

……………………… 15, 30, 40, 104, 204, 233
キャピタルゲイン ……………………… 89, 193
給与所得 ……………………………………… 7
脅威 ………………………………………… 225
供給 …………………………… 111, 115, 151, 216
競合関係 …………………………………… 222
業績 …………………………………… 196, 208
業績予想 …………………………………… 95
競争 ………………………………………… 232
競争企業 …………………………………… 217
競争優位 ………………………… 208, 212, 223
恐怖の均衡 ………………………………… 206
共分散 ……………………………………… 53
巨大資本 …………………………………… 204
銀行 ………………………………………… 5
均衡賃金 …………………………………… 126
金融資産 …………………………………… 204
クリーンサープラス関係 ………………… 82
繰越利益剰余金 …………………………… 182
経営資源（リソース）………… 223, 228, 229
経営資源の固着性
　（resource immobility）……………… 229
経営資産の異質性
　（resource heterogeneity）…………… 229
経営者 ……………… 4, 119, 121, 136, 205, 210
経営能力 …………………………………… 205
経済学 ……………………………………… 211
経済（的）価値 ……………………… 229, 230
経済活動 ……………………………… 211, 231
経済システム ……………………………… 208
経済主体 ……………………………… 135, 199
継続価値 ……………………………… 69, 87
契約 ………………………………………… 210
契約の束（nexus of contracts）………… 135
減価償却費 …………………… 74, 106, 108
現金 ………………………………………… 139
現金等価物 ………………………………… 104
現在価値 ………………… 30, 36, 83, 165, 217

限定合理性（bounded rationality）
　………………………………… 117, 140, 148
限定合理的 ………………………………… 151
減配 ………………………………………… 196
権利落ち日 …………………………… 187, 188
権利行使の配分メカニズム ……………… 208
権利付最終日 ……………………………… 187
交換価値（exchange-value）…………… 12
交渉 …………………………………… 154, 206
効用 ………………………………………… 114
効用最大化 ………………………………… 148
効率的 ………………………………… 116, 122
効率的市場仮説 …………………………… 118
ゴードンモデル …………………………… 65
コーポレートガバナンス …… 178, 201, 208
コーポレートファイナンス理論 …… 1, 2, 3
顧客 …………………………………… 5, 218
顧客効果モデル（clientele model）…… 193
顧客の交渉力 ……………………………… 222
個人投資家 ……………………………… 8, 193
コストリーダーシップ戦略 ……………… 226
固定資産 …………………………………… 204
固定的配当 ………………………………… 206
固定費 ……………………………………… 218
個別効率性 ………………………………… 148
コミットメント …………………………… 212
コントロール ………………………… 208, 212
コンフリクト ……………………………… 204

さ行

債権者 ……………………………… 26, 163, 178, 199
債権者価値 ……………………… 28, 30, 104, 169
債権者の資本コスト ……………………… 27
在庫 ………………………………………… 73
差異性 ……………………………………… 231
財団法人 …………………………………… 193
最適な資源配分 …………………………… 112

索引

再投資 ·································· 182
財務戦略 ······························ 162
財務的資本（financial capital）·········· 230
債務不履行 ················ 166, 169, 178
裁量 ···································· 208
サスティナブル ······················ 100
差別化 ·························· 127, 128
差別化戦略 ···························· 227
産業資本主義 ·························· 204
産業組織論 ···························· 220
残存価値 ······························ 69
参入障壁 ························ 221, 224
残余コスト（the residual cost）········ 137
残余コントロール権 ·················· 157
残余財産分配請求権 ·········· 27, 155, 157
残余利益（Residual Income）········ 80, 83
残余利益モデル ················ 78, 100
ジェネリック戦略 ···················· 225
時価 ·································· 28, 187
時価総額 ················ 92, 98, 105, 107
事業 ···································· 4
事業価値 ························ 76, 166
事業機会 ································ 165
事業利益 ································ 33
資金繰り ································ 138
資金調達 ·························· 172, 207
シグナリング（signaling）······ 127, 135, 195
シグナル ·························· 128, 196
資源 ···································· 116
資源配分 ································ 140
自己株式 ·························· 162, 184
自己株取得 ················ 139, 182, 189, 196
自己契約 ································ 211
自己資本 ··· 26, 32, 78, 84, 163, 169, 178, 179
自己資本コスト ························ 27
自己資本当期純利益率 ······ 79, 84, 100, 101
自己資本比率 ·························· 163
自己責任 ································ 211

自己利益 ································ 211
資産 ···························· 78, 156, 210
資産特殊性（asset specificity）·········· 142
市場 ·························· 110, 139, 141, 144
市場価格 ···················· 100, 112, 116
市場原理主義 ·························· 112
市場構造（market structure）·········· 221
市場行動（market conduct）·········· 221
市場支配力 ···························· 217
市場主義 ································ 10
市場主義型経済 ························ 111
市場成果（market performance）········ 221
市場的システム ······················ 141
市場取引 ························ 140, 144
自然独占 ································ 218
自治体 ·································· 5
私的便益（private benefit）··· 136, 198, 207
支配 ·································· 119, 208
支払利息 ···························· 33, 75
四半期配当 ···························· 183
資本 ···································· 6
資本構成 ··········· 97, 163, 173, 178, 179, 200
資本構成理論 ·························· 173
資本効率 ································ 103
資本コスト
·········· 16, 64, 80, 100, 163, 171, 192, 217
資本資産価格モデル ·················· 56
資本市場 ································ 173
資本主義 ································ 231
資本所得 ································ 7
資本調達 ································ 204
社債 ···································· 162
収益性 ·································· 196
収益率 ·································· 49
従業員 ································ 5, 210
私有財産制度（private property）··· 150, 155
自由主義経済 ···················· 111, 150
需要 ························ 111, 115, 151, 216

需要曲線 ･････････････････････････ 219
純現在価値 ･･･････････････････････ 165
純資産 ･･････････････････････ 98, 99, 101
使用価値（use-in value） ･･････････ 12
消却 ･････････････････････････････ 185
証券価格 ････････････････････････ 173
上場企業 ･･･････････････････ 121, 186
消費者 ･･････････････････････････ 114
情報 ･･･････････････････ 117, 127, 204
情報の非対称性（asymmetric information） ･･･････ 121, 125, 129, 135, 158, 195
情報優位 ･････････････････ 122, 127, 136
情報劣位 ･････････････････ 122, 127, 136
正味純現在価値 ････････････････････ 217
所有権（property rights）
 ････････････････････ 150, 154, 155, 208
所有権理論 ･･･････････････････ 150, 208
所有者 ･･････････････････････････ 119
新株発行 ････････････････････････ 190
新株予約権付社債 ･･････････････････ 185
新規事業 ････････････････････････ 145
新古典派経済学 ･･････････････ 116, 151
人材 ･･･････････････････････････ 229
人的資産 ･･････････････ 158, 204, 207, 212
人的資本（human capital） ･････････ 230
信任関係 ････････････････････････ 210
信任受託者 ･･････････････････････ 210
信任預託者 ･･････････････････････ 210
垂直統合 ････････････････････････ 145
数量 ･･･････････････････････････ 216
スクリーニング（screening） ･･･ 127, 129, 135
ステークホルダー（stake holder：
 利害関係者） ････････ 9, 119, 148, 154, 204
ストックオプション ･･･････････････ 185
税金 ･･･････････････････････ 75, 174, 193
生産活動 ･････････････････････････ 6
生産財 ･･････････････････････････ 114
生産資源 ････････････････････････ 229

生産設備 ････････････････････････ 204
生産の関数 ････････････････････････ 6
生産費用 ････････････････････････ 218
生産プロセス ････････････････････ 218
生産量 ･･････････････････････････ 218
成熟企業 ････････････････････････ 197
成熟性仮説（maturity hypothesis） ･･･ 197
成長企業 ････････････････････････ 197
成長性 ･････････････････････ 103, 197
成長率 ････････････････････ 66, 70, 95
製品差別化 ･････････････････ 221, 224
政府 ････････････････････････････ 5
政府規制 ････････････････････････ 218
節税効果 ･･････････････････････ 33, 175
設備投資 ･･････････････････････ 74, 108
潜在的な新規参入企業 ･･･････････ 222
全体効率性 ･･････････････････････ 148
専門経営者 ･･････････････････････ 118
戦略シナリオ ･･････････････････ 222, 223
戦略論 ･･･････････････････････ 218, 223
増資 ･･･････････････････････････ 190
総資産 ･･･････････････････････････ 99
総収入 ･･････････････････････････ 217
増配 ･･････････････････････････ 194, 196
総費用 ･･････････････････････････ 217
組織（organization） ･････ 135, 144, 230
組織的システム ･･････････････････ 141
組織的資本（organizational capital） ･･ 230
組織特殊的 ･･････････････････････ 212
損益計算書 ･･･････････････････････ 78

た行

貸借対照表 ･･･････････････ 25, 26, 29, 78, 172
代替製品の存在 ･･･････････････････ 222
代替品 ･･････････････････････････ 217
代理人（エージェント：agent）
 ･････････････････････････ 135, 176, 198

索　引

生産	204
化戦略	145
資本	26, 32, 178
	5
資産	158
己当	183
務	210
利潤	234
力	230
当割引モデル	65
建設（empire building）	177
配当割引モデル	65, 95
キャッシュ	
：Cash-Out-Flow）	226
トリスク	169
益	73, 78, 83, 84, 92, 96, 101
取引所	100
	199
ク	163, 175, 200
	172
	118, 121, 128
求利回り	48
	197
産	179
	217
	218
	218
	223
	213
	183
	183, 185
	122, 207
	5
	140, 145, 147, 177, 195
理論（transaction theory）	
	139, 178, 195
（frequency）	142
オフ	228

トレードオフ理論　175

な行

内部化　151
内部留保　139, 182
日経平均　49
日本企業　101
ネットワーク　212, 230
年金基金　193
ノウハウ　212

は行

ハードルレート　48
買収　104, 145, 177
買収価格　31
入ってくるキャッシュ
　（CIF：Cash-In-Flow）　226
配当　63, 64, 66, 78, 95, 182, 187, 207
配当課税　193
配当性向（Payout Ratio）　96, 184, 194
配当政策　139, 197
配当のパズル　201
配当無関連命題　186, 192
配当割引モデル　63, 82, 83
売買価格　195
配分　116
倍率法　91
パズル　199
発行済株式数　12, 105, 189
発生主義　74
バーニー　228
バランスシート（貸借対照表）
　25, 26, 29, 78, 172
パレート効率性（Pareto efficient）　112
販売価格　218
非課税　193

247

非効率 …………………………………… 124
非事業資産 ………………………………… 76
批判 ………………………………………… 117
費用 …………………………………… 126, 218
付加価値 …………………………………… 7
不確実性（uncertainty）………………… 142
不完全 …………………………………… 229
不完全性 ………………………………… 173
負債 ……………………… 78, 99, 104, 138, 162,
　　　　　　　　　　　167, 169, 174, 178, 199
負債価値 ………………………………… 28
負債の資本コスト ……………………… 27
負債の節税効果 …………………… 33, 174
負債比率 ………………………………… 169
物的資産 ………………………………… 158
物的資本（physical capital）………… 230
不道徳 …………………………………… 126
プライステイカー ………… 115, 216, 217, 219
プライスメイカー ………………… 217, 219
ブランド ………………………… 145, 213
フリーキャッシュフロー … 68, 71, 72, 75, 88
フリーキャッシュフロー仮説 …… 177, 198
プリンシパル ………………… 135, 176, 198
プリンシパル＝エージェント関係 …… 135
フレームワーク ………………… 225, 229
分散 ……………………………………… 53
分配可能額 ……………………………… 183
ペイアウト ………………………… 182, 193
ペイオフ ………………………………… 199
平均総費用 ……………………………… 218
平準化 …………………………………… 194
ベータ値（β）…………………… 51, 87
法人 ……………………………………… 210
簿価 ………………………………… 29, 187
ポジショニング・ビュー
　（positioning view）………………… 223
ポスト産業資本主義 …………………… 212
保有比率 ………………………………… 206

ボンディング・コスト（the bonding
　expenditure by the agent）……… 137

ま行

マイケル・ポーター …………………… 222
摩擦 ……………………………………… 172
マルティプル法 ………………………… 91
ミクロ経済学 ……………………… 217, 218
未上場企業 ……………………………… 92
無形資産 …………………………… 158, 213
無借金企業 ……………………………… 107
無リスク利子率 …………………… 56, 166
メッセージ ……………………………… 195
モチベーション …………………… 204, 206
モデル …………………………………… 113
モニタリング ……………………… 200, 206
モニタリングコスト（the monitoring
　expenditure by the principal）… 137, 200
模倣困難性（inimitability）………… 230
モラルハザード（moral hazard：道徳的
　危険）………………… 123, 125, 129, 135

や行

遊休資産 ………………………………… 76
有利子負債 ………………………… 97, 104, 107
余剰資金 ………………………………… 76

ら行

利益剰余金 ……………………………… 182
利益動向 ………………………………… 194
利益配当 ………………………………… 183
利害 ……………………… 135, 156, 199, 206
利害関係者 ………………… 9, 119, 148, 154, 204
利害対立 ………………………………… 199
利潤 ………………………………… 114, 216

利潤最大化 …………………………118, 228
リスク …………… 15, 27, 52, 80, 97, 103, 155, 163, 168, 197
リスク許容者 ……………………………208
リスク許容度 ……………………………179
リスクプレミアム …………………………57
リスク分散 ………………………………208
リスクマネー ……………………………207
リソース ………………… 223, 228, 229
リソース・ベースト・ビュー ……………223
利息 ………………………………………199
リターン …………………27, 163, 168, 205
立地 ………………………………………230
利払前税引前償却前利益 ………………106

流動資産 …………………………………157
リントナーモデル ………………………194
倫理性 ……………………………………211
レバレッジ …………………………171, 175
レモン市場 ………………………………122
労働 ……………………………………6, 114

わ行

割引キャッシュフローモデル ………67, 87
割引現在価値（present-value）
　………… 13, 14, 28, 35, 40, 42, 165, 169
割引率 ……………………… 16, 40, 48, 65

〈著者紹介〉

宮川　壽夫（みやがわ　ひさお）

大阪公立大学大学院経営学研究科教授
博士（経営学）　筑波大学大学院博士後期課程修了
1985年4月野村證券株式会社入社。2000年8月米国トムソンファイナンシャル・コンサルティンググループ シニアディレクター就任。2007年10月再び野村證券株式会社に移籍（IBコンサルティング部）。2010年4月に大阪市立大学（現 大阪公立大学）大学院経営学研究科専任講師として着任。同年10月准教授、2014年4月教授。2015年4月ワシントン大学（University of Washington）客員研究員を兼任。2020年4月一橋大学大学院客員研究員を兼任（～2021年3月）。上場会社の社外取締役、監査等委員を兼任。現在に至る。

（主要著書論文）

『新解釈コーポレートファイナンス理論～「企業価値を拡大すべき」って本当ですか？』ダイヤモンド社、2022年10月
'How do firms attract the attention of individual investors? Shareholder perks and financial visibility,' *Journal of Behavioral and Experimental Finance*, September 2021.
「ソーシャルキャピタル論から見たESG投資の効果」『資本市場』2019年3月
「配当政策とコーポレート・ガバナンス―株主所有権の限界」中央経済社、2013年1月
「PBR1倍の非対称性に見える日本企業の低ROE問題」『証券アナリストジャーナル』2015年6月
「ROE重視は日本の企業価値を拡大するのか」『資本市場』2014年12月　等

企業価値の神秘
コーポレートファイナンス理論の思考回路

2016年11月10日　第1版第1刷発行	
2024年8月10日　第1版第17刷発行	

著　者　宮　川　壽　夫
発行者　山　本　　　継
発行所　㈱中央経済社
発売元　㈱中央経済グループ
　　　　パブリッシング

〒101-0051　東京都千代田区神田神保町1-35
電話　03(3293)3371（編集代表）
　　　03(3293)3381（営業代表）
https://www.chuokeizai.co.jp
印刷／昭和情報プロセス㈱
製本／㈲井上製本所

©2016
Printed in Japan

＊頁の「欠落」や「順序違い」などがありましたらお取り替えいたしますので発売元までご送付ください。（送料小社負担）

ISBN978-4-502-20191-2　C3034

JCOPY〈出版者著作権管理機構委託出版物〉本書を無断で複写複製（コピー）することは、著作権法上の例外を除き、禁じられています。本書をコピーされる場合は事前に出版者著作権管理機構（JCOPY）の許諾を受けてください。
JCOPY〈https://www.jcopy.or.jp　eメール：info@jcopy.or.jp〉